智能法律工程
法则原理与基本构造

杨晓雷 著

PRINCIPLES AND
BASIC STRUCTURE
OF
AI BASED LEGAL ENGINEERING

 人民出版社

目　录

第二篇

技术与工程意义上的法律

第三篇

法律人工智能发展现状与任务功能

第四篇

智能法律工程的技术、构造与未来发展

绪论
法律与人工智能的关联分析与价值悖论展开

随着当下人工智能技术的逐步开发和广泛应用，尤其是在法律领域一些"颠覆性技术"的出现和使用，在多重维度上，人工智能与法律广泛关联起来，并在理论思考和社会实践上带来了影响和冲击。① 这其中既包括当下人工智能技术数据、算法、算力和互联网等构成要素的应用与法律发生的相对独立的关联，也包括人工智能技术在整体的应用以及所产生的社会效果上与法律所产生的关联；既包括人工智能在技术研发层面与法律的关联，也包括人工智能在产业生产和现实应用与法律的关联；既包括人工智能作为一种法律规制对象意义上的关联，也包括人工智能给整个法律系统工程，包括立法、司法、执法、法律服务、法学教育和研究等法律生成和运行进行赋能的关联。

在认识和理解上，这些丰富的关联现象和关系在经验和理论层面往往会带来一定程度的混乱状态，比如，在法律治理层面，作为一种治理的对象，人工智能指的是什么？法律对人工智能的治理或者规制与人工智能对法律的赋能的关系是什么？理论上如何看待以及实际中如何处理这样的关系？等等。总之，认识和界定法律与人工智能交叉所产生的现象和相关问题，厘清这些关联的内容和形式，既有理论上的必要性，也是现实工作的需要，归根结底对积极促进人工智能的有益有效发展以及完善法律和治理制度是非常必要的。

---

① 参见［英］理查德·萨斯坎德：《法律人的明天会怎样？——法律职业的未来》，何广越译，北京大学出版社 2019 年版，第 55—69 页。

一、关联的内容、方式与悖论

对于人工智能具体从什么时候、在何种场景下、以什么样的方式、通过什么样的事件以及在怎样的问题上进入法律的视域并与法律开始关联起来的，已经很难找到准确的记载，在技术赋能法律的维度上，可查的相关的理论探讨开始于 20 世纪五六十年代的达特茅斯会议以后了。[①] 在发生过程和机制上，合理的情况应当是，起初与法律开始发生关联只是当下人工智能整体的一些构成要素，比如互联网、数据和算法等，而人工智能作为一个整体现实事物和概念与法律发生关联应当只是后来和新近几年，即相关要素的关联已经使人工智能作为一个整体事物存在以后的事情，但即便如此，在观念上也会把法律与人工智能的关联追溯认定为要素关联出现时即已开始了。

当然，从什么时候开始关联并不是本书的关注重点，时间上的发生线索的梳理主要是想通过发生过程看到微观层面的关联点和所形成的关联关系，进而重点聚焦在人工智能作为一个整体现象已经出现后，在当下这个相对静止时空的横截面上，人工智能与法律在哪些方面关联以及是如何关联的。

（一）人工智能技术应用促进法律制度演化

当下，无论在公众的一般感知和直观经验上，还是在相关专业人士的理性判断上，虽然人工智能技术的应用一方面带来了极大的社会效益，但是另一方面也带来了生活上较为明显的不舒适甚至不安全感。这种感觉显然是有主观上没有边界的想象而无形放大的效果，但这也并非完全是无中

[①] 参见冯子轩主编：《人工智能与法律》，法律出版社 2020 年版，第 229—232 页；王莹编著：《人工智能法律基础》，西安交通大学出版社 2021 年版，第 83—90 页。

生有和空穴来风，是有一定的社会事实基础的，有些情况也是明确发生了的。比如，个人通信信息泄露带来了频繁广告推销骚扰电话，个人消费信息的泄露导致个人消费倾向的被画像而不断获得智能营销的商品推荐和骚扰，随身携带的个人通信终端的定位功能以及酒店入住、乘坐公共交通工具刷脸等导致个人位置随时被获得和公开，等等。这些发生的事实正在打扰人们正常的生活，直接或间接带来了不舒适感，较为严重的是给诈骗、盗窃以及人身伤害、侵犯各种权益创造了条件和提供了便利，直接带来了不安全感，而当这种不安全感通过敏感意识与政治、经济、军事等公共活动在更大的人类生存空间中关联起来后，这种感觉就被愈发放大，集体性的恐慌也就随之无限蔓延开来。而这个时候，作为人类群体性的本能反应就是应该通过有效的治理手段、规范和制度，比如说法律的方式和手段来对人工智能进行有效的治理控制，以使人工智能技术扬长避短，为人类所用，如此，当下的人工智能便与我们的法律和制度紧密关联起来。①

当然，在这种担心尚未完全变现的状况下，人类完全可以通过冷静的科学精神和理性态度，把自己从这种群体性的冲击而又摸不着的无边的恐慌感受中拉出来，但又确实必须现实地面对人工智能技术的初步应用给既有法律制度解决现实社会生活中的问题所带来的困难和挑战。一种初步的自动驾驶技术的应用将美国加利福尼亚与中国邯郸类似的两起交通事故关联起来，同样都是具有自动驾驶功能的特斯拉汽车，同样造成了较为严重的人员伤亡，在法律上同样面对的问题都是到底是谁应该承担责任，是车自动驾驶技术的设计者、生产者还是车辆的操控者，法律上如何来认定事故发生时自动驾驶技术的状态这一事实以及确定相关的责任成了司法认定的核心问题。②

---

① 参见杨晓雷等：《人工智能治理研究》，北京大学出版社 2022 年版，第 2—5 页。

② 参见杨延超：《机器人法：构建人类未来新秩序》，法律出版社 2019 年版，第 402—403 页。

时下，在既有的法律调控的社会秩序领域，随着机器人等智能产品的应用所带来的智能产品"犯罪"①，比如机器人"侵权"，比如机器人"破坏"财产、自动写作机器人"侵犯"著作权、智能系统的行政"违法"，比如算法共谋垄断等愈来愈多的有违或者挑战既有法律规定的现象的开始出现②，按照既有法律认知认定知识体系来说，所涉领域牵涉宪法、刑法、民法、行政法、经济法、知识产权法等整个法律体系中的规范制度，相关行为和事件虽然套嵌和混合在既有的社会事实情节中，看似没有改变既有的规范实施的小前提事实基础，但却直接挑战着既有执法、司法等具体工作的认知和认定的合理性和有效性。法律规范和制度体系是社会行为合法性的价值判断和属性确定的标准集合体，而现有法律规范如何以及能否对这些看似传统却有新生的流变行为或者事件进行确定和处理则是问题的关键所在。

挑战发生于既有的法律知识话语内容和模式相对现有人工智能技术应用后的法律行为和事件的描述超越了既有的边界以致失去了效力。既有传统的核心的法律知识是通过法律关系主体、客体以及权利义务内容所构架的行为和责任模式系统话语体系对违法行为的性质进行认定和判断的，而人工智能机器人以及其他产品在以上几个方面的属性认定上，如果不能穿透适用既有规则的相关认定，即如果既有法律规则无法适用人工智能机器人或者智能产品所生成的事实和相关要素属性认定的情况下，既有法律规则的适用，包括执法、司法等即陷入了困境。比如，当下，比较显著的问题是智能机器人如果具备了人的独立意识反应和独立的思维能力，那么它们是否具有传统意义上的法律主体地位，在相关法

---

① 参见蔡婷婷：《人工智能环境下刑法的完善及使用——以智能机器人和无人驾驶汽车为切入点》，《犯罪研究》2018 年第 2 期。

② 参见［美］伍德罗·巴菲尔德、［意大利］乌戈·帕加洛：《法律与人工智能高级导论》，苏苗罕译，上海人民出版社 2022 年版，第 145—212 页。

律关系上，是否要赋予机器人法律主体地位。主体地位的给予与否直接
影响了作为法律关系内容的权利义务构成，即法律关系中主体间的行为
模式，也直接决定着主体间的责任承担的机制和形式的系列问题。比如，
对于赋予或者不赋予文学"创作"机器人主体资格的问题——如果不赋
予资格，运用现有的规范和制度可能面临无法进行有效的治理，而赋予
了则面临治理上的其他诸多矛盾问题，同样也是既有规则和制度无法完
全能够消化和调整的。①

当然，个别法律适用的困境产生尚不足以泛化为全部人工智能机器
人等产品的主体问题。在当下初期的发展阶段，往往是人工智能的构成
要素，比如作为法律关系客体的数据、算法和作为人工智能技术重要基
础的互联网等技术应用带来的法律适用困境。② 当然，随着人工智能技
术广泛应用于现实的社会生产、宏观经济调控、政务运行、社会公共管
理、司法运行、社会服务以及日常生活之中，应用的数据、算法以及相
关互联网技术的客体性质、权利属性、权利义务内容构成、行为模式等，
正在演化为时下关于人工智能行为和事件法律界定的最主要的话题。而
当这些新的现象在通过既有的法律规则和执法政策、司法解释等无法获
得有效的认定和适用的情况下，对于解决相关问题的立法需求也就变得
愈发强烈。

人工智能技术及其产品的应用除了在现实具体的、微观的法律适用
和立法层面提出了类似于以上状况的挑战以外，也在逐步深入地改变整个
社会的深层结构关系，产生较为宏观深层的社会问题。比如，智能社会中
政府、企业平台和公众之间的权力和权利构成以及结构关系和问题正在生

---

① 参见吴汉东：《人工智能时代的制度安排与法律规则》，《法律科学（西北政法
大学学报）》2017 年第 5 期。

② 参见郭锐：《人工智能的伦理和治理》，法律出版社 2020 年版，第 176—179 页。

成①，智能互联网技术也会形成网络民粹主义、非理性大众社会②和多数人的暴政，甚至还会破坏民主的价值实质③，由于信息和运用信息的技术能力掌握在较少的人手里，社会财富迅速集中在少数人手中，在财富、资源、机会、发展等多方面，权力和权利的不对称和不平等成为突出的问题④，并造成局部突出的社会失业和社会不稳定现象⑤，机器智能反向塑造人类社会，放大传播色情、暴力等负面文化精神产品，社会精神乏味和创造力不足现象出现⑥，智能化精准营销造成社会文化区隔，强化偏见而不利于文化事业的传承发展，等等⑦。这些现象所携带的问题都在广泛的层面和更深的领域挑战着法律制度整体、宏观层面上的正当性，并对未来法律制度的社会事实基础、价值定位改变和新制度的整体设计等埋下了伏笔。

（二）法律对人工智能技术的应用

当然，人工智能与法律的关联不止于此。从根本上说，人工智能与人类事务关联的动因不是以上这些人类本能的危机性社会反应，也不是为了解决这些现实问题的困境突围，从整体上看，这种关联的根本动因而是

---

① 参见马长山：《智能物联网时代的法律变革》，《法学研究》2018年第4期。

② 参见 [日] 福田雅树、林秀弥、成原慧编著：《AI联结的社会：人工智能网络化时代的伦理与法律》，宋爱译，社会科学文献出版社、北京电子音像出版社2020年版，第293—296页。

③ 参见李良荣：《警惕网络民粹主义"暴力"》，人民论坛网（http://theory.rmlt.com.cn/2015/0109/367985.shtml），最后访问时间：2023年1月31日。

④ 参见郑戈：《在鼓励创新与保护人权之间——法律如何回应大数据技术革新的挑战》，《探索与争鸣》2016年第7期。

⑤ 参见高奇琦：《就业失重和社会撕裂：西方人工智能发展的超人文化及其批判》，《社会科学研究》2019年第2期。

⑥ 参见苗阳、陈凌霄、鲍健强：《科学技术的社会价值及其反向塑造人类世界观研究》，《自然辩证法通讯》2018年第10期。

⑦ 参见《AI与文化的结合》，电子发烧友网（https://www.elecfans.com/rengong-zhineng/593999.html），最后访问时间：2023年1月31日。

来自人类对于智能超强技术能力的需求和期待，来源于对于人工智能技术的重大利好所带来的一种不可抗拒的渴望，这种期待也完全不打折扣地体现在法律的知识生产和服务以及整个社会法律制度的运行工作上。人工智能与法律在技术层面的关联兴起于 20 世纪 80 年代，而现在在世界上很多国家都可以看到人工智能技术与法律实践各种技术成果的出现和应用合作。[①] 比如，在中国绝大多数甚至可以说任何一个法院，完全可以看到两个不同性质的工作部门在与互联网和人工智能技术进行着业务关联，一个是业务审判部门在考虑着与人工智能应用相关的案件如何运用既有的法律来进行审理，而在技术信息部门，则在整个业务管理运行流程和审判赋能上考虑运用新科学技术使整个业务工作效率和效果兼收，甚至还可以看到法官正在运用智能审判系统来更加高效地进行涉及人工智能的相关主题案件的审理工作。除了在司法领域，在立法、执法、法律服务以及法学研究和教育领域都存在类似的情况。于是，在现实中，法律与人工智能的另外一种关联形式，即互联网人工智能技术赋能法学研究、法学教育、知识生产、法律制定以及法律适用等法律工作，也构成了法律与人工智能关联极其重要的组成部分，甚至可以说，在当下，这种关联的体量和紧密程度则是更大的。

在一定程度上，有观念认为，对于法律规范这种结构性程度较高的语言表达形式和对于具有典型流程化的法律工作而言，作为具有极其广泛应用价值的互联网人工智能技术在法律领域中的应用则具有得天独厚的优势。因此，在这种技术形成极强的社会行业赋能的现实状况和发展趋势下，具有信息丰富性、即时高效性、公开透明性、民主参与性以及无偏私性的互联网和人工智能技术使得智慧立法、智慧法院、智慧检务、智慧法

---

① 参见［美］凯文·D.阿什利:《人工智能与法律解析——数字时代法律实践的新工具》，邱昭继译，商务印书馆 2020 年版，第 3—17 页。

律服务、智慧执法、智慧法学研究也便应运而生。

在信息化、数字化阶段的人工智能技术研发、发展和应用进路上，通常说来，在具体的法律行业应用领域上，相关技术主要由两个部分构成，分别是业务管理流程系统和业务知识工程系统，这种构成结构形成于互联网时代开始之初。在这两个部分中，业务管理流程系统就是通常所说的流水行政办公系统，简单地说，比如以智慧法院的应用为例，业务管理流程系统就是案件从立案到审判结束直至执行的整个案件业务运行系统，当然，这是整个流程的核心环节，实际上，在整个法院工作的管理系统上，根据现实的工作，比如研究、行政管理、成本统计以及绩效管理等数据和信息共享的需要，这个管理流程系统还可以从横纵多个方向与其他管理流程系统进行有效而无终点的链接，从而在更加广阔的范围内，保障对关联业务高效率高质量的管理和运营。

而业务知识工程或者知识管理系统则是在整个流水线上进行业务处理的知识运行系统，比如，法院核心业务是审理案件，那么这个最主要的知识系统就是整个审判业务的智能化的知识体系构成，当然，在不同的业务节点上，比如立案、审判与执行阶段需要的知识构成不完全一样。因此，根据通常的设计，如果以办公管理流程系统为线索，那么，实际上整个法律业务管理流程系统上套嵌着不同环节独立的业务知识构成系统，当然也可以说，不同的法律业务知识系统套嵌着不同法律业务行政管理系统，因此，在整个业务场景中，形成与多重交错的网络节点和知识体系纵横交错的局面。

在互联网技术开始应用之初，囿于技术的能力，这样结构化的网络办公系统和业务专家系统无论是在链接交错的构成密度上和外延的范围上都是非常有限的，往往局限于一定范围内的内部办公系统，仅限于信息的存储保留和定向受控的传授功能，价值在于提高一定范围的工作效率和能力，比如司法机构的 OA 办公系统以及法律法规信息检索系统等。而随着互联网和人工智能技术的发展应用，比如计算能力和速度的提升以及智能算法的普遍使用，可以说技术效应不仅体现在原有相关系统功能的完善与能力的极大提升上，更重要的是功能的性质由相对可有可无的辅助性转变为或者正在转变为不可或缺甚至是替代性的明显倾向。更为重要的是，随着参与主体不再局限于有限的单位内部人员，相关的业务不再局限于相对较小的封闭体系内部，系统功能由一定范围的办公功能开始向没有界限的极大范围内的社会治理功能转变。可以说，在数据、算法和智能互联网技术的架构下，无论是商业机构，还是公共管理和服务机构，包括立法、司法和行政执法、法律服务机构，一切业务领域和空间都已经呈现出平台的现象和效应。显然，这是互联网和人工智能新技术的根本属性的内在要求和发展规律的必然趋势，在当下的技术条件和整体的智慧化社会大场景下，包括法律业务场景在内的一切具有平台属性的业务载体，只有应用了这些技术，工作的效率和质量才能得到提升和完善，只要应用了这些技术，工作的效率和质量也必然得到提升和改善。可以说，无论是技术主动上门推动催生，还是现实的立法、司法、执法、法律服务、知识生产的资源和能力相对不足，现实中人工智能和法律便如此自然而然并且极大地关联起来。在中国的法律治理工作中，整个法律运行系统的智慧化、智能化的工作已经成为全面系统化的大工程，并且在现实功能实现上带来了广泛深入的社会效应，在效率和效果上推动中国的法律事业发展和进步。当然，这个工程正在进行过程中并在价值上值得更大期待。

（三）关联结构关系与价值悖论形成

时下，在人工智能与法律结合所产生的诸多现象和关联关系中，如果将这些关系的实质进行总结并对所形成的相关工作进行简单概括，那么一类是如何运用法律规制和治理人工智能，实现人工智能安全可控发展，对此可以简称之为人工智能的法律治理工作；而另一类则是，在法律职业工作领域中，如何运用人工智能技术释放能量赋能立法、司法、执法以及法律服务、法学研究等工作，对此可以简称之为法律的人工智能技术工作。

人工智能的法律在时下体现的是约束和控制人工智能技术发展和应用的需求，法律必须对人工智能的发展进行约束和控制，不要让人工智能危害人类生命、财产安全和多种利益；而法律的人工智能体现的则是运用和研发人工智能的技术需求，人工智能在法律工作上要大力发展，以此促进法律的现实适用运行，由此形成了法律要限制人工智能又在大力倡导人工智能的局面。

于是仅仅在法律运行的领域中，当前，人工智能规制和治理无论在理论和实务上都是重要的热门话题，而法律的人工智能技术赋能工作也是别开生面、方兴未艾。因此，无论在现实的经验层面感受上，还是从形式逻辑的视角理解，就产生了两种完全不同的矛盾性价值定位。在直观上，法律与人工智能这两个方面的关联内容的价值目标定位形成了一个社会行为认知上天然的悖论。①

虽然这种悖论矛盾存在着形式逻辑层面上目标对象和手段、涉及的范围大小不一以及事物的不同方面等错位情况，但是，在不能厘清这些关系的前提下，现实中也相应地存在着主观上对于人工智能的矛盾心态，不同的社会群体和工作角色，甚至是同一群体和角色在不同的场景下对人工智能与法律的关系的判断和价值定位往往也是莫衷一是，取舍难拿。由此，观念上就会产生这样的疑问，人工智能这样发展下去到底会怎么样？面对这样一个能力超强、发展迅速的高科技，总会疑虑这背后会不会是人性难以自制的弱点正在要迅速毁掉人类自身，抑或少数派的一个巨大的科技阴谋，而恐怕又难有善终。

---

① 关于悖论的理解，参见陈波：《悖论研究》，北京大学出版社 2017 年版，第 1—15 页。

二、关联关系的深层分析

显然，无论在主观态度上还是在理性认识上，人工智能与法律的关联，即人工智能的法律与法律的人工智能的关系应当不是无解的悖论。展现二者之间关系的相关现象还要在更深层次上进行认识和把握，还要在全面的、发展的、联系的维度上进行辩证的理解和认识。对此，首先有必要对二者基本的含义、价值目标、内容和运行模式进行分析和梳理，进而再对二者的深层关联进行认识和把握。

（一）人工智能的法律治理

其核心的价值目标和根本性的功能定位是通过法律实现对人工智能技术研发和应用等社会行为和社会关系的正当性进行肯定和否定，以此促进或者限制人工智能的应用和发展，并形成人工智能技术研发和应用的社会秩序。

其一，如何理解"治理"。从所涉及的显性的、最初发生过程中的经验来判断，"治理"一词明显是对一种不安全感的社会自发本能反应，即人工智能可能给社会带来诸多的现实危险，因此要进行控制甚至是禁止。然而从理性的角度来判断，面对人工智能技术的双刃剑的性质和特点，"治理"一词的完整含义不应当仅仅是粗糙野蛮的控制和禁止，而是要对其扬长避短，避免和控制住其不安全的因素，并发展促进这项技术为善而不为恶，而且，合理促进发展其为善才是人工智能治理的核心价值目标，当然也是人工智能安全的最有力保障。

概括地说，人类在总结自身的智能内容、形式和机制的基础上，进而研发制造智能带来各种益处，但是人类也发现人工智能可能带来的不只是益处，处理不好也可能会带来害处。因此，随着技术的发展与带来的利弊可能性，当下人类面对的已经不是要不要发展人工智能，而是要发展什么样的以及怎么样发展人工智能的问题，人工智能的治理首先已经成为人类的一种坚定的态度，接下来就是以此为基础探讨如何去治理的问题。

其二，如何认识人工智能治理中的"法律"。在细微的社会行为演化过程中，人工智能的相关问题也不是一个时空横截面上的突发的、断裂的现象，由此通过法律对人工智能的治理，也不是对某一项新的人工智能所涉及的现象和问题进行简单的立法上的规制活动，而是执法、司法、守法等法律适用与立法进行互动循环，实现相关制度逐步生成和演化，从而在保持社会运行相对有序的状况下，实现法律制度自身的发展变迁的过程。所以，这里重点要认识到的是，人工智能的法律治理不应当是突发的立法活动，也不只是立法的行为和活动，还包括执法、司法和守法的法律适用，而且实践经验层面上，往往法律适用是先导，立法活动则是必要的后续跟进；法律的治理活动不是面对突发的小前提而制作新的大前提，而是新的小前提情节套嵌在既有的事实和情节下，不断地冲击、挑战和修改既有的大前提，而最终导致大前提的彻底改变，从而也便形成了法律上新的事实模式或者小前提，是新旧大小前提、事实和规范之间的互动变革和渐变演化的过程。

（二）法律上的人工智能赋能

其根本性的价值定位与核心目标是通过人工智能新技术的运用促进和完善整个法律的运行和社会治理。在这个目标中，也有两个基本的要点要进行深入具体的定位和理解。

其一，在促进和完善对象上，首先要明确的是，人工智能作为一种泛在的技术，其一定是既赋能应用法律领域的事物、行为和社会关系，同时也赋能法律以外的事物、行为和社会关系的，即既赋能法律的治理对象也赋能法律本身。同时，关于智能技术对法律的运行和治理的促进和完善不应当只局限于眼下传统视域下而非人工智能化社会的法律规则价值和理念、运行模式、机制、对象问题、解决方式等传统性法律工作价值的理念的实现和完善，比如，时下的智慧司法、智慧执法以及智慧法律服务等这些运用智能技术手段提升相关已有法律业务的能力和效果。除此之外，还应当在观念上想象并认识到，当下的法律业务在人工智能技术的赋能发展中，不是静止的不变的，将来其业务内容、形式和方法必定会产生相应很大的变化，因此，这种促进和完善还包括在人工智能化的时代，已经"人工智能化"的社会中的法律工作的方方面面。因此，要在发展中看待人工智能对法律的赋能问题。

其二，法律的人工智能赋能强调的应当是系统地采用正在发展中的人工智能技术手段成果而不是碎片化支离散乱的手段和方式赋予法律的运行方式以能力，从而使法律能够在人工智能技术的助力下更好地发挥其治理社会的价值和功能，技术研发和应用既要赋能立法治理的对象以及立法工作本身，也要赋能法律适用和实施的各个环节的工作。由此，在这个界定上，从宏观和长远发展来看，法律的人工智能赋能应当是全方位和系统的，不能是片面和隔离的，应当是立法、司法、执法等法律适用上的全方位系统化的工作。因此，也要全面系统地看待人工智能对法律的赋能问题。

（三）人工智能的法律与法律的人工智能的关系实质

在以上人工智能的法律与法律的人工智能双重关系的相关含义的理解界定基础上，二者的关系的深层实质应当是什么？作为人工智能与法律的关联现象，人工智能的法律与法律的人工智能的关系的深层实质，不是时下有限空间中所显现的表层的形式化的悖论。而恰恰相反，在时间发展和空间变化的维度上，在深层上，二者的关系构成或者形成的是人工智能得以在人类社会空间中安全使用和成长发展的对立统一矛盾体，其所蕴含的是安全发展保障与赋能综合目标下，人类社会的人工智能与法律二者结合伴生的现象和发展规律，单从人工智能的角度看，其揭示着人工智能作为一个新事物的发展方式和发展趋势。

这个对立统一体的矛盾体的矛盾构成要素无疑就是人工智能技术和法律，或者说其各自所主要承载或者显现的价值功能，其中人工智能作为一个综合体包括技术的研发和应用，法律作为一个综合体包括法律的生产和制度的运行。这个矛盾体所携带的核心问题及其相应的关系就是法律与人工智能如何实现共生，使人工智能和法律等都获得正向积极发展而为人类谋福祉。下面本书就深入分析和全面认识这个对立统一体的矛盾构成要素及其相互关系。

首先在人工智能的研发应用赋能方面，如前所述，人工智能技术本身就具有为善和为恶、安全赋能和制造风险的双重矛盾属性，而技术赋能应用作为一项科学技术行为，其同理应当是由制造风险和安全发展两个矛盾要素构成的。就人工智能在人类社会的研发和应用价值目标而言，实际上，限制和约束不是根本目标，根本目标是应用和发展。而如果从策略安排的角度来讲，有如进攻是最好的防守，发展才是其安全最有利的保障。因此，发展应当是人工智能赋能工作一以贯之的支配要素，这种态度、理念和反应也适用于把人工智能作为对象的法律治理工作时。法律对于人工智能技术的赋能社会行为和社会关系的治理，实质上也是使其如何安全地发展应用，而不是片面地限制。由此，治理人工智能关键的问题应当不是考虑是否发展人工智能，而是应当考虑发展什么以及如何发展人工智能。另外，对于人工智能的研发和应用的赋能对象而言，作为一种泛在的技术，其应当是包括所有社会事物，当然既包括法律治理的对象，也包括作为治理的手段法律本身，这是技术赋能在法律治理层面所形成的一对矛盾构成。

而在法律治理层面，法律作为一种社会秩序的存在，其天然也是一个矛盾的综合机制，主要是由法律规范的制定和适用构成，当然，在细分上，立法与法律适用、秩序稳定和制度变革都是构成这个矛盾的具体内容。立法是秩序的规定，执法、司法等法律适用是立法秩序的实现，立法与法律适用也是既对立冲突又互为发展条件和统一的。秩序和变革也是矛盾的构成，秩序是法律治理的根本目标，而变革不是根本目标，但变革是秩序得以实现重要的手段和保障。有序的变革就是在塑造和维护秩序的状态，体现的就是秩序。而这里最重要的矛盾关系是规范内容的确立和规范的实施，秩序的稳定和变革也是这一矛盾内容的衍生和具体体现，规范内容的确定是整个规范得以实施的基础，而整个规范的运行机制是规范内容得以实施，即治理目标得以实现的根本保障。

以上法律和智能技术这两个要素的矛盾性构成、矛盾的方面的多项关联，无论是在法律人工智能赋能和人工智能的法律治理各自的内部，还是在二者之间的关系上，都形成了对立但是却统一的状态。在以人工智能为对象和目标的法律治理工作中，法律对人工智能的治理既要考虑到人工智能的安全问题，更要考虑到人工智能的发展问题，这个原则在整个治理过程中应该是一以贯之的。而这个过程在人工智能促进或者带动法律制度发展上，体现的则是秩序变革中的人工智能化的法律规则和制度的变革和逐步建立，其基本逻辑是，人工智能得到治理了，包括安全和发展两个方面的相应的关于人工智能的法律制度和运行方式也便建立了起来。显然，延展开来，在法律治理体系内部，这个法律规则和制度建立既包括相关的法律知识的生产和规则制定，也包括法律知识的制度化运行，可能既包括实体法，也包括程序法和运行法，等等。因此，所说的治理不只是立法上的一次性约束和禁止，本身就包括法律体系上全方位的适用、变革和演变。

人工智能的法律赋能，即以法律发展为对象和目标的人工智能赋能工作，也自然会导致其对包括法律在内的普遍赋能反及其自身，从而实现法律对人工智能自身进行治理的效果，即人工智能技术通过赋能法律实现自身的安全与发展的平衡，实现类似于"以子之矛攻子之盾"的效应。人工智能的赋能也会普遍地适用到立法、司法、执法、守法等全部法律知识生产和运行上，而不只是某一部分。根据立法和法律适用的矛盾关系，法律功能的实现不能只靠立法，还要靠适用和实施，当然，在能力上，只有立法上而没有适用上等整个法律运行实施能力的强大，也是无法实现治理目标的。而对于包括法律在内的所有事物和人工智能的关系上，人工智能在价值层面作为一种普适性技术，在赋予世间万物以新的、强大的能力的情况下，当然不可能把法律的工作排除在外，无论在经验上还是在逻辑上，在人类社会，其只有赋予了法律同样强大的智能能力，才能使自身在安全和发展上获得合理的平衡，才能够得以发展和应用。这里在逻辑上可以说，由此法律强大了，人工智能技术可以使用和发展了。

因此，在法律的人工智能和人工智能的法律这个对立统一关系结构中，人工智能和法律二者共生共长的完整关系是，通过法律控制了人工智能的不安全因素，促进了人工智能向善发展，不断促进和实现着人工智能良性有益因素作用的发挥，从而也促进了法律内容的发展和改变，铸造了人工智能的法律制度的内容和强化了对人工智能的法律治理；而在人工智能的合理健康发展，在对包括整个法律规范的确立和实施的整个法律治理工作和活动进行赋能的过程中，实质上则也在不断实现更加智能化的、更加有能力的人工智能的法律治理方式。这种治理能力和效果也定及于人工智能治理本身。

当然，以人工智能的自我治理的视角来看，其是通过均等地赋能万物，包括法律自身，从而促进了法律的发展，也保障了自己的安全和发展；而以法律的自我发展的角度来说，其通过普遍地、系统地、逐步地治理人工智能的各个方面，直至法律智能自身，于是也获得了自身的建设发展，保障和促进了人智能的安全发展。人工智能和法律的存在和发展是互为基础和条件的，在这种关系中实现了人工智能的安全发展，由此也在秩序和发展中实现了法律制度的发展变迁，这就是法律和人工智能共生共长机制。

三、解悖及其价值

应当如何认识理解这样的一种形式上悖论,并据此处理好现实中相关的工作关系,应当是人工智能发展和治理的重要前提。可以说,时下所说的人工智能与法律治理的关系悖论应当是作为一种技术的人工智能的逐步发展和作为一种治理方式法律有序变迁过程中伴生出现的认知状况,只不过这种认知是对人工智能相关问题一种阶段性的、一定层面上的观念认识上的现象,是对人工智能技术在研发和应用的初级阶段所产生的社会效应所形成的认识和理解,是对一定时间和场域下的人工智能技术应用的现实效果和形式逻辑上的认识。因此,这种悖论的形成既有社会现实条件对认知视野的限制,也有主观认识方式方法上的因素,具体阐述如下。

（一）解悖

1.悖论形成的事实机制

在事实上,悖论的发生经历的是这样的社会实践过程和发生机制。人工智能进入人类社会的主要动力在于其赋能效应,使任何行业的发展对其都是趋之若鹜,但是因为技术的发展状况、功能特点、发展条件以及针对当下技术的场景适用性等因素的影响,人工智能技术赋能能力在一定的时空条件下,在不同领域中的应用程度体现不同,在有的场景下表现出的效应就明显突出强烈些,而在其他的场景一时间还无法发挥出其应有的能力。比如说,智能杀人武器、围棋机器人阿尔法狗等就是效果表现强的代表,而无论在技术还是在制度层面,如何控制这些行为并避免这些智能武器来害人方面尚未跟上需求,因此就显得能力不足或者没有底气,因此恐慌的社会心态在这种情况下就产生了。

因此,这种经验性的恐慌直接诱发的是呼吁法律的登场和治理功能的发挥,在法律领域,因为法律的社会分工功能所致,时下危机性社会本能反应所致，通过法律对风险的控制和防范是其最核心目标，这个阶段，对法律进行人工智能技术上的赋能倒不是或者还谈不上是其需求。然而，在社会事实上，法律的人工智能在赋能时下的法律知识生产、运行等法学研究、立法、司法、执法和法律服务等多方面已经产生极大可行性和优势，现实中也展现出了极强的社会效果和巨大的潜力，但是，在时下这些法律的赋能效果上，也包括在人工智能的法律治理等相关工作上，显然在经验和社会观感上尚未显现出极大的对抗能力对人工智能的技术安全和风险问题进行有效的解决，由此这种法律上的赋能尚未显现出与人工智能的治理有多大关系。于是，在现实观念上，感觉和意识不到限制和发展、人工智能的法律和法律的人工智能上的关联，倒是形成了二者相互隔离和割裂，一边要用法律限制人工智能，同时也要大力发展人工智能的悖论局面。因此，这种担心和恐慌的社会心态在社会治理的法律制度上尚未得到有效的消解时，在人工智能的法律和法律的人工智能的关系认识上又强化了这种理性逻辑上的悖论。

2. 悖论形成的现实条件

概括地说，悖论形成的现实条件在于时下的人工智能技术在行业发展和安全风险防范和治理方面形成的能力失衡事实，如此造成了社会主体感官上的错觉和对现象的表层化、形式化的认识。

显然，这种社会恐慌的心理来自技术的双刃剑的普遍属性和事实，而人工智能这种发展中的技术双刃剑的社会效应非常明显，其赋能到为善的事业上会带来巨大的效能，反之也会带来巨大社会风险或者恐慌。如此，也就产生人们对于人工智能这种天然的"悖论性"价值基础：人类社会既要发展人工智能，但也要限制人工智能。

然后这种悖论性价值基础的天然性便意味着限制和发展、智能的法律和法律的智能就是割裂、对立冲突或者说是绝对的悖论性关联。这种状态的产生是一种认识和理解的结果，是与现实的条件，即人工智能的现实发展状况所产生的因素是紧密相关的。这些最主要的因素就是人工智能技术在当下赋能的条块、局部、片面不均衡、不贯通的状况。

显然，在人工智能发展的过程中，技术研发和应用是逐步推广和深入的，因此，在技术应用的初级阶段，在全社会生产生活领域，如前文所描述的，关于技术应用的赋能一定会形成条块、局部、片面、不均衡、不贯通的赋能状态和效果参差不齐的状况，而关于人工智能技术所产生的新的社会现象，在这种现象对人的观念产生强大的冲击力的状况下，包括问题、治理以及赋能效应也一定很难在现实上链接沟通起来，自然也就很难在认识上实现打通把握。

具体说来，在智能的法律和法律的赋能关系上，时下在人工智能技术的整个社会赋能对象和领域中，技术对法律的赋能虽然是小而薄的一块，但是法律智能业已广泛现实有效地存在。但现实中在探讨法律与人工智能的关系时，尤其是在探讨对人工智能进行治理的研究和实践上，视野上对人工智能在治理上的赋能状况常常是忽略的，这重要的因素是如前所述，时下的赋能效果在人工智能的法律治理等相关工作上，在经验和社会观感上尚未显现出极大的对抗能力对人工智能的技术安全和风险问题进行有效的解决，由此这种法律上的赋能尚未显现出与人工智能的治理有多大关系，因此这种赋能尚未进入对人工智能法律治理的视野中。同样，当下在谈到对人工智能的法律治理，治理对象可以是现实生产生活中很多的一般常见的人工智能技术应用场景，而常常将智能法律活动和行为置身于对象之外，在此处意识不到、看不到智能对法律的赋能的同时存在，这也是治理和赋能割裂不关联的一种体现。所以，法律治理研究者在谈到人工智能的法律治理时，往往是不同程度上缺少智能法律或者智能给法律赋能的现象应有的关注。

因此，在以上状况下，人工智能技术在对其应用形成的风险的法律治理进行的赋能和对时下法律运行的其他业务的赋能上也体现为是条块的、不通的和不均衡的，赋能的技术使用和效用也没有在法律治理这一个空间场景中保证做到一以贯之。现实经验层面上，由于人工智能技术在人工智能的法律和法律的人工智能两个领域中赋能应用上的不连贯，也直接限制了主体认知视野和认知对象的全面完整性。

这种不打通显现的是为善和为恶的能力不同，造成的却是二者工作上的不通，尤其是智能的法律和法律的智能方面工作上的割裂。恰恰是这些状况使治理和赋能、智能的法律和法律的智能的双刃剑的属性、悖论性价值基础的冲突性和对立性在现实中以现象的形式得以彰显，并在观念上形成了所谓的形式化的悖论。

3.悖论形成的认识因素

而与以上的现实过程的表层形式化的认识结果不同的是，在理性的科学技术发展道路上，赋能整体法律的运行、法律对人工智能的治理以及赋能其他领域的人工智能实际上都是一种技术种类和操作模式下的技术应用，在更大的社会空间和更长时间的发展中，实质上具有的能力应当是相当的，取得的社会效果和效应也应当是相同的。

赋能失衡和条块化的社会效果等造成了悖论的形成，而在思维认识上，法律与人工智能的关系悖论是对于现实现象的形式逻辑的认识结果。作为一种认识的形式，形式逻辑上的悖论和以上经验现象上的显现是一致的、紧密关联的，是对现实现象的一种表层化的认识状态和反应。悖论形成的终极认识上的原因在于或者其本身就是认识对现实现象的直观形式上的反应，是形式逻辑上的理解以及观念对于现象在表层上的一种判断，在认识上尚未完成现象表层关系和深层关系上的链接和打通。

具体说来，悖论的认识是对当下人工智能和相关法律治理的发展现实状况的表层化、形式化、暂时性的认识，没有看到法律和人工智能的根本的、深层的、完整的关联，形成了对法律和人工智能关联关系的割裂孤立的、片面的、静止性认识。没有理解人工智能和法律的关系是对立统一的矛和盾的关系，有其矛定有其盾，而只看到了强大的矛，还不知道有或者还能形成同样能力的盾，看不到法律和人工智能形成的现象整体，看不清人工智能发展的方向和出口，因此也无法理性地认识到该做哪些事情以及如何做一些该做的事情，现实的局面定会是认知上的迷茫、心理上的恐慌、理解上的形式表层化和行为上的混乱。

具体说来，这种认识其一是片面而不是全面地看待相关现象，在人工智能的赋能场景和社会效应中，虽然在看到了赋能带来的社会发展上的效益的同时也看到安全上的风险，但往往只是看到人工智能的赋能能够带来安全上的风险，没有看到也一定能够有同样的能力赋能到治理风险的手段和工作上而有助于安全，落脚到法律上，法律对人工智能的治理，即智能的法律有禁止和约束层面上的考量，但也一定是有促进人工智能发展的考量；而法律的智能不仅是以自身的应用才促进智能技术的落地发展，全面整体上也一定是赋能到对包括智能研发和应用进行有效的风险防控和安全发展的社会治理的整个事业上。

其二是孤立地而不是联系地看待人工智能的安全和发展、治理和赋能，以及赋能立法、司法、执法等相关要素的关联关系。在治理的考量上，只看到了治理的控制目标而忽略了发展目标，说到治理就忘了治理其实也需要同样水准的技术赋能，说到赋能就忘了这是在强化治理的能力，虽然时下这种强化的效果只是局限于司法、行政执法、立法等法律运行工作的能力增强，距离很多具体社会领域人工智能治理问题看似好像还很远，但将来肯定要打通握手的，因为这些要素实质上在根本的原理和规律上是紧密关联到一起的。

因此，在这种认识状态下，时下在对现实中人工智能社会行为和关系进行治理时，在法律治理研究者的观念上，仍然在传统进路上进行探讨，要采用的还是传统的技术方式，比如通过制定一些新的规范，然后通过传统的立法到执法等法律适用模式进行治理，而忽略了应当而且在未来肯定要用到智能的治理行为方式来治理智能的对象和行为，由此，现实中就会形成对于当下的智能行为的现实冲击力感到恐慌而不知道是否能够搞定，也不太注意到甚至不明白如此为什么还要在法律领域大力发展人工智能技术。

其三是静止地而不是发展地看待治理和赋能对象构成状况和能力状况，以及二者之间的关系，或者说是以静止的现象而不是以发展的现象来理解二者以及二者的关系，这一方面只看到眼下人工智能赋能的有限场景和能力状态，看不到未来的全场景和各种场景包括治理的同质赋能状态，因此看不到治理对象的普遍智能化和治理能力的同样智能化。在这种情况下，就无法看到作为治理的手段和方式的法律随着人工智能技术赋能能力的增强和普遍化而同样具有强大相称的治理能力来治理人工智能，由此也就淡化了赋能法律和治理的功能匹配和关联。另外，也只看到了对于智能行为的治理的单向性作用，往往只看到智能技术法律治理的价值目标在于风险的防范与发展的促进，看不到与智能技术相关的法律还要通过法律制度的相关调整和运行而保证社会有序而非失序下的稳定变迁，也是由此获得内容和运行体系以及运行能力上的构建渐变发展的过程，因此，忽略了同一行为实际上应该是对智能发展和治理工程的构建，进而又反过来在促进智能的合理发展的基本发展过程和规律。显然，对于这个渐变变迁的规律性认识很重要，其体现的是对人工智能发展空间的逐步释放与法律治理能力逐步增强的渐进过程，否则只看到当下人工智能的风险性冲击而看不到未来法律治理的可能性。

另外，谈到赋能时，往往只看到智能对时下法律工作和对传统意义上法律工作对象和任务的赋能行为和效能改变的效果，没有贯穿或者穿透现实看到这种赋能指向的未来全部法律工作，而如果未来社会是一个全部智能化的社会，这种智能赋能毫无疑问包括对人工智能自身的治理工作的赋能，即未来的法律工作应该是智能化的法律治理工作。往往只看到时下司法等发展比较突出、比较快、效果比较好的领域，而忽略其他领域，以及未来智能化的法律生成和运行的场景和可能，看不到未来法律治理工作的场景、方式、行为和关系对象在智能化后的改变，看不到未来智能化后的法律治理对象和问题，如同上文，由此现实中的状态往往思考的还是以传统的手段和方式面对现在已经出现和即将出现的智能现象和问题。

而毫无疑问，在未来，这个治理方式赋能的对象是包括法律人工智能现象在内的所有的人工智能对象性领域，而在发展趋势上，这个治理方式是人工智能化的法律运作方式而不是时下传统的法律操作模式，从而在人工智能的治理工作上，真正能够降低人工智能的法律风险而扬长避短。而在没有看清这个状况的情况下，错觉就造成了以下两个方面的现实效果，观念上没有形成对于智能对象可以通过同样能力的智能手段进行治理的认识，现实上造成了生成问题的对象和解决问题的方法能力错位理解或者理解不到位，将人工智能的法律和法律的人工智能分而置之，看不到经过赋能的法律就是用来而且应该能够形成一样强大的力量来应对智能的不安全问题，割裂了人工智能的法律和法律的人工智能的整体协调伴生发展状态，并形成了相互隔离的法律上限制和发展人工智能的价值态度，悖论也就由此而生。

其四是在以上的情况下，在人工智能的风险防范和发展赋能方面，在人工智能的治理和治理的赋能关系上，没有形成相应的对立统一的认识，在治理和发展赋能的关系维度上，更多地看到的是双方的对立、冲突和矛盾的消极对抗关系，而没有看到它们之间互为条件、相互依存、协调共生的统一积极发展关系。由此，在看到人工智能应用中安全风险上的因素时，想到的往往是简单粗糙的消极的控制、禁止或者草率限制，而不是积极的合理发展，意识不到普遍的发展赋能才是安全的保障，才真正能够实现智能技术应用的安全应用。在想到法律对人工智能进行治理时，也想不到这样的治理最终是要通过对法律的整个体系性工作进行人工智能的赋能才能实现这样的目标，而法律的治理也由此更加促进人工智能的合理发展而不是限制。总而言之，缺乏对立统一的方式看待人工智能的法律和法律的人工智能，往往看到的是治理和赋能的对立和冲突，看不到其实质是二者协调伴生共同实现人工智能技术合理安全发展和人类向善正当性价值表达的规律性过程和环节体现。

（二）解悖的价值

人工智能与法律关系的悖论的提出，主要的目的不在于对这种悖论本身的理论分析和认识，而在于以此为出发点深入认识二者的深层关系，并以此为基础探索二者发展的规律和道路。时下，解悖的价值在于进行认知，要以技术的发展和法律变迁而不是以静止的思维模式看待人工智能与法律的发展关系，进而较为全面和深入地认清法律和人工智能共生发展机制以及尊重法律和人工智能关联发展原理、规律和趋势，促进现实中问题的合理有效解决，推动人工智能的法律和法律的人工智能的协调发展。

1. 认清法律与人工智能共生发展的机制和规律

在法律和人工智能这个对立统一体中，对立性体现的是安全控制，在人工智能技术进入人类社会的发展中，一定要冲破既有的法律等制度的限制和束缚，提出挑战和质疑，法律等制度一定是要对其进行严格的把握和控制的。统一性的体现是赋能发展，人工智能要给包括法律在内的所有行为赋能而使其获得发展，法律则要给人工智能以价值正当性和条件以支持鼓励发展。因此，作为一个对立统一矛盾体，法律和人工智能基本的共生共长的运行机制应当是这样的：法律要有效治理人工智能，人工智能要给法律足够赋能。人工智能若想得以正当有益地使用和发展，必须要有法律对其进行规制和治理，赋予其正当性和有益性；而法律若想能够有效治理人工智能，其必须要得到人工智能的足够赋能。只有法律能够有足够人工智能的能力治理人工智能自身，人工智能才能在人类社会得以生存和发展；也只有法律获得了人工智能足够赋能，法律才能有效治理人工智能。如果各种人工智能"行为"是一支矛，那么法律就是一块盾。如果有一支一定能力的矛，那必须有一块足够能力的盾；如果有了一块足够能力的盾，那就允许有一支同样能力水准的矛。这样的矛才是安全的，这样的盾才是有效可靠的，时下，这个能力都应该是人工智能。安全与发展的博弈，以子之矛攻子之盾的平衡，人工智能对法律赋能的成功是人工智能得以解放发展的前提条件和根本保障。通过技术自身的制衡与消解和规则自身价值的主张与实现，规则和技术相生相克，规则治理了技术，技术控制了规则。在这个层面上，相对于智能技术的生成和发展来说，法律等治理手段不再是其外在因素，而是其自我发展和条件。因此，实质上，智能技术在治理对象和治理手段上的赋能平衡就是人工智能技术生成演化的规律性方案和自我实现道路。

如此，如何在现实中问题和问题的解决层面理解这样的过程和道路呢？在人工智能与法律相伴生的社会发展中，对立性常表现为显性的、冲突的，往往相对性地构成事物发展的消极因素和手段，不是否定性的价值评价，对立体现的是这对矛盾中的消极因素和问题因素，多表现为现实中的问题，比如人工智能安全的恐慌；而统一性常表现为隐性的、协调的，往往相对性地构成事物发展的积极因素和目标，多表现为现实中的问题的解决。

而问题的出现和问题的解决便形成了人工智能等新事物发展的道路过程和机制，这个道路所展现的过程便是人工智能和法律作为矛和盾的此消彼长和此长彼消，同时，矛和盾互为目标和条件的消长构成了人工智能等事物发展的根本动力和根本机制，这一切所展现的便是人工智能和法律相伴生的发展规律。

面对人工智能的发展工作，要尊重二者关联的发展规律，把握住其道路过程和机制，在这个矛盾关系中，人工智能的赋能发展显现为智能能量的自我消减、释放过程，赋能了其他事物也赋能了治理，法律治理的过程体现为行为正当性的外部价值证成过程，即证成了人工之智能的正当性，也证成了法律治理的正当性。要发展好"矛"的系统，使人工智能在各种领域中得以广泛赋能，同时也要发展好"盾"的系统，使这种能量同时助力和强化法律的治理。

2. 通过技术与规范的融合建设共生的发展道路和发展模式

以上的规律和机制在智能技术应用的一定的时空中，会产生诸多问题，比如时下的风险治理和发展上的问题。显然，这些问题是现实存在的，而规律性的认识决定了解决这些问题的态度和方法。态度自然是要解决这些问题，与方法结合就是要按照规律合理地解决这些问题，否则人工智能可能就无法进入这个社会，或者会置整个社会于风险之中。

当前，就人工智能的治理工作而言，谈及更多的有两种进路，一是规范路线，即通过制定和实施法律制度来治理；二是技术路线，即通过技术自身的完善来避免人工智能的风险，比如当下治理个人信息保护就有这两种办法。当然，还有一种进路也已经被提及，但是现实中较少能够实现和实践，就是技术与规范的合体，即通过法律或者规范的自动执行来进行治理。本书认为，随着人工智能技术的深入研发和广泛应用，技术与规范的合体进路不仅是人工智能治理的重要道路，也是未来社会人工智能和法律共生共长的道路和状态。

因此，现实中要认识到，在以现实的问题为出发点，做好当下人工智能法律规范的制定和实施的同时，要大力发展法律人工智能，实现治理的智能化是法律与人工智能关联发展的关键重要工作，是通过实践消解悖论的进路和出口。如果以治理为目标，法律与人工智能关联的落脚点应该是使人工智能的治理获得同样人工智能治理方式和手段的支持，因此需要给法律治理方式赋能。如果以赋能为目标，二者关联的落脚点则应该是法律运行方式的赋能目标正当性，因此需要给法律方式赋能进行治理目标实现的正当性背书。即当下的视角不应该静止地、在时间上错位地看待人工智能新技术在法律工作上的赋能对象，实际上这个对象或者称为法律业务工作形式也是全面的和发展变化的，如果人工智能在未来真的能够广泛深入并覆盖所有生产生活领域，那么全部被赋能的对象肯定不是现在的呈现和状况，包括立法、司法、执法等法律适用等方面所呈现的整个法律运行体系应该是人工智能化后的法律工作问题以及问题的解决方式、模式、机制和价值理念。

当然，囿于现实的条件限制，在法律运行的不同领域，其智能治理发展状况可能会有所不同，但是，在整体设计和工作建设上，应当是全方位和系统的，尤其是在理念认识和行动态度上，不能有的领域是智能化的方式和手段，而有的领域仍然是传统的模式和方法。如此不仅可能给整个法律治理，而且会给全社会运行体系下的治理和应用的智能化做出有机衔接。到目前为止，在信息数据化后，这些能力的赋予主要体现的运用形式还是智能知识发掘、整理和应用、信息传输、行为管理、自动办公系统，算法上主要是以信息和意见推荐为主，在法律等规范和制度生成和应用领域上，算法自动法律判定等决策以及自动运行法律行为还极为少见和鲜用，当下，仍然是以人的主体决策行为中枢进行整个法律等治理系统的运转。但是，随着强人工智能等人工智能技术的升级和全面发展进步，随着法律等相关规范的代码化以及运行机制的自动化能力提高和技术安全性提高，相信智能法律决策和自动执行已经为时不远，魔高一尺，道高一丈，治理规范的生成和执行也只有达到这个程度，才能实现对智能事物治理的效率和效果兼顾。

总之，人工智能与法律的关联发展在未来必将走出眼下相对独立、割裂、平行的发展局面，随着人工智能技术发展、能力提升和赋能普遍性状态的实现，这些平行的、割裂的、条块的治理和赋能必将握手拥抱，人工智能的治理和法律运行的赋能的合体联动机制是人工智能和法律携手走向未来的通道和出口。就人工智能而言，只有通过智能合体的赋能化的法律治理方式，才能得以全面大发展起来，这正如我们智能的生物人，面对人类强大的智能，关于我们的治理规则不能仅仅是外在的，很多行为的规则是内置于我们人体的行为模式当中的，即规则和人体是合体的。如此才能通过外在的治理系统和内在的类似于自我约束和治理的功能实现作为智能体的有效运行行为的产生，这才使规则的运行获得了同样的操控能力的运行，仅仅是外挂的、外在的系统，能力显然是跟不上和无法实现的，如果不是同样智能水平的整合的治理规则的运行实施，形成的局面就像一个低级智能的动物如何能够治理人的状况一样。"道生一，一生二，二生三，三生万物"①。所以，人工智能的法律与法律的人工智能彼此无法分离，人工智能得以治理和发展的出口是，人工智能法治的智能化与智能体的规则内在化。

_____

① 参见（魏）王弼注：《老子道德经注》，楼宇烈校释，中华书局 2021 年版，第 120 页。

第 一 篇

人工智能基础上的法律生产关系

引 言

这一部分主要阐述作为法律的技术工具的法律智能系统与人在社会法律工作中的各自角色和相互关系。主要从技术工具、智能机器与人的相互作用的社会法律运行的状态，来阐述技术和智能机器赋能法律工作所产生的生产力与法律生产过程中形成的人与机器以及人与人的生产关系。

具体来说，首先详细分析人工智能作为一种技术在生产力的工具、对象以及劳动者层面上所带来的变化，然后梳理总结在生产关系层面，即整个法律工程上的人与人的工作关系的改变，人与物的工作关系的改变。由此，一方面要阐释技术与人的关系，另一方面阐述人与人因为技术的应用所发生的关系，要在人类社会中物作为工具，以及人既作为手段或者工具又作为目的的情况下，在工具、手段和目的的层面上，分析探讨法律人工智能系统是工具还是一种主体人，是辅助还是替代，到底什么是辅助和什么是替代，辅助和替代到底是什么样的关系，等等，由此为法律智能技术的使用和工程的搭建构建理念基础并进行思想解放。从另外的角度看，实际上，这是在阐述智能社会状态下的法律社会工程的物质基础和经济基础，根据经济基础决定上层建筑的原理，这样的基础和关系决定了智能技术下的作为上层建筑法律社会工程的设计和搭建应当遵循人机混合状态下的可知、可信赖的智能原则、与人交互的原则、与人协作的原则、作为工具与作为目的的价值转换循环等原则。

第一章　作为法律生产力的人工智能

第一节　人工智能赋能法律概述

法律人工智能工程的建设，首先在理念上要认清人工智能技术已经以及可能会给整个法律的生成和运行工作所带来的改变，进而能够确定时下的法律智能系统以及未来的法律智能体，作为一项不同以往的全新的技术或者工具，与职业法律人以及所有社会上的人之间的关系。如此，在一种工作关系、社会关系和工程结构中，以这种关系结构为基础，确定人和智能工具的彼此任务和功能的区分、关联与合作，为智能法律工程技术路径的设计寻找科学的依据和价值基础，进而实现社会法律工程的有效搭建。

一、作为技术赋能和劳动对象的法律

按照马克思主义理论的基本观点，生产力主要包含三个要素，即以生产工具为主的生产资料、劳动对象和劳动者，"科学技术可以说是'第一生产力'"①。人工智能作为生产力，在工具层面和意义上，时下已经给整个法律工作带来了显著的改变。作为人工智能技术赋能对象的法律工作，概括地说，其基本方式是通过法律规则的相关工作来实现对社会行为和关

---

① 转引自肖前、李秀林、汪永祥主编：《历史唯物主义原理》，人民出版社 1991年版，第 106 页。

系的调整和治理，具体情况本书会通过第二篇的内容详细阐述。在法律工作中，具体作为人的劳动对象的工作内容有很多，如果按照现在法律工作的整体机制上的分工来说，可以划分为立法、执法、用法、司法、法律服务、公司法务等多样内容，当然，还可以以此为基础细分出很多枝节。而无论在实践经验上还是在理论逻辑的层面上，所有以上这些工作，作为一种劳动对象，在性质上可以被高度提炼概括为两类，即法律规则的制定和法律规则的运行。而在智能技术与法律的关系上，智能技术之所以能够与法律规则制定和运行的工作进行结合，或者智能技术之所以能够在法律工作上有用武之地，以及法律规则工作之所以能够借助智能技术的力量进行赋能，那么，这两种事物一定具有兼容性，或者说具有可融合的方面，而概括地说，这种相融性即体现在，法律规则是一种社会行为的依据信息，而以信息为基础和条件的智能技术也是关于信息生成和运行的技术。

二、法律人工智能

具体说来，在人的行为和信息的关系以及在行为和社会的关系中，法律规则就是一种行为所遵循的信号和所形成的信息，社会行为本身也是规则的体现和相关信息的呈现，在这种意义上，可以说，规则就是制度化的行为信息，行为则是实践中的规则信息。由此，从根本上来说，法律行为、法律工作甚至所有法律的事务，实际上就是如何使法律规则这样的信息和法律行为进行有效的关联、互动和转换，从而形成社会规则信息和行为的有机整体，即秩序。人工智能是什么呢？[①]专业上的理解有很多，但简单通俗地理解，人工智能就是人造的智能行为。如此，本书认为法律人

[①] 参见［美］斯图亚特·罗素、彼得·诺维格：《人工智能——一种现代的方法》（第3版），殷建平、祝恩、刘越、陈跃新、王挺译，清华大学出版社2013年版，第3—6页。

工智能行为就是人通过智能技术制造的、而非人类自然形成和进化而来的法律行为，或者说是通过智能技术模仿人类的法律行为。如此，结合上文关于法律的工作实质的阐述，法律人工智能实际上就是人造的或者模仿人类的法律规则信息的制定和运行的智能行为。从场景上看，就是由人类模仿人类的法律行为制造一个智能工具、系统或者机器智能体来实现以前由人类来实现的法律规则信息的制定以及法律信息的运行的情况。实际上，如上所述，如果法律工作或者法律事务不外乎就是规则信息的制定和规则信息的运行，那么作为一种技术体现的法律的人工智能在这里应当包括三个层面的实现：一是模仿人类的规则信息的制定，二是模仿人类的规则信息的行动，三是实现信息制定和相关行为的关联。

三、智能技术赋能法律情况简述

当然，以上三个层面上的实现是一种理论逻辑上的理解和设想，其核心要义是，如果一项技术要生成真正的法律人工智能，其一定要在以上三个层面上获得成功或者得以实现，否则这项技术所实现的也不能称之为是真正的法律人工智能。当然，也并不是智能技术一开始的设计和发展的目标就直接指向法律工作的这三个层面，或者说一开始就有能力实现这三个层面。按照以上兼容性或者共融性的基本认识来理解，智能技术是通过不断的研发和升级发展，逐步与法律工作的以上三个层面的功能要求产生了关联、衔接和融合，并使智能技术与法律工作具有了兼容性，因此在现实中使人们看到了法律人工智能化的可能，由此才促进和激励了法律人工智能技术的不断深入研发。

时下的人工智能技术自20世纪中叶发展以来，以计算机、互联网为基础技术和核心条件，以其他相关技术为辅助条件，经过半个多世纪的发展和迭代，形成了很多场景和任务下的类人智能体的机制和能力，其中主要包括的是信息加工、信息收集、信息存储、信息计算、信息运用，以及信息指导行动等多个方面。显而易见，不仅在信息的内容和细节构成上，而且在信息相关的事务和运行环节组成以及信息和行动的关系上，结合以上法律规则信息属性和相关的社会行为的属性特征，可以看出，现有的人工智能技术与人类的法律工作和事务融合的景象、发展趋势以及这种兼容性也是越来越清晰，法律人工智能的研发已经从理论的可能性走向了现实的可能性。

第二节 数字信息技术对法律工作生产力上的作用

一、作为法律生产力的数字信息技术

继续前面的话题，在以上法律与技术的交融点上，先来看一看现实中的人工智能作为一种科学技术，是如何在生产力的意义上促进了现有法律工作的发展，法律人工智能系统或者智能体对现有的人类法律职业群体和相关的社会主体，在工作层面上已经以及将要发生怎样的作用。这里首先来梳理总结一定层面上的人工智能技术所带来的生产工具和劳动对象上的改变。如果从人运用劳动工具针对劳动对象进行工作的角度来认识和理解智能系统或者智能体的法律工作，如上所述，这种工具主要的功能就是帮助人类实现规则信息的生成、获取、传输、运用以及规则性信息对行为的最终指导产生行为的社会效应，即规则价值的变现。传统上，人类几千年的法律史上，这种规则信息的生成、获取、传输和运用主要是通过物理有形的载体，大部分时间是通过书在纸上的文字进行的，也就是通过人为的体力将规则信息通过文字的形式记载于纸上，并通过纸来进行传播、查阅和使用，概括地说，以上意义上的工具就是纸、文字，而相关的动力就是

人的体力、加上后来的机械动力以及一直运用的人的脑力。这种情况也促成了社会分工基础上的法律职业人的产生①；而从计算机、互联网技术和工具的广泛应用开始，这些规则信息的表达开始通过数字代码进行，记载开始通过硬盘和云空间进行存储，而获取、传输和运用开始通过互联网、计算机程序软件以及智能算法来进行，相关的动力虽然仍然包含着人的体力、机械动力，但是电力和人造智能算法算力越来越体现出强大的动力效应、依托和需求。

如此，在信息的制定和运行的意义上，在人工智能技术所形成的条件下，作为一种法律劳动的工具，人工智能技术给法律工作和相关行为所带来的能力上的变化，在已经产生或者既已具有现实的可能产生的效应上，主要有这样的几个方面，这些方面是紧密相关的或者是相互包含的。

（一）法律的数字信息化

法律的数字信息化意指在当下数字信息化的时代，法律也已经开始在运用新的信息技术手段进行自身的生成和运行。其实法律的数字信息化是新的数字信息技术的时代性话语表达，如前所述，法律从产生时，其本质上的属性就是信息或者是知识。因此，这里的信息化指的是法律相关的内容从一种传统的文字话语信息形式转换成为现今的数字信息形式，比如行业里常常提到的法律数据库的生成、建设和运行。可以说，这种数据库生成和建设的主要路径和机制是，除了主体间的口头式的表达和信息交流，法律工作和法律活动原来的手工书写的文字书面表达和文书的传递，逐步以数字化的文字、图片和音像等方式，通过计算机等终端和网络操作的形

---

① 法律职业人的产生，实际上已经彰显了人的工具属性，而既然是工具，就意味着其是可以发展变化的，并具有可以替代性。所以，人既具有工具性也具有目的性，人的工具性决定每个职业都是可以改变甚至是可以替代的，但是人的目的性则不能。后文对此将详细说明和阐述。

式进行表达、交流和传播，同时，在通过这些媒介进行表达和传输的过程中，相关的法律信息也便留痕和储存到相应的数字存储空间中，形成了硬盘、云以及网络所构成的数字化的法律信息空间，即数据和数字信息资源库。

而就具体的内容来说，法律数字信息化的方面不只是法律法规的数字化，还包括所有与法律工作和活动紧密相关的政策等行为规范、内部规章制度、工作流程、工作环节和内容等事实、新闻、案例、法律文书、文章著作等所有与法律规则和事实相关信息的数字化。还有，在数字技术普遍铺设和广泛应用的情况下，这种法律的信息化工作不是局限于通常所理解的国家政府和社会的权威部门和单位，也不再仅仅是某个主体个体，而实际上是广布和分散在每个进行法律活动和法律工作的用户终端上，包括用法的公民、公司企业、社会组织、执法机构、司法部门、立法机构等，这种终端有的是独立分散的，有的是限定在局域或者行业网络的，也可能是全网联通的。

（二）数字信息形式法律的传输、交流和分享

法律规范、法律事实等相关内容信息的数字化当然不是人类法律工作或者活动的终极目的，其目标指向是法律规则知识、信息内容的传输、交流分享，以利于相关工作上的使用。在这些环节的关系中，数字化则是信息分享使用的基础，因此，狭义上的法律信息化指的仅仅是法律规则的内容信息的数字化。然而这种数字化也是在法律信息知识的交流、分享和使用中实现的，因此，从整体结构上来看，广义上的法律数字信息化实质上包含着法律规则信息知识的交流、分享和传输以及相关的使用，整体上一体化的法律数字信息工程，是由信息的输入、输出和传输等环节和过程构成的，而且从发生的时间上看，这些环节应该是共时发生的。如果从现实的工作场景来看，无论是立法、执法、司法还是用法、守法领域，这个工

程和机制体现的是人、工作环节、流程、生产线、岗位任务和分工、基本技术硬件设备设施、软件系统等基本要素形成的一体，核心体现的是人与技术设施以及人的能力与技术能力的结合。如此，如果通过这样的描述来理解，法律的数字信息系统工程和机制无非也就是现代化性质的流水生产线。

具体来说，无论是在哪一个领域和场景下，都是众人在各自的分工下，按照一定的环节和流程进行操作，共同合作来完成一项工作，共同实现一个目的，比如，立法工作就是所有立法工作相关的人员围绕着一部法律法规制定颁布，将工作区分为立项、调研征求意见、研究起草、审核审查、审批等相关工作构成和环节，通过这些环节的分工操作和统一整合，最终实现法律的规则制定；司法工作就是将这份工作划分为立案、审理、执行、监督等工作构成和环节，最终的目的是通过事实证据和法律的结合运用，对一个个案件作出审判和裁决，在法律上对于当事人谁是谁非、利益价值如何进行救济保护等问题作出明确的定论以实现和保障公平正义；政府执法的核心法律任务内容主要是行政执法官员将相关的法律法规规范运用到具体的行政管理对象事务上，对相关的行为和事实状况作出行政管理和运行法律意义上的处理，与司法不同的是行政执法的主要价值目标是社会运行和管理，而不是司法上所要实现的社会最后一道价值防线意义上的公平正义；对于用法而言，主要指的是非执行公共权力的主体，即实施公共权力和国家社会管理行为以外的社会主体的社会私行为对法律使用的行为活动与工作，这些活动和工作是以主体自身的社会生产生活的行为作为内容的，在法律执业领域，常用法律适用行为和工作包括公司企业的法务工作，个人社会生活中的法律法规咨询行为，律师事务所的律师基于公司企业、组织机构、公民个人的法律适用需求提供的法律上的判断、咨询以及相关事务的处理和解决等服务工作，这些公司企业、个人以及机构组织的社会私行为和活动主要包括市场领域中的合同交易行为，社会运行中的非合同性的遵守法律管理制度规范的行为，之所以把这些行为统称为法律适用，是因为用法主体主要的目的是运用法律规范和制度来判断衡量自己的各种市场和社会行为是否符合法律的规定要求。当然，如果从最广义上来讲，司法、执法和法律服务工作行为，也是同样追求自身行为的合法性的目的的，只是这三者所追求的目的是复合的，即除了关注自身行为的合法性同时也关注工作对象行为的合法性。在法律适用的日常工作以及活动中，在公司企业法律业务以及律师事务所法律服务业务工作中，由于这些工作也是群体的合作性工作，因此，通常也采用了类似于立法、执法、司法工作中群体内部性的角色功能分工和流程化的系统性工作安排，而对于公民个体的市场和社会行为的法律适用，通常都是主体个人直接去获取法律上的相关业务事实和法律规则，直接面对现实中的问题，从而结合具体的场景和任务进行社会行为和活动的合法性和正当性的判断和决定。

二、法律自动化办公系统及相关作用

当然，以上所涉及的智能法律信息的生成、传输、分享和使用过程又不仅仅是传统意义上的、现代性的流水作业生产线，其上所运行的也不应当是传统意义上法律相关的社会工作或者社会行为。从发生的过程和路径上来看，如前所述，其是在原有的社会工作的角色功能和工作分工以及环节和流程设计基础上，不断通过数字化、网络化、硬件存储和操作以及软件的流程设计和运行，对既有的法律规范信息的表达生成、传输交流、共享使用以及逐步加工完善完成等工作，相对于传统既有的模式，进行一种全新运行方式方法基础上的模式改造。是的，在相对很长的发展阶段上，在很大程度上，可以将以上的法律信息化简单概括地理解为认知上所常说的基于计算机和互联网技术的法律自动化办公系统，那么，对于现实中的法律工作而言，如此的技术应用的效能和效果是怎样呢？概括而言，以计算机和互联网技术为基础的法律自动化办公系统，现在发展成为智能政务系统[1]，无论是对于自身的内部工作完成，还是对于工作的外部价值实现，对于整个法律工作而言既提高了效率，也改善了效果。

（一）快速即时性

首先，比较直接明显的效果是，相对于传统的技术模式和能力而言，电子网络化的传输功能可以实现信息获得和享有的快速即时性。另外，数字化的法律规则和知识的表达，以及计算机和网络空间中的存储传输功能的发挥，使法律规则信息和知识的制作、积累、存储、可复制、重复使用、激生观点和创意以及实现的知识和规则的生成能力也是更加快速。如此在具体的工作流程和体系的内部，自然也就加快了工作的速度，提升了工作效率，改善了工作效果。这首先体现在量的层面上是提高了工作能力或者单位工作量的成果实现和输出率，比如在现实中，由于法律治理社会功能和作用的提升，立法、司法、执法、用法等多种领域导致与法律相关的社会事务大量增长，"事多人少"已经成为当前中国以上各项法律工作的巨大痛点，而在如上所说的流水线的环节和相关任务上，无论是在整个任务的发起，还是在任务的分阶段完成以及最后的收工；无论是在具体的环节和节点上信息的生成和表达，还是在持续的环节上的信息的传输和分享以及最终形成结论，法律自动化、数字化、信息化等办公系统和办公工具在解决这些问题上展现出非常高效的能力和效果。

当然，在计算机和互联网技术的赋能下，随着相关技术在社会生产生活领域中的广泛运用以及与法律工作的广泛深入的关联和链接，相比于传

---

① 参见胡广伟、王新建、尚进：《智能政务》，科学技术文献出版社 2020 年版，第 2—19 页。

统的工作质量和工作效果，由于法律工作系统内外大量的与法律相关的信息和知识的广泛深入积累和大量的增长，虽然有关观点认为此种条件和情况下的信息和知识资源的"泛滥"也给人带来了困惑，但是在积极的意义上，在具体的任务实现和问题的解决上，无论是对于相关问题的分析和理解，还是在具体解决问题的路径和方式方法的选择上，相比以往，现实中与法律相关的数字化的信息和知识则更加丰富、多元、全面和具体，进而无论在微观个案还是在宏观整体上，使人们在法律问题的解决上，对于相关的法律信息和知识条件既能够考虑得更加周到全面，同时也能够做到更加深入并具有针对性地进行分析和理解，在对问题的认知以及解决思路的探索上，极大地提高了工作的质量和价值效果。

（二）相对平面化

事物在时间和空间两个维度条件上的变化是共生的，计算机和互联网技术所带来的流程化的法律工作在时间上的相对即时性效果，在空间维度上则表现为工作和行为的相对平面化。什么是法律社会工作和法律社会活动的平面化？在规则信息和知识的运作机制上，传统的机制不但是由点到线到平面的，而且是层级和立体的，不同的点、线和面不但有着不同的任务和功能，在法律信息和知识处理上，也有着不同大小的权力以及权限。这种工作机制和工程的架构主要是以社会分工、能力和权力为基础的，相对于在此以前的信息和知识机制而言，其无疑是提高了工作的能力、效率和效果，但是其本身的多层级和多环节的设计，无疑会给法律信息的传输降低速度并有可能使内容失真，更不用说是常常出现的一种局部利益驱动所形成的权力寻租带来的局部和整体的价值异化了。而现今以计算机和互联网技术为基础的数字化的法律信息机制和工程，正在不断地减少这样的层级化和立体化，同时也带来了点、线和环节的不断减少而越来越趋于扁平化，如此，平面化作为与即时性共生的一种现象和条件，形成了以上所说的工作效能、效率和效果的提升。除此以外，还有工作社会效果、劳动者以及劳动对象、生产关系上的变化，这些将在后文的具体主题部分逐一阐释。

（三）便利、公开、透明、普惠

在即时性和平面化的共生条件和双重效应的作用下，越来越多的法律信息和知识开始在不同范围内的网络空间中生成、存储、存在和共享。在整个电子网络空间中，基本上可以说，人人可以生产法律信息和知识，人人可以分享空间中的这些法律信息和知识，而随着局域网络的相互链接以及整个空间的逐步扩大，这样的"人人"也就越来越多，进而信息和知识也更加丰富，而且出现了越来越多的法律信息和知识在越来越大的空间中生成和共享，由此，这种计算机和互联网所形成的信息技术赋能法律工作和社会法律活动领域中的生产工具后，在整体上，相比于传统的文字和文书给这个生产领域带来的变化，在即时性、平面化的社会效应和状态下，在整个社会工作和生产领域，又衍生出使用者的应用便利性，信息来源、依据以及使用情况的公开透明性、相关工作和活动的可参与性等多种现实状态和效果，如此体现在立法、司法、执法以及用法等工作的社会价值实现和价值供应上，相关的条件和运行状态，导致了整个社会公众更愿意用法律解决问题，极大程度上反向促进了法律治理社会作用和功能的发挥和发展。

三、法律检索系统

（一）法律检索系统概述与产生背景

如果将法律信息和知识相关的活动和工作分解为制作生成、载体存储、传输分享和实际应用几个环节，那么，在具体的法律工作和活动中，基于以上的计算机和互联网技术，所能形成或者实现即时性、平面化，以及便利、公开、透明、普惠等其他衍生出来的功能和效应的，最为典型、最为有影响力的技术工具就是法律信息和知识的检索系统。① 什么是法律检索？法律检索意指在既有的互联网上的知识信息中寻找搜索到完成现有工作任务所需要的知识信息。具体从法律工作的角度来看，主要是获取分析解决某个法律问题，进行法律推理判断所需要的大前提规则信息、小前提事实信息以及逻辑推理的方案信息。人类社会的法律工作发展至今，在整个法律工作机制和环节上，如前所述，核心的、主要的内容和任务，仍然是人运用与法律工作相关知识信息进行法律问题的分析和推理判断，而基础的、前提性的工作是对这些知识和信息进行检索。

那么，在法律数字化以及互联网信息工作机制以前，当下意义上的法律法规、相关案件事实以及判案方式方法的查找要么在书本形式的法典或者法律法规汇编上，要么在法官、检察官、行政执法官员等职业群体的内

---

① 参见 [美] 约翰·O.麦金尼斯、罗素·G.皮尔斯：《伟大的颠覆：论机器智能在改变律师提供法律服务中的作用》，骆紫月、苏志猛译，赵万一、侯东德主编：《法律的人工智能时代》，法律出版社 2020 年版，第 251—252 页。

可以说，在当下的计算机和互联网技术下，虽然有相比于开始之初，很多技术展现出了智能化的功能，但是，当下对于法律信息化工作而言，基本上仍然体现为两大块，一是相对局域网络中的自动化办公系统，二是相对开放的互联网中的法律检索系统和功能。从互联网的整体来说，实际上，局域网络中相对有限群体依据一定的工作流程进行的信息生成、存储和传输交流而完成一定工作任务的流程中，实际上并不是检索的方式，但是，对于每个环节中或者节点上的工作人类而言，在其节点进行的判断最终还是要检索大量的知识和信息，即仍然要用到这个流程外其他知识和信息对相关所在节点的工作进行逻辑上的推理判断，即仍然要进行法律和事实上的检索。而如果从网络的角度来看，当下的技术条件下，局域网和互联网形成了两个不同的信息知识资源池，而随着发展，局域网中的信息和知识不断地进入公共的互联网中进行分享和交流，由此反过来，公共互联网中的信息和资源不断地又被作为素材促进局部网络或者领域中的信息和知识的工作运用和生产。如果从这种角度看，虽然两个网络并不是直接链接，但是实际上可以将二者看成一个大的互联网络。

部工作文件上，或者在这些职业群体的内部口口相传的经验所记述的办法和方法上。在这种情况下，可想而知，首先，虽然有共通的法律规则和条文规范等，但是一个职业体系内部的这些知识和信息是相对独立的、分离的，甚至是割裂或者矛盾的，或者至少说以上的这种状态往往体现的是相对较强的；而在既往的现实中，比如对于律师办案而言，律师的法律服务工作中如果想要获得司法或者相关部门的法律以及事实上的理解依据和方案等，相对来说，这种知识和信息的资源来源是相对有限的，所以说，这种情况和条件实际上极大地限制了律师事业的发展和繁荣，这是历史发展过程中的事实。如此，而对于职业以外的普通人而言，获取到丰富的、充分的、准确的、权威的法律规则、事实以及相关解决方案的信息无疑就更难了。所以，在法律数字信息化以前这样的法律生成和法律适用的机制上，在整个社会主体中，尤其是在职业群体和普通非职业、非专业的群体之间，法律的生成和适用的信息传输和分享的环节多，效率低，时间等多种社会成本高，妨碍了充分的社会主体对于法律工作的社会参与，由此，普通的、非专业群体不得不更多地"屈从"或者依赖于职业群体的"权威"观点、意见和特有的职业能力。

（二）数字信息化法律检索系统的作用

所以，显而易见，相对于以计算机、互联网记述为基础的数字信息化检索系统来讲，传统的法律信息查阅工作的效率、效果以及整个法律社会治理工作的效果和效益是相形见绌的。① 当然，这种差异不仅体现为表层的效率和数量意义上的改变，在更深的层面上则体现为由工作方式方法

---

① 当然，我们也应该并能够看到的是因为法律规则信息的"泛滥"或者便宜性导致了从立法到用法等多领域中法律事务的增多，纠纷、滥讼等现象相比以往大量增长，但是，这不能否认社会文明程度的提高和社会治理工作所带来的社会效益、主体社会生活质量上的发展进步。

和工具的改变所带来的人与人之间的法律工作属性和性质的不同程度上的改变。而时下数字化的法律信息检索技术的应用，如前所述，在计算终端的生产加工、互联网的连接、网络空间和云上的存储、传输和分享所形成的整体结构的信息工程机制上，实际上是形成了所有相互关联的人或者主体共同进行法律知识和信息生产、分享和使用的局面。在这个局面中，如前所述，首先不仅在数量上增加和丰富了法律推理和决策所需要的知识和信息，使法律行为、工作或者活动更加精细精准，考量的因素更加周全到位，工作的质量得到了极大的提高和改善。另外，相对于传统的信息机制而言，法律知识信息在计算网络空间中生产的快速和传播的即时等状态和效应，极大地提高了各项法律工作和法律活动的效率，保障了法律解决问题的快速即时性，保障了法律价值和社会正义的及时供给。价值更为凸显的是，在职业化和专业化的体系和机制中，法律知识和信息的生产和应用向大众化迈出了重要的一步，或者说公众对于这些活动有了更大的参与程度和作用体现，这不仅体现在大众配合性地参与法律活动和法律工作更加方便便利，更主要地体现在通过这样的群体性的社会活动和社会实践，公众的法律知识水平和能力都得到了极大提高，如此可以直接地参与或者影响法律知识和信息的生产和应用，决策和推理的依据和路径公开透明，进而极大地压缩了法律职业人与大众之间的法律社会生产和运行上的空间距离。相对充分的沟通可以实现局部和整体的行为和价值的及时纠偏，沟通了不同法律活动相关的社会群体，如此使法律更加大众化，挤出职业群体间以及职业群体与大众间的价值水分、价值异化、权力寻租和负面非必要的认知差异等。

由此，如果说从立法到用法整个法律运行环节上的工作实质上都需要对规则和相关事实信息的运用，由此保证工作行为在运用法律的知识和信息方面能够充分正确得当，那么，据此可以说法律检索是一项通用的法律工作工具和技术能力，这项能力的大小以及实现的方法方式是否正确，可以说直接决定着相关法律工作成果的成色与可信赖性，因此数字信息化法律检索系统是以上技术成果的具体体现和集大成。当然，如前所述，更加显著的是，以计算科学和互联网技术为基础的数字信息法律检索技术所产生的综合工作效应，实际上或多或少已经带来了整个法律工作工程结构的实质性的改变。这种改变当下正在进行中，而且随着法律检索技术的智能化、整个法律信息和知识生产和运行的智能化的应用，这种工程结构的实质性的改变会愈发显著地呈现。本书将在后文相关的章节中再进行详细阐述。

第三节　数字信息阶段智能法律技术的出现与构成

一、智能法律技术的起因、发展与构成

（一）法律智能化的开始与发展：智能法律检索的诞生

以上行文介绍了时下现有的法律数字信息技术给法律工作带来的影响和作用，随着数字信息技术的发展迭代，这些技术的能力和现实应用效果越来越体现为智能化的状态。从现在开始走向未来的发展趋势上，数字信息技术给法律工作的生产力带来的最具有实质意义的改变应当是在以上技术基础上发展演化来的智能法律技术。那么，什么是当下正在发展并走向未来的智能法律技术呢？通过梳理智能法律技术当下所包含的范围、内容和发展过程来看，本书认为，从理念上看，可以说在根本意义上，实际上整个计算机、互联网所构建的信息技术根本的价值取向和功能理念就是人工智能。比如说，比较早的键盘和 Office 等软件操作系统所形成的计算机信息录入和生成模式，相对于传统的人用笔的书写文字的机制本身就是一种智能的表现，即机器和系统在人操作的相对固定的模式下自动生成和存

储了信息。而在电子互联网技术条件下，信息的传输、展现和分享也就变得更加自动化或者智能化了。① 随着后来技术的不断发展和迭代，在自然语言技术、图像视觉技术、机器学习技术等多种智能技术、智能算法的研发和应用的情况下，基于计算机、互联网以及以上这些新的智能技术的信息技术社会便由数字信息时代进入了智能信息时代。

以上描述的是一般信息化的工作领域中的情况，当然，在法律的信息生产和运行的场景中情况也是如此，也可以说最初的法律计算机和互联网所形成的工作技术以及数字化法律检索便有了程度不同的智能技术上的含量。而仅列举法律检索技术而言，到了现今随着智能化算法的不断研发和迭代，这种信息检索技术从更多地依赖于主体端单向的、必须精准的、较多的信息输入和查找，逐步发展成为主体端较少、模糊和关联输入的、信息源端相对精准和丰富关联的智能推荐输出给主体端的模式，让用户主体较为充分地感受到了法律信息源一端较为充分的类人感知以及提供的类人的服务和智能体验，这就是智能化的法律检索系统的诞生。②

（二）法律智能判断的生成

当然，以上的智能化的法律检索，是以人的行为为中心所设计的法律工作结构功能，即法律信息获取的智能化。仍然在这个工作的行为结构

---

① 什么叫作智能化，可能理论上有很多种说法，而外观常识性的表征则是，一个物品如果在人发出"指令"的情况下就能做出人所期待的反应和行动，而且这种反应和行动并不是人的直接的机械的力量所导致的，这种反应和行动越是不通过人的直观、直接的机械力量作用和表达指令而就能知道人的意图和期待并能够做出相应的反应和行动，那么这个东西就越是智能化的了。这个理解的逻辑类似于"图灵测试"，参见［美］卢克·多梅尔：《人工智能——改变世界，重建未来》，赛迪研究院专家组译，中信出版社 2016 年版，第 99—100 页。

② 参见［美］凯文·D.阿什利：《人工智能与法律解析——数字时代法律实践的新工具》，邱昭继译，商务印书馆 2020 年版，第 275—284 页。

中，在具体的工作功能上，除了法律相关信息的获取，还应该包括对信息的感知、识别反应以及依据信息进行推理判断，然后得出结论，直至依据结论采取行动的多种工作内容和行为。如此，法律工作的智能化还应包括对信息的感知、识别以及判断推理和支配行为的相关技术和能力体现，而其中核心的就是法律推理判断的智能化，即法律智能判断。法律推理判断的智能化，意指在一定程度上不需要人的帮助，而人造智能系统或者智能体能够在不同程度上像人一样对外界法律相关的信息进行感知、识别、推理并得出判断结论的现象或者所形成的类人法律工作的状态。如上所述，这个智能体或者系统包含的基本功能包括智能识别和获取信息、认知信息、依据信息推理并得出结论，或者说其像法律人一样能够智能化地完成以上各个部分并进行整体性的关联，从而通过系列的环节操作而最终完成整个法律工作。[①]

根据上文所阐释的信息技术的智能理念、价值倾向以及智能技术发展历程来看，智能判断技术研发和应用是计算机、互联网等一系列信息和智能技术发展的必然结果或者必然选择。如前所述，在智能化的理念和价值发展方向的导引下，首先在逻辑层面上，这些技术的生成和迭代的目标就是不断地使智能系统和智能体更加智能化，而这一目标的最终实现当然就是智能判断的实现，智能判断从总体思路上就应当是这些技术发展迭代的价值指向。反过来说，一个智能系统或者智能体如果不能具有真正的推理判断的认知能力，肯定不能说其是智能的。另外，在事实经验层面上，包括法律工作和社会活动领域在内，以上这些信息技术的运用生成了大量的行为信息，大量的信息形成了多元的价值可能，如此一方面使以信息为基础的社会行为具有了丰富的价值基础、多重的价值视角以及价值选择，另

---

① 参见［美］艾德温娜·里斯兰达:《人工智能与法律:法律推理模型的成果》，樊沛鑫、曹阳译，赵万一、侯东德主编:《法律的人工智能时代》，法律出版社2020年版，第272—299页。

一方面大量快速甚至即时性的信息在个体行动上造成人类认知判断决策和行为选择上的困境，而在群体上，价值多元和行为多样往往也意味着并已经形成了价值混乱和社会失序的状态。而这种结果不可否认的成因在很大的程度上就是智能系统或者机器赋能生成出来的大量信息造成的，而如此大量的信息仅凭人类自身的人力所支撑的认知推理和决策能力实际上是很难有效消化的。"解铃仍需系铃人"，大量的数字信息和智能技术生成的信息和问题无疑需要更加强大的机器智能的判断和决策能力来辅助进行解决，如此，智能决策机制和决策系统的研发和使用在整个智能技术的发展进路上是注定的目标和使命。

二、智能法律"行为"空间结构构成与机制

（一）智能法律"行为"空间结构与要素：脑体共生

行文至此，为了更加清晰地说明智能法律系统与人在社会行动和社会工作中各自的角色功能以及相互关系，有必要梳理总结和勾勒描绘一下由人、智能法律系统在法律工作场景和任务架构中所形成的智能法律"行为"空间结构。时下的社会法律活动或者工作中，可以概括地说，都是人和相关的工具——这在当下具体指的是计算机器和工作系统，相结合实现一定工作场景下的法律工作目标，完成一定的法律工作任务。从生产力的角度来说，在人的行为和思维意识的结构关系维度上，这样空间中的任务完成需要两种力，通俗地说，一种是脑力，一种是体力。所说的脑力，就是关于整个空间中行为的价值定位、目标方向、路线计划、行为模式构成以及思维认知识别判断等方面行动或者工作的完成所需要的思维上的力量，核心的当然就是思维认知和推理判断能力；所说的体力，主要指的是靠人的身体四肢所实现和完成的机械力所驾驭操作的行为活动和工作。当然，二者之间的关系在现实的工作行为中也是很清楚

的，实质上就是大脑、心灵与四肢的关系。也就是说，在人类所建构和确定的这样的一个任务场景的空间中，一定是有身体四肢所要完成的任务，也一定是有大脑和心灵所要完成的任务。可以说，在人类的原始阶段，没有任何工具的情况下，信息的生成、传递和收集，信息的认识、思考和判断，信息的实际行为变现等，这些任务完全是靠人类的身体自身力量来完成的，而到人类发明了一系列的工具以后，这些任务的实现方式，开始由人的身体逐步地、不同程度地被工具所强化和替代。① 也就是说，在智能机器或者智能系统出现以前，整个工作空间中智力也完全还是由人的大脑来实现，而一般的机器或者其他工具的主要角色和能力是在不同程度上代替或者辅助人的四肢等身体力量。

（二）智能时代的智能法律"行为"空间构造：人机共存

与以上的思考进路相同，有必要再看看自计算机、互联网以及智能算法技术在法律的生产生活空间中开始与人一起行动和发生作用，执行场景工作任务的相关情况和状态。如上文所述，这个智能信息时代的信息技术与以往最大的、实质性的不同就是机器不同程度上具有了"类脑特征"的智能属性，相关的这些智能活动可以与机械装置进行有效的结合，能够实现替代一般机器的"类体特征"智能性质的"类脑特征"的自动化，而且能实现更加强大的机械力量。当然，可以说，在这个时代之初和较早的阶段，整个场景任务空间的智能能力和活动还是属于人类的，这些技术当然主要还是给人类的智力活动提供各种信息上的便利或者赋能，而随着技术的迭代升级，这种技术则越来越具有帮助、辅助甚至是部分地直接替代人类进行思考和推理判断的能力、功能和效果。在这种情况下，在信息和行

---

① 实际上，从社会分工的角度来看，不同的社会分工和专业往往就是掌握不同工具能力的职业而已，如此，职业分工的形成其实就是生产工具进化的体现和结果。

为的结构关系上，在智能活动的层面上，实际上是人与智能体相结合共同架构了一个更加清晰明确的人机合作的智能判断的现实工作空间，在这个空间中，人与机器智能体有着整体上"共同的"①价值和目标定位以及相对不同的角色功能分工和任务定位。这种整体上的共同的价值任务，实际上是由人类和一起合作的法律或者非法律或者综合功能的智能机器共同形成的客观场景和现实情况决定的，这种角色功能分工和定位也是由人类和智能体机器不同的能力和属性确定的。当然，在实际上，无论是在价值形成上还是在功能角色定位上，很难说人类和智能机器谁就是绝对的决定者和被决定者，但可以说谁更加智能和更加有能力，所以，绝对地说"辅助"和"主导"也不一定是正确的②，这是一个非常重要的问题，后文将进行详细的分析和阐述。

三、智能法律认知推理判断的工程构造发展和应用

（一）系统构造与相关功能

1.法律自动化办公系统

在具体的法律职业场景和工作中，现实的智能法律认知推理判断的工程发展和应用的基本情况体现为如下的技术结构性搭建和逻辑发展过程。结合以上的法律数字信息化、法律信息传播和分享的自动化以及法律检索的智能化的基本状况，如前所述，在智慧立法、智慧法院、智慧检务、智

---

① 这种共同的应该是以人为主导的，但人在此要考虑智能体或者智能工具的现实属性、功能特点和现实效果等。

② 其实，辅助和主导只是人类以自我为中心的一种语言上的界定，或者说人类用语言只是强调对非人类或者人类以外的事物的控制作用和状态，而实际上，不能否认人类对其他事物的"屈就"状况和外界事物对其所形成的反作用，甚至是强大的不可改变的约束作用。

能执法以及智慧企业法务的工作场景中，无论是在时间顺序上，还是在发展的逻辑顺序上，较早形成的通常是由各个工作模块构成，而在整体上能够连接起来的数字化、信息化的网络软件性质的自动化办公系统，这种系统往往是按照人类既有的工作主体、岗位、任务等方面的结构关系进行架构的，体现的是不同主体的工作内容、权限、层级、关联关系等。① 如前所述，这种相对能够提高效率和改善效果的自动化工作机制就是这些场景中最初的，也是通常所理解的数字化、信息化的智能法律办公系统，或者说是法律职业人所说的智能化的工作感觉。

2.法律工作相关知识资源

在这些场景中，除此以外，还有的就是法律职业领域中信息技术工作所常常涉及的"知识资源"。什么是知识资源？所谓知识资源，通常也叫作知识数据库，往往分为专业性的和常识性的两种，在法律工作领域中，往往指的都是法律专业的知识数据库，比如法律法规数据库、裁判文书数据库、法学学术作品数据库等。当然，在各种工作领域中也都涉及非特定专业领域专有专用的常识性的知识或者信息数据库，比如一些大众互联网、官方网站、行业网站的信息知识资源等。以上的各种信息、知识和数据资源构成，相对于立法、司法、执法和用法等不同的职业工作领域来说会有所不同，但是因为它们总体上都是属于法律规则的生成和运行领域，因此会有很大的交集，比如法律法规数据库，并且因为在现实的工作任务上，它们存在着严谨的关联性，由此也导致这些数据知识资源实际上也有着紧密的结构关联关系。

---

① 这里需要特别说明的是：搭建的过程往往是开始时技术依附或者附着既有的内容、权限、层级以及关联关系进行安排和架构的，但是，随着不断的适用和迭代，在新的技术能力下，既有的这些划分往往越发会显得不是那么科学或者有道理，无论是从价值上还是从成本上判断，因此，这时候技术就开始反向地改变了原来的内容、权限、层级以及关联关系的划分。

3.可视化的法律数据知识系统

在现有的智慧化或者智能法律工作结构体系中，工程构造和功能构成上还有可视化的法律数据系统。什么是可视化数据知识系统？对此可以做出这样的理解，简单地说，如果说数字化、流程化的自动办公系统就是通常所说的数字信息系统，那么，这里所说的可视化系统就是通常所说的大数据或者数据分析展示系统。[①] 数据分析与可视化系统的功能，就是在一定的工作场景中，对于已经数字化的法律事物，包括主体、客体、行为、关系、行为对象事物等，从个体到整体、从静态到动态、从具体到抽象的变化情况进行即时性、平面化的统计意义上的展现，它可以使进行决策的主体在一定的时空范围内准确地掌握相关业务范围内的人与事物的现状以及发展变化情况，并且能够相对准确地把握发展变化的原因，进而能够预测相关事物未来的发展走势，从而根据自身工作的价值定位和价值选择对现实的情况进行相应的干预或者进行有效的激励。

4.智能法律推理构造

如此，应当如何在法律智能行为空间结构中来看待以上各种信息工程系统和结构关系呢？实际上，可以说以上各个部分都是整个法律智能系统工程发展过程中的重要结构构造。自动化的办公系统相当于复杂交错互通的信息道路，同时也是行为道路，链接着完成现实任务的具有不同功能的流水作业线上的节点。如其他章节所阐述的，包括立法、用法、执法以及司法在内的整个法律工作工程体系及其具体的法律工作任务，其实核心、关键的行为和内容都是在进行法律的推理，这个推理的结构概括地说就是形式逻辑三段论，推理的内容就是基于法律规则和案件的事实情况得出案件所涉及问题的结论，相关内容后文会详细阐述。如此看来，对于以

---

① 参见陈超美：《科学前沿图谱——知识可视化探索》，陈悦、王贤文、胡志刚、侯海燕译，科学出版社 2014 年版，第 34—38 页。

上所说的智能法律工程构造和结构体系而言，知识资源在这个智能推理结构中既有可能是相关案件的业务行为和活动所需要的大量的规则所构成的大前提的知识和信息来源，也可能是对于案件所涉及的事实情况的理解和认定，由此形成的案件推理活动所必需的小前提知识和信息来源，当然，也会包含相近案件和类似问题所提供的相关的推理逻辑形式的参考知识来源。而通常看来，在局部和整体、宏观和微观、静态和发展以及现实和未来的维度上，可视化系统中信息的提供和数据分析同样为规则的适用、事实的研判和形成以及推理逻辑方案的选择提供了更加准确、有效、合理的认知和判断基础以及条件支撑。

第二章　智能法律系统社会生产力上的现实效应

第一节　立法中的智能推理判断构造与运行现状

一、立法中的数字智能信息系统的基础与基本构成

（一）可视化数据系统：问题和事实依据

在现实的法律适用、执法、司法等工作活动中，现实的法律数据信息可视化的效果能够呈现和暴露出既有规则运行中出现的各种问题。这些问题可以总结为这样的几个方面或者层面，比如，一是在法律关系内容上，既有的权利义务划分不合理、不公平；二是在法律主体上，包括权利能力、行为能力、资格条件、主体关系划分和构成等多方面需要调整；三是客体描述和界定上存在问题，使现有的治理对象不完整或者有疏漏；四是相关的法律事实、法律关系和制度规范存在的条件因素上的变化；等等。在法律的发展变迁上，就立法领域的工作而言，以上与法律规范相关的任何因素，在量变到一定程度形成质变的情况下，或者会引起现有法律规则与制度的修改和完善，或者会引发新法的制定以解决现有法律的疏漏和不足。就智慧以及智能立法工作而言，本书认为，可视化的数据系统可以构成立法工作重要的信息来源和动因①，也是现实中决定要修改法律的哪些

---

① 当然，有的现实工作中还没有建设和应用可视化系统，本书这里指的是在现实中已经形成比较完备的智慧法律运行条件的情况下。

方面，或者立什么样的法的主要问题和事实依据。在立法规则制定中，这些数据形成了法律条文结构中假设和事实行为模式主要的内容构成和信息的重要来源，在法律推理结构的形成中，其也构成了整体结构中的一般性的事实模式表述部分。

（二）网络和数据知识资源：问题与事实来源和价值判断模式

在整个从智慧到智能的立法工作系统中，除了可视化数据系统以外，作为立法的主要现实问题和事实依据的信息来源，还在很大程度上也依据其他各种公共领域互联网空间中的各种相关的知识数据资源，这些网络和数据资源通常是通过大众意见、专家建议、学术观点等形式对相关现实问题和立法动因进行呈现和表达，可以说与执法、司法和专业性、职业性的用法不同的是，这些问题和信息不是产自工作体系内部，而是来自相对开放自由的大众公共社会空间。

当然，相对于立法工作而言，这些公共网络中的数据知识资源除了提供问题和事实内容以外，也提供规则的另一部分重要的构成要素，即规范的价值内容或者价值判断（比如"杀人者，死"中的关于"死"的结论部分），所指的也就是这样的一些现实中的事实和问题在价值上如何进行认定以及通过什么样的方式方法实现这样的价值认定。如此，既然涉及了价值上的认定，一定涉及大量的价值评价，即价值规范，人类的价值规范不外乎就是法律、政策、道德、风俗习惯等形式所构成的社会规范，因此，涉及这些价值规范，那么，在智慧、智能立法工作机制中，如上文所谈及，这些价值规范的来源除了上面所提及的公共网络数据知识资源外，更为主要的就是现有的各种专业数据资源和知识库，它们包含着现有社会中各种已经存在和有效发挥作用的法律、道德、政策和风俗习惯等有效的社会规范。

（三）立法上的推理判断

在以上的信息和知识资源条件下，在立法工作上，制定法律规范和规则的智慧以及智能立法推理工作就可以开始了。立法的工作机制和逻辑过程就是把上文所述的可视化的、公共网络等所呈现的相关问题、事实与现存有效运行的价值规范进行链接关联，前者是逻辑推理的小前提，后者是逻辑结构的大前提，结论是通过大前提对小前提的事实和问题作出肯定或者否定的价值判断并形成相关的现实中的法律上的行为和关系方案。实际上，这些价值判断以及相关的现实运行方案和措施就是新生的法律条文。

二、智能立法技术发展与应用的基本理念

（一）助力大小前提的形成

在具体的工作中，以上这些智慧或者智能技术是怎样发挥作用的呢？综上可以说，相关技术的工作能力在数智立法工作中实际上体现在三个环节：一是大前提的形成，二是小前提的形成，三是大小前提自动思维上的关联进行智能推理而得出结论。结合上文所阐述的信息来源情况，在传统的人类立法工作中，大前提和小前提的形成都是需要人类具有较强的专业知识以及问题的感知识别和认知理解能力的，综合而言这些能力叫作立法研究能力。时下的数智立法的情况是，人类的相关研究能力在这两个工作环节中仍然发挥着主轴和主导作用，而以上的事实、知识和信息资源在数字化、传输和应用的自动化、可视化分析以及智能检索和算法推荐等技术的赋能下，效用体现在使人类立法者对问题的研究更加及时、全面和准确。比如：通过可视化数据分析工具可以看到局部到整体关联的动态效应，以及现在到未来的发展变化趋势等，这样利于人类立法者在问题和事实的掌握上能够获得很好的效率和效益，能够对于是否要立项立法，立什么法以及怎样立法等方面工作获得强大而有价值的帮助。同样，这些技

术，尤其是智能检索技术的运用，可以使立法研究者相对轻松地获得与小前提事实和问题相关的既有法律、政策、道德伦理以及其他相关的社会规范，同样是既全面充分又准确清晰，既有能力相对地保障人类立法者所需要或者应当考虑的制度规范都能够得到充分的考虑对待，又能够相对合理准确地排除掉一些不必要和具有干扰性的信息和知识。而综上，按照传统人类的立法工作方式和方案，对于两个环节或者两个方面的工作而言，在立法立项、立法调研、立法研究等方面，实际上智能信息技术时下在这里给予人类的工作效用是提供了更加优质的、属于这两个阶段的半成品化的立法成果，当然，在发展趋势上，因技术能力增强，这种成果会越来越趋近于成品化。

(二) 发展中的智能立法推理判断技术

智能立法工作中，除了以上两个大小前提形成的工作环节，还有一个重要的环节，即作为第三个环节的立法的推理和判断工作。到目前为止，这样核心的、主体的推理能力的实现方式仍然是人类做出的，或者说智能机器系统在这样的核心逻辑推理上并没有起到直接实质性的作用。

对于第三个环节的进行智能立法推理并得出法律条文结论性的内容而言，在传统意义上，这项工作全部的内容就是运用各种相关的价值规范对已经形成的事实问题进行价值判断，看看既已形成的问题事实在某个价值标准上是否适用或者合理。因为相关的价值规范有很多，不同的价值规范进行衡量判断后得出的合理性的数值大小、呈现的状态常常是不一致的甚至是完全相反的。因此，立法的工作就是要对这些不一致的冲突的价值规范进行梳理，进而对相关问题事实的认定进行价值排序、价值选择和价值平衡，从而确定下来这个事实问题的价值构成基础，进而确定规范条文的具体内容。现实中的法律制度对这些价值规则的构成以及规则的位阶等效力等级、结构关系等往往是有明确制度性规定的，因此在以上的第一个工作环节或者阶段，通过依据这样的制度性的规定而构建的比较完备的法律规则数据库和检索系统的技术功能，就可以对这样的相关规则进行梳理和排序，实际上这也就是以上所说的，数智技术在这个阶段已经帮助立法工作者获得了半成品或者近于成品的相关法律规则研究工作成果。

如此，有了同样性质、状态或者程度下的事实问题研究成果，也有了数智化的半成品或者近于成品的法律规则研究成果，按照传统人类的工作模式和工作能力，就可以将这些规则和相关问题进行关联和逻辑推理，从而可以将实然状态下的事实问题所呈现出的规则中的价值，依据规则的位阶和效力等级进行排序，获得一种实然状态下的、关于事实问题得以解决的价值方案排序。① 当前，就现实的技术的研发应用情况而言，可以说还尚未开发出有效的、可以获得业内认同并进行应用的这种规则与事实进行关联的智能推理技术以及作为前提基础的价值方案排序技术，因此，当下这种工作仍然是运用人类大脑思维机制和能力进行操作和完成的。

但是，即便是现有智能技术可以帮助或者辅助人类完成这样的"价值排序"工作②，而就这项工作本身而言，实际上很多现实问题的解决，或

---

① 比如：是考虑被害人亲属的感受问题还是考虑杀人者的人权问题，是考虑当地文化风俗的问题还是考虑世界通行的人权标准问题，是考虑当地的社会经济利益的问题还是考虑其他价值，等等。

② 本书认为，根据北京大学人工智能实验室的相关理论研究和部分技术的落地应用情况，至少在理论上，这样的能力通过知识图谱和事实标注和抽取、智能逻辑推理等技术，是可以研发出来并得以实现的。比如说：某个行政机关的行政管理行为导致公民的权利和权益受到了很大的损害，那么，这是不是一种合法的行为，是不是一种合理的行为，就算是可以忽略合理合法性，那么这样的行为的尺度导致公民权利所遭受的损害是否合适，是否有其他的办法可以替代，等等，虽然现实的规则无法现成地直接地帮助确定这个行为具体遵守的规则，但是，现有的一些规则肯定可以对这种行为进行画像，在现有规则的空间范围内和价值上描绘出这种行为的属性、正当性、合理性等各种相关评判。本书认为，根据现有的技术成果，在理论上，以上这些情况通过技术是完全可以实现的，只是现实中研发和应用的成本是一个很重要的因素需要考量。

者说确定对其进行解决的法律规则，不是只要找到现实相关联的规则，并对规则所确定的价值进行简单的机械的排序就能做到的或者完成的，也就是说，仅凭实际规则的价值排序并不能最终完成价值确定工作。现实的人类立法工作中，除了以上这些实然的规则形式演绎逻辑意义上的发现、关联和价值提取以及进行排序以外，还要进行归纳、辩证等逻辑或思维形式上的价值关联、价值选择、价值创造、价值补充、价值具体化等，具体后文会对此详述。而实质上，价值关联和法律推理是人类立法工作终极意义上的、最关键和最重要的工作环节、任务和阶段，也就是通常意义上所说的立法工作上的"最后一公里"。这"最后一公里"跑完了，新的规则或者新法也就诞生了，既有的价值获得了一种新的存在和表达形式，在法律规则的发展维度上，其所体现的是法律及其所承载的价值的承续和变迁。当前，在现实的数智立法工作中，可以说尚没有智能立法技术可以做这项工作以至于完成这项工作。如此，在未来是否能够生成和运行这样的立法上的智能推理和规则生成的技术呢？相关的理解在后文中将进行详述。

三、应用中的"智能"立法系统现实状况说明

接下来具体介绍一下当前数智立法工作中已经存在使用的法律法规文本自动生成系统、法律文本比对系统、法律文件审查备案系统、合规性审查预警等"智能"立法工作工具实际应用状况。[1] 可以概括地说，这些工具究其实质，都是根据立法文本特有的相对格式化的结构构成、规则规范的部分内容语言表述上的相对稳定、一定内容的比较固定的关联等特征，通过信息检索等自然语言处理技术和自动化办公系统的信息传输技术

---

① 参见北大法宝智能立法支持平台（http://ai.pkulaw.com/page/zhinenglifa.html），最后访问时间：2023 年 1 月 31 日。

运用，所形成的立法工作的辅助系统。比如说，对于法律文本比对系统而言，由于法律文本的以上诸多特征，通过系统的运用，可以对新与旧以及不同地区、不同层级、不同位阶的相同主题的法律文件进行对比，如此可以提高法律法规以及事实问题的相关研究的工作效率。与此功能相关联，由于立法文件的起草是受到一定的立法权限制约的，比如不能超越职能权限、不能越级立法等，因此此项技术能力也可以为立法的合法性审查以及立法预警工作提供辅助赋能。现实的立法工作中从上到下建立了法律文件备案审查系统，法律文件备案审查系统除了拥有相对格式化、程序化的自动办公系统等信息存贮和传输功能外，其中核心的部分可以说就是对这样的一种比对技术能力的应用。

当然，同样的状况，法律法规文本生成系统也不是上文所谈及的比较理想和成熟状态下的完全彻底的智能法律推理和文件起草系统，与以上的几种系统相似，本书认为，其也是在人类的立法工作人员在完成了相关的立法研究并确定了基本内容之后，在相对稳定的结构内容、语句格式、语言模式的基础上形成相对固定的法律文件模板，然后根据"求同补异"的原则或者算法模式，通过人机功能相结合，生成所要的法律文本草案。当然，这不是最终的法律文本草案，其不同程度上仍然需要人类立法者的修订、补充和完善，这样的操作主要是改变了传统意义上的由人逐字逐句去书写法律条文的模式，减少了大量的工作量，提高了效率，同时，在理论上，如果这些技术能够与比对、审查等技术进行结合，关联的技术同时运用，如此可能会在文本的生成过程中就能够完成比对和审查等相关联的工作，如此，相关的工作就会在系统性的操作过程中事半功倍，更大地提高工作效率和改善工作效果。

综上，以上所阐释介绍的"智能"立法工作系统，与前文所述的法律自动化办公系统、可视化系统、知识资源、数据库以及事实问题的提出和法律法规的研究等技术工具系统相结合，实质上都是在传统的人类立法工作环节、流水作业线的相关任务上铺设和装置的具有一定智能能力，使人获得一定程度的智能体验的工作工具，而无论在立法工作机制的整体上，还是在立法工作核心任务的实现上，以及在立法工作智慧和能力的实质标准程度上，无论就某一项系统能力的自身效果，还是将它们整合在一起来看，当前正在应用的数智立法工作系统都不能称之为真正意义上的智能立法系统，因为其不能独立或者与人协同进行终极意义上的法律规范制定意义上的价值选择、价值平衡以及价值创设的逻辑推理。

第二节 法律运行中的智能推理判断 构造与运行现状

一、执法、司法和用法与立法在技术赋能方面的异同

上文说明介绍了数智立法在推理判断上的赋能状况，接下来再梳理介绍一下智能推理技术在执法、司法和一般社会主体用法领域的发展和应用情况。对于智能执法、司法和用法领域而言，相比较于数智立法的相关情况，首先，从它们的区别和差异性的角度来看，立法与执法、司法和用法的法律工作任务和目标是不同的。立法工作的目标和任务是修订或者制定出新的法律，而执法、司法以及一般社会主体意义上的用法是依据立法制定的规范，结合一定的案件事实问题进行法律适用来解决现实中的法律问题。从工作的有形化的结果来说，法律适用的结果是要形成一定的执法、司法以及用法方面的书面或者口头结论，并把这种结论外化成为行为，从而产生一定的社会效果和社会影响；立法的结果通常是要形成一定的法律文件或者法律文本，在逻辑上形成法律适用的规则和制度依据。

而从它们的相似性的角度来看，它们在各自的工作领域和场景中同样

具备自动化办公系统、可视化系统、知识资源和法律法规数据库，面对一定的工作任务和目标，它们同样要形成事实问题以及法律法规等规范，分别作为逻辑推理的大小前提，对相关的事实问题进行规范价值上的判断，从而得出问题得以解决的答案和结论。相关的智能法律推理究其实质都是法律和相关规范的适用，虽然这些领域各自存在着数智立法、数智执法、数智司法和数智法律服务以及数智公司法务等场景任务上的区别，但实际上在相关的技术和相应能力上，在目前的研发和应用上，其任务的技术性本质构成是相同的，都是一种模式下、以具体的事实问题和法律法规等社会规范为大小前提的法律三段论的推理模式应用，除却相关的专业内容，相对技术和工程结构来说，这在技术上应该是没有实质上的差别，只是在技术任务的细节上，相比较于法律适用的几个方面，从形式上看，数智立法还有一个不同的任务就是要生成新的规范条文的机制和系统，而本书认为，其在数智技术的实质上，与裁判文书、行政处罚决定书以及法律起诉状等法律文书应该没有本质的区别，可能需要的是非本质性的技术模式和路径的选择以及技术结构细节搭建。

二、执法、司法与守法在技术赋能方面的相似与关联

当下的社会法律工作场景中，执法、司法以及用法等数智赋能技术研发和应用都有着较为显著的展现，并在不同程度上获得了效果上的认可。实际上，相比较于数智立法工作而言，即使是在形式上，这三者都具有高度的行为相似性和思维的高度趋同性，因此如上所述，三者又有一个共同的属性范围，叫作法律适用。在三者的业务范围内，它们的技术任务、技术构成、具体的技术路线以及外化出来的技术产品都具有本质上的相似性。就执法、司法和一般社会用法三者而言，它们的技术任务既相互独立，又紧密关联。如果从紧密关联的角度来看，它们都是在将法律规定适用在具体的社会行为和

社会关系中，往往一个行为所在场景对于行政管理部门而言就是执法的场景，对于公民或者一般社会主体而言就是用法的场景，而在同一场景中，二者同时都要将司法规则可能的认定和相关反应，作为一种必须考量的行为后果，也就是要在司法裁判的法律运用的标准的参照系下考虑这些执法和社会用法是否合法。而从它们相互独立的角度来看，就是执法和用法对于一部法律的运用，各自的行为都要从自身的角度保证其合法化，当然，这种合法化实际上也是必须要把其他另外两者的认知和认定考虑其中的。

所以，现实中虽然依托附着于各自的场景和任务，传统执法、司法、用法工作和活动也分别具有数智科技赋能执法、司法和用法工作系统和技术工具，但是从理论上看，从实际的法律工作的关联关系来讲，无论这些工作是处于隐性还是显性的状态中①，实际上执法、司法和社会用法三者就是一个统一的工程系统，解决的就是法律在社会适用的场景下，相关的行为和关系在相关的法律标准下是否是正确和正当的。

举例来说：一名交通警察对一位驾驶机动车的司机进行了违章处罚：扣1分，罚200元，处罚的依据是司机开车的时候没有系安全带。如果交警运用智能执法系统对这个案件进行处理，那么，这个处罚的结论所应用的是一个以相关法律法规和司机没有系安全带的事实形成的大小前提为基础，进而进行智能法律推理做出的处罚结论。如果司机本人想通过用法系统来核验自己的行为是否违法，应该会遭到什么样的处罚以及处罚是否合法合理，实际上其应当也是应用这样的系统来做出这样的推理判断，因此，在这种情况下，实质上二者是共用一个系统。如果违法者司机和处罚者警察双方对于这样的处罚的依据和结果产生了争议，那么诉诸法院的智能司法系统也应当依据同样的前提条件、同样的推理模式，进行类似的法律的推

---

① 比如在正常的没有纠纷的执法管理和法律社会运行状态下，这些功能就处于隐性的状态，如果产生了争议和纠纷，这些法律功能则处于显性的状态。

理和认知，而在这种情况下，实际上三者是共用一个系统的。

如此，就会有这样的问题提出，既然以上三个主体所运用的实质上应当是同样的甚至同一的用法系统，那么现实中怎么会产生争议呢？或者现实中争议产生的条件和机制是怎样的呢？对此，可以做出这样的解释，现实中法律适用的认知推理的结论不一致形成的因素可能会有很多，但总体上不外乎两种，一是三个系统在技术层面上的不一致，导致相关前提的信息、知识支撑和推理机制不一致；二是执法者、司法者和用法者对于适用的法律规则和对事实问题认定的不一致。

认识上可以将这两种因素分别界定为客观技术上所形成的不一致和主观认识上所形成的不一致两个方面。现实工作中实际的情况是，在没有智能系统应用的前提下，或者是虽然有了发展过程中的技术系统，但是应用系统分属三家而技术能力和方式不一致，这种客观的信息来源、支撑以及推理上的逻辑关系认识也受到人的主观上的因素影响，也会有很大的不一致。这些不一致与对规则和事实问题认识的主观不一致交织到一起，使对于案件的主观性认识较强，往往纠纷的争议较大或者不容易得到解决。但是如果在现实生活中，在获得三方共同认同的前提下，如果三方应用的技术系统都是统一的或者就是一个，那么，可想而知，这些非必要的主观性因素就会减少，剩下的就是主体人对规则和事实的认识和认知的主观性差异了。无疑，相对较少的内容信息和较少方面认知上的差异对于争议和纠纷的解决将会有很大的助益。①

因此，对于执法、司法和用法三种社会行为和活动而言，无论是在功能价值取向的理论认知上，还是在智能技术能力的理论发展和应用的现实可能性上，三个系统本质上就是一个系统，它们就应该合而为一。在功能

---

① 随着技术的发展，无论在现实中还是在逻辑上，随着人的信息和认知知识资源在技术的作用下越来越相对共享和边界稳定，主观上的认知差异也会在一定的条件下和一定的程度上得到缩减。

价值取向上，从发展的历程来看，三者本身就是一个统一行为分出来的，这个行为就是法律适用，但是限于人类的能力和技术条件，为了获得法律运行上更好的现实功效，通过不断地发展和演化到现在，人类选择进行了三种专业和能力上的社会分工，就是用法、执法和司法，而随着人类的技术发展进步和相关能力的提升，从理论上来说，三者合而为一应当是符合法律适用的价值本位需要的，本书后面相关章节对此有详细的阐释，这里不再赘述。

三、执法、司法与用法系统的智能构造与现实运行状况

（一）系统核心构造的基本理论

基于以上对于法律适用系统的认知，无论是执法、司法还是一般社会主体用法意义上各自独立的用法系统，还是同一的法律适用系统，在数智技术赋能的状态下，它们的核心构造都应当是一个以案件事实为小前提，以相关法律规则、行为规范为大前提，通过思维上相关联结合，从而得出案件中行为事实的规范价值上的结论而进行的智能法律逻辑推理。在本书的相关研究和理解上，从整体上看，在现有的技术条件和理念下，这套技术系统的核心是由事实形成系统、法律法规等规范形成系统以及推理引擎系统构成的。在现实相关的智能技术研发应用状况中，可以说，分别代表着执法、司法和用法等领域，至少在名称上已经存在了智能执法系统、司法判案系统以及智能法律咨询系统和智能合同审查系统等，当然，实际的相关社会法律工作领域，到目前为止尚未形成和应用统一的一个法律适用系统。

（二）系统现实构造和运行情况

1. 链接信息和知识资源的自动化办公系统

在现实的法律适用的实际工作中，这些既已研发和应用的智能法律

推理应用系统的现实状况是怎样的呢？概括地说，在实际的技术形式、工程架构以及所赋予的能力和现实效果上，它们与智能立法系统在实际应用中所形成的状况实质上并没有太大差别，当然，这种情况也符合技术发展与赋能在各个领域的均衡性状况和平衡性的规律。当下，在执法、司法和一般社会用法的场景任务中，一般说来，无论现实具体的智能法律推理系统的展现形式是怎样的，通常所见的这些智能法律推理系统都具有一个事实的感知来源及信息识别和抽取系统。在智能司法判案系统中，这个系统通过 OA 等自动化办公系统与起诉立案等案件事实确立和信息传输系统相链接；在智能执法系统中，情况与此相类似，其是与行政管理等案件来源系统相链接；在智能用法系统中，这些事实和信息的主要来源往往是用户的直接的信息描述和输入。也就是说，它们分别通过符合自身场景模式的事实问题信息来源和机制，为核心的智能法律推理工作确定了"案源"或者叫作小前提的事实来源，而在此之外的作为大前提的法律法规等行为规范，是由与各个系统紧密相关的法律法规等规范的数据库、互联网等知识资源构成的。这些数据库和知识资源有的是根据系统的特殊场景和任务的特殊关联性定制的，有的是一般通用的，根据前文所述，由于它们的任务场景往往是同一的，通常来说，执法、司法和用法的法律法规以及知识资源在很大的程度上是共同的。

2. 智能化的检索式推理系统

在以上的这些法律适用系统具有了大小前提知识和信息条件下，是如何完成二者相结合的推理机制和过程的呢？在当下的技术理念和实践上，更多的完成这些系统的推理工作的主要技术是基于升级版的检索技术，即智能算法下的检索技术所进行的事实与规则关联融合系统，概括地说，无论是在智能执法系统、智能司法判案系统还是在智能法律咨询系统中，这种推理过程、机制以及结论的得出，主要是基于大小前提中的法律规则的事实描述与事实问题中的事实描述进行数字语言意义上的一种形式上的技术关联，因此，在实际上，这种关联融合的推理并不存在对价值内容进行的类人的、所谓的真正的理解和认知，也很难说其实质是智能的。因此，现实的效应则是得出的相关的结论往往是一次性的、"粗糙的"、"鲁莽的"以及不准确的。① 因此，这种技术及其运行模式虽然在这些场景任务的执行中，在整个工程的设计上赋予了智能推理功能和角色，但是，从智能的实质上来看，无论从其实际的效果还是其技术模式来看，都不能将其称作为真正意义上智能法律推理，其实，与其说这是一种智能法律推理的工程机制，不如说其是以实现智能推理为目标的信息机制。但是，从为人类的法律推理进行赋能的积极的价值角度来看，围绕着这些场景任务的法律推理工作的实现，这种有目标针对性的信息机制的确是帮助人类的法律推理进行了更加准确的信息或者信息线索的提供，极大地提高了人类的法律推理工作效率并相应地改善了工作效果。

3. 表格式的文本生成系统

在智能执法、司法以及各种用法系统中，往往都具有不同类别和形式的文本智能生成系统和相关功能。本书认为，在技术理念和路径上，它们与前文所介绍阐述的智能立法中的文本文件智能生成系统并没有实质的区别，甚至在现实的技术设计上，由于法律适用的文本往往更加格式化和结构化，技术难度会更低，但这些仍然是信息上的相对简单的关联和匹配，也谈不上是典型意义上的智能，当然其功能和价值也是显著的，这里都不再赘述。

如此，可以说，在智能法律全领域，能够体现智能化程度和水准的、

———————

① 比如说，这种文字形式上的关联匹配形式的智能推理是直接一次性的关联，往往不存在多轮交互的。现实中已经存在一种智能法律咨询技术，应用的体验是存在一问一答等多轮的人机交互，但是这种交互也不是真正类人的认知理解意义上的交互，其实质上就是基于信息的检索和关联，一步一步地完成固定的调查问卷，并且不存在机器系统对人的信息的知识模式上的理解。

具有实质性决定意义和关键的智能法律技术应当就是智能法律推理技术，但是在执法、司法、用法等法律适用领域，与立法智能推理系统应用和赋能的情况相似，可以说至今也是尚未形成人工智能技术领域所说的"认知推理系统"，即能够真正实现价值认知、价值推理、价值创设的智能系统。如此，在此再一次提出这个问题，人类不仅在立法领域，而且在执法、司法、用法以及法律工作和活动全领域，未来能否研发和应用一个"智能法律认知推理系统"？

第三章　人工智能带来的法律生产力的改变

第一节　人工智能在法律领域中的"能"与"不能"

下面，本书就人工智能对于法律工作在生产工具和劳动对象等生产力的要素上产生的影响和改变的情况进行总结。对于这个话题，在理论和经验的层面上，现实中通常存在的一种朴素的疑问和困惑是，法律人工智能系统或者智能体是否能够代替人类的法律工作者呢？本书认为，这个问题的答案应当是"能"也"不能"。

一、工具意义上的"能"

在具体进行阐释之前，在此首先从生产力的核心要素生产工具的角度来总结梳理一下当下人工智能技术给法律工作带来的改变。如前所述，在人类的立法、执法、司法、用法等构架的整个法律运行空间中，从最原始的社会法律生产工作活动的原点开始，主要有两种力，即人的脑力和体力，主要的生产工具就是人的认知器官大脑、感知器官以及身体四肢。相关的能力所支撑运行的最主要的、核心的工作和行为活动就是信息的传输、存贮、感知和认知推理。跨越铅与火进入光与电的时代，在新的计算机、信息技术与人工智能时代，科学技术沿着既有的、一成不变的逻辑和线路对人类的法律工作行为活动提供更加先进的工具，进行各种更强和更加有效的赋能。

比如，如果说人类的法律工作到目前为止主要的仍然就是信息知识的传输、感知和价值认知的工作，那么，可以说，以光电为基础的计算信息时代的互联网络和自动化办公系统无疑是为法律信息知识的传输和分享铺设了快速、便捷、高能的信息之路，如此自动化的信息传输技术在整个法律工作上更加彻底地解放了人的双腿，智能信息检索和智能算法推荐的功能则是相对解放了人的双手，如此，在人类的法律活动历史上，可以说智慧法律技术已经开始为人类的法律工作带来前所未有的巨大的效益和价值。

而继续沿着这个赋能的逻辑往下走，如前所述，无论是在现实条件上，还是在理念发展方向以及人类的发展主观期待上，顺理成章地就要研发感知信息的工具以解放或者赋能人的各种感官，还要发明理解、识别和认知信息并能够进行思维逻辑推理的系统，从而赋能和解放人的大脑。而从智能技术已有的现实成果来看，从自动化到自然语言和机器学习技术下的语音、图像、文字等智能检索与识别技术的研发和应用，这实际上是已经开始建立信息和知识的生成、存贮、传输、感知的基础，如前所述，这实际上是为智能化的推理系统的研发和应用创造了重要的前提条件和发展指向，使智能技术赋能和解放大脑，从而使智能在价值生成和实现方式上具有了现实可能性以及初步的、基础性的条件。

因此，在理性的科学技术发展线路、逻辑和规律趋势上，从工具的角色功能来看，可以肯定地说，无论是从人的工具性价值目标的追求，还是从技术条件的现实发展演化，暂时搁置时间的因素，根据现有的技术基础和成果状况，在法律全领域是完全可以研发出并能够落地应用一个具有价值认知和推理功能的智能法律认知推理工具性系统[1]，并且这个

---

[1]　参见［美］艾德温娜·里斯兰达:《人工智能与法律:法律推理模型的成果》，樊沛鑫、曹阳译，赵万一、侯东德主编:《法律的人工智能时代》，法律出版社 2020 年版，第 272—299 页。

系统会随着能力的迭代和技术完善，在人类社会的法律生产生活领域中，进行落地应用的程度和能力效应会得到无限的增强，应用范围的深度和广度也会相应地得到无限扩增，而当下现实还没有广泛研发出来和彻底运用这样的系统，只能说是我们的技术和现实条件还没有发展到相应的程度。

二、价值意义上的"不能"

（一）人是目的和价值本身

但是，即便可以造出一个工具意义上的智能化的法律工作系统，而以人类的智能程度和标准为参照，在智能机器与人的关系维度和空间中，人类还是"不能"造出一个与人完全一样的那种进行类人的价值终极决策和价值生产的法律智能推理机器人。具体的理由还是要从人的本质属性和内在规定来进行分析。从工具性的层面来切入，每个人在整个人类社会的群体生活中都具有工具属性的一面，比如说：人既是手段又是目的①，说的就是这个意思，人在社会生活中都需要借助其他社会主体提供的条件进行社会行动，相对于其他任何人来说，人都可能，或者说一定直接或间接地成为其他人为达到某个目标和目的的工具和手段，因此，手段性和工具性无疑是人的一种属性。但是从价值理性的角度来切入看，人又是目的和价值本身，在这个层面上，其所表达的含义大概有如下几个方面：

其一，人既是手段和工具，也是目的和价值。在整个人类社会中，或者说对于人类社会生活中的人而言，在人与人的关系维度上，每一个人相

---

① "每个人是手段同时又是目的，而且只有成为他人的手段才能达到自己的目的，并且只有达到自己的目的才能成为他人的手段，——这种相互关联是一个必然的事实"。参见《马克思恩格斯全集》第31卷，人民出版社1998年版，第357—358页。

对于其他人来说不仅是以上所说的手段和工具，其实这些工具和手段存在的逻辑前提是，每一个人又都是目的和价值，没有任何一个个体的价值和目的性的存在作为基础，也就不可能有任何一个个体的工具和手段性的存在的必要性，其实法律上的权利和义务这样的一对概念范畴也是从这里衍生出来的，这也是人类社会存在和运行的结构形式的一种体现，即每一个个体在群体生活中既是目的和价值，也是手段和工具；这个群体的结构和运行体系中容不下也不可能会存在单一属性的人，即只是工具手段或者只是目的价值的人。① 当然，这里对人的界定应当不只是一个个体的自然人，应当包括群体意义上的人。

其二，人是绝对的目的和价值。在人类社会中的人与物的关系维度上，人类所认定、主张的一个基本的社会准则是，人是绝对的目的和价值，而人以外的其他万物应当是工具、手段和条件，而不应当是目的和价值。在这一关系维度上，人以外的其他一切事物，在进入人类的使用范围内，无论是处于原初或者说是原始的状态，还是经过加工或者改造过的，无论是人类发现的有用的东西，还是人类发明的有用的工具，它们相对于人类来说都是手段、工具或者条件，也就是通常意义上所说的，对人类是有"价值"的，但是，本书观点认为，这种价值不只是事物自身的客观规定性，而是人类的主观赋予性，即人的主观赋值，这种价值虽然是有事物自身的自然属性规定作为基础，但是其来自人类自身的现实需求和主观理解。

其三，在人类社会中，人是这个社会的主体，人是世界的主宰并为

---

① 这与法律上的主体和客体还不相同，在人类社会发展史上曾经存在人只是客体不是主体的阶段，比如奴隶社会的奴隶只是客体，但这只是一个阶段的一种法律上的状况，不能否认本质上的奴隶本身作为人的目的性、价值性以及奴隶主在整个社会运行上的工具性和手段性，即不影响无论是奴隶还是奴隶主在整个人的社会生活中的手段和目的性的属性规定。

自然立法。① 在人类所认定的以人类为主宰的社会中，这种价值应当是人的本质性规定，其有着自身的存在状态和相关属性。为什么要说"在人类所认定的人类为主宰的社会中"呢？因为在人类现有的认知观点中，有一种观点认为，在整个世界上或者宇宙中，关于人和其他事物的关系，如果不是把人作为万物的主宰，比如说要是看作是"众生平等"的话，逻辑上就不能说谁是谁的主宰了，人也不能作为相对于其他事物的绝对的价值和目的。而在认为人类是包括人类在内的整个世界和人类社会的主宰的观点中，如以上所述，相对于其他事物，"人就是终极意义上的价值和目的"这种观点至今是众多认识中的主流，而且人类社会发展到迄今为止，无论是在逻辑上还是在现实中，主宰支撑人类社会实践的也是这种观点。

本书认为，与其说这是一种观点，其实主要是人类对于自身生存的一种态度上的表达和说理，这种态度的基础是人类从个体到群体的一种生存本能反映。也就是说，人类是与世界万物共存于这个世界中，按照进化论的观点，人类与世界上的其他事物的存在也是一种竞争进化的关系，如此，在这个关系维度上，从人类自身出发，人类一定要把自身作为万物的立法者，这其实并不是要不要承认这个道理的真理性和正当性的问题，而是，如果不是这样的话，也就是说人不是立法者了或者让渡出这个主导权，人就不可能在生存和发展上主导建构世界秩序，那么，自然也就没人类说话的话语权。因此，无论是在事实上还是在逻辑上，人类不能也无法

---

① 康德"人为自然立法"，出自康德著《纯粹理性批判》、《未来形而上学导论》，参见赵敦华：《西方哲学简史》，北京大学出版社 2000 年版，第 436—438 页。这里引用康德的这个观点，不是从这句话本身的内容的正确性和真理性出发的，主要是从这种观点的认知逻辑的正确性和人类本身主观态度的客观存在切入的。因为从逻辑上来说，人所认知的所有自然界的法则都是人通过主观认知的，在这个认知基础上，人类在自己的利益和价值追求上确定了包括人类在内的整个世界的法则。在这个意义上，人当然是这个世界的主宰，并按照这样的地位和法则在这个世界行动，实际上是掌握着这个世界的法则话语权的。

让渡出这个主宰地位和主导权，除非人类违反"生"的本质规定性而"自杀"。因此，虽然以上"众生平等"、"谁也不是谁的主宰"的观点是作为人类的一种认识的交流讨论，但是实际上，本书认为，这些观点只能限于一种分析和讨论，根本无法改变"人是主宰"的观点的人类社会践行和运行的实际，因为这种观点在逻辑体系上也是存在于"人为自然立法"这种认知体系中的，也就是人类若不是主宰，这种观点可能没有话语权提出的。[①] 因此，在人类社会的观念认识上，人是社会的主体、主宰或者人为万物立法，是人类自身不能改变的、必须遵守的、无法选择的、不可让渡的命题。

其四，人是社会的主体[②]，人是这个世界的终极价值和根本目的，以及人的这种处于主宰地位的状况决定着人的价值性规定具有如下几种属性：一是这种价值的主权性。诚如"主权是不可让渡的"，即在包括人类在内的整个世界中，在手段和目的、工具和价值的维度上，如上所述，人是绝对的目的和价值，或者说人等同于他所自在的价值和目的，人的这种绝对的价值规定性是不可交易、不可转让以及无法转让的，无论是个体还是群体，即人不能将这种内在规定性转移给任何事物，包括其在漫长的进化中所发明的各种机器，否则人就不存在了。二是这种工具意义上的人的可变性。这种价值性规定的具体内容构成是以非价值性、非目的性的其他事物，包括工具和手段意义上存在的人为基础的。对于这种意义，其自有的含义是，虽然"人"是这个世界的终极意义、价值和目的，但是，这些

---

① 从实践上看，这种观点在社会实践领域中是寸步难行的或者说是无法实践的：人类怎样跟其他事物讲平等或者相互间如何进行平等对待？在实质上这也是人类的认知上的"一厢情愿"罢了，实际上，这还是在以人类价值为中心进行的科学规律上的认识和尊重，并不等于存在一种真正人类意义上的平等。

② 参见肖前、李秀林、汪永祥主编：《历史唯物主义原理》，人民出版社1991年版，第63—64页。

意义、价值和目的是以这些工具、手段意义上的事物为条件的。虽然这些价值、目的和意义的拥有者，即人的主宰权属不会改变，价值和目的意义上的"人"永远是这些价值和目的的拥有者，但是这些价值和目的的意义也会随着这些手段和工具的运用和改变而演化改变，具体的工具和手段意义上的人的存在状态等情况，也会随着以上这些工具、手段、目的和价值的变化而发生变化，包括生成和消亡。三是人的终极意义上的价值规定的内容可以根据主体自身的意愿随时随地地自由改变。这种可变易性包含如下多重含义，比如任意自由性，意指这种价值的内容对于具体的主体而言可以是随意变化的，任意自由地选择，不受任何时空限制，不能受到他自己意指以外的任何限制；比如非真理性要求，意指这种价值的内容的选择跟真与假、对与错没有必然关系，也不受真假对错的限制；比如非正当性要求，意指这种价值的内容和选择与是否正当也没有必然关联，选择时同样不受正当与否的限制；等等。这是一种人的存在和自由意志的体现。① 因此，这种价值规定在内容上既有规范意义上的体现，比如，各种内容符合既有的各种情形和范式，但也有非规范意义上的可能，或者说是价值内容上的任意选择和创新，其结果可能是完全不符合既定规范的。由此，四是这种价值规定的内容从微观到宏观，从具体到抽象，实际上是无穷无尽的。这种价值的内容可以是过去存在的，也可以是在既有内容基础

---

① 关于人的意志、自由、自由意志有很多界定，本书在此处所表达的含义不是哲学伦理学上与责任承担相对应的"自由意志"。在此，"意"指的是意识，即常态化下一个人对于客观的外界现实可以在意识上能够作出反应，"志"指的是意向，即意识的指向和志向，常态化下一个人在一定的价值目的基础上，对于外界作出的反应和行动，而不管这种反应和行动是否是正确的，比如故意"唱反调"，或者能够产生愿望的效果，比如意愿在现实上实现不了，但一定是自由的。相关理解参考了萨特所表达的"人的存在和他'是自由的'没有区别"，参见 [法] 萨特：《存在与虚无》，陈宣良等译，生活·读书·新知三联书店 2014 年版，第 53—54 页；以及叔本华的"唯有意志是自在之物"，参见 [德] 叔本华：《作为意志和表现的世界》，石冲白译，杨一之校，商务印书馆 1982 年版，第 165 页。

上重新组合的，甚至是完全创新生成的，因此这种价值的构成内容是超越时空的、是没有限量的，其这种状态与人对其可以任意自由地选择的情形在逻辑性质上是完全一致的，与人的这种绝对主权或者主宰性也是完全呼应的。

（二）对独立与超过人类法律认知推理能力的机器人的理性认识

总结以上，综合以上的分析和理解，可以说，无论在理论上还是在现实经验上，无论是在应然性还是实然性上，无论人类愿意与否，实际上人类是不会也不可能造出一个与人一样的，能够"独立"进行价值选择，以及价值生成性质、量级、程度和意义上的法律认知推理机器人。所说的"不会"，体现的是人类的态度，如上所述，其是人类一种自身无法放弃和改变的态度，人类在群体的理想选择上是不会去造出一个能够摆脱人类的价值设定或者造出一个人类无法进行价值控制的智能体来使人类丧失主宰地位以及主权，即便不是丧失，在这个方面就是产生一定危险以及副作用也是不能作为选项的，上文已经对此详细论述，这里不再赘述。

而所说的"不能"，意指从逻辑上和现实上理解，人类无法生产出这样的智能机器，从逻辑上讲，就像"人不可能徒手将自己举起"的道理一样，人类从整体上[①]，不可能制造出一个比自己还要聪明、还要智慧的智能体。如果假设"能"，那么，谁能说明这些能力是从哪里来的呢？在逻辑上，一种智慧能力 A 若是能够超过另一种智慧能力 B，那么，A 一定是能够实现所有 B 能够实现的能力，或者说是完全能够完成 B 的能力实现的任务，或者说 A 一定能够拥有 B 的能力。而人造的智能体的 A 智慧一定是来自人类 B 的，根据以上的原则，人不可能、也无法将所有的智

---

① 局部上，某个智能体比某个人，或者智能体的某项工作要比这个领域的工作人员强是正常的，但是不等于其智能能力已经超出了人类整体的边界。

慧都给予 A，如此，那么 A 怎么能够超过 B 呢？在现实的技术研发和具体应用中，所显现的现象也是在说明这个逻辑的成立，比如说，当下的人工智能技术路径主要就是机器学习技术和模式，在此路径下，就能够实现认知推理的智能体而言，在价值认知和价值规范的遵守执行上，无论是好的还是坏的，对的还是错的，正当的还是不正当的，等等，这些价值知识肯定是来自人类的既有的和价值规范和价值内容。如此，可想而知，无论智能机器随着应用或者通过其他方式进行怎样的人为升级和自我迭代发展，无论其进行怎样的价值内容关联和价值组合，其实质内容上也是无法超越人的价值认知内容和价值能力的。

第二节　如何看待智能机器的失控

一、关于机器的能力超人

现实中，通常有人拿智能机器失控来说事儿，常见的一种观点认为，未来的智能机器通过自我不断地学习和能力迭代升级，能够根据"自己的判断"对事物进行认知理解并采取行动，而这些认知理解和行动是不符合人类的价值规范、认知理解标准和行为模式的，或者说这些理解和行动是不符合人类期待和愿望的，比如现实中出现了聊天机器人的胡言乱语、机器人失控伤害了人等现象。这种现象常常被一些人理解为人类已经造出超出人类智能的机器人，或者说人类已经或者能够造出一种能够进行价值选择和价值生成、能够进行认知推理的超出人类智能的新的智能人。

智能机器人的这种能力的显现为什么会被认为其能够超过人类呢？又应当怎样认识和理解这种超过呢？实际上，之所以会被认为智能机器的能力能够超过人类，是因为这种超过是一种正常的现象，也是一种现实的存在，就像人类发明的汽车要比人跑得快一样，智能机器获取信息、传输信息、处理信息的能力是远远超过人类的。比如对于智能法律推理系统而言，如上文所展现的，如果形成了很充分的事实问题小前提信息，同样提供了很充分、关联关系和结构很清晰的法律规范大前提，这种事实问题和法律规范的关联关系的谱系以及关联算法规则已经确定，如此，机器处理进行推理得出结论以处理问题的能力一定是远远超出任何个体的能力的，现实中这种情况已经存在，比如合同审查机器人、法律咨询机器人等。①而在认识和理解这种超过上，如上文所述，实际上相比较于人类个体的、某一方面的能力而言，在完成某些任务，将来甚至是完成大多数任务的时候，机器的智能能力肯定要超过人的能力的，但实际上，这些智能并不是智能机器的智能，而是人类智能通过一种工程发明装置进行的工具性放大。因为这些能力和相关工程设计都是人类赋予的，也可以说，这种能力无论多么强大，仍然在人类规定的价值内容和价值关联以及价值目标实现上，且尚不涉及智能机器的价值内容超出和摆脱人类能够独立进行自我设定、自我生成、自我创新，智能机器的智能远没有突破人类智能的边界。

二、关于机器的自我学习和迭代升级

那么，又如何认识和理解智能机器的自我学习和迭代升级呢？这种情况下的失控又应当如何看待？在法律智能推理系统的工作场景中，简单地说，在自然语言和机器学习等技术线路下，智能机器的自我学习并迭代就是机器在现实运行中，把现实中不断充实的语料库中的法律事实和规范的关系"抓取"并"存贮""记忆"起来作为以后进行判断和解决问题的可

---

① 参见［美］凯文·D.阿什利：《人工智能与法律解析——数字时代法律实践的新工具》，邱昭继译，商务印书馆 2020 年版，第 17—37 页。

用知识。当这种学习如果是在有人类监督和调教的情况下进行的，并在人类调教好并进行控制的情况下进行使用的，那么其是能够被人类认可的，并在工作中能够进行不同程度上的使用，而当这种学习是无监督自学习并且直接投入使用的情况，由于很多事物和关系的关联结果错误，就会出现胡言乱语，进而指导行动便出现了所谓的"干坏事"和"失控"的状态。

如此，是不是就是说智能机器便有了与人一样的智能，或者就意味着超出了或者可能超出人类的智能呢？从外化出来的表现形式上看，即智能推理机器能够自我学习，并进行迭代升级，而且能够根据自己学习的知识进行推理并指导自己的行为行动，加之以上所说的超强能力的加持，就此得出这是超强智能的一种现实存在的结论好像也不为过，虽然智能机器说错了，以及做错了，但只能说这不符合人类的价值期待而已，而不能说这不是一种智能，至少是智能存在的情况和形式之一。本书认为，这种观点是不正确的，以上的现象不能被认为是一种智能，在属性上，这体现的远远不是智能，就连"弱智"都不能算。

概括的理由如上所述，具体来说，一方面，智能推理机器虽然能够进行自我学习和能力迭代升级，但是其中所学习的事实构成和规则以及关联关系等知识都是人类的设定，没有在知识上超出人类划定的边界，虽然叫作自我学习和迭代，其实质上也是人类的一种喂料形式，与传统的信息和知识并没有本质上的属性不同；另一方面，没有人监督的学习和行动从形式上看有些类似人类在智能方面进行的自由价值关联、价值生成和价值创造，但实际上，只能说这是机器学习出现的错误，体现的是现有技术在识别、抓取和掌握人类知识方面的能力不够、技术尚不成熟，尚不能有效放大和增强人类在这方面的相关能力。因为人类的价值关联、价值生成、价值创造是人类自由意志基础上的理性行为，它所体现的是人为了实现一定的目的和意志，自由不受拘束地按照一定理性认知规律的理性认知和行动，而不是表面上所体现出来的随机的事物关联和无方向的物体运动。显而易见，以上机器的无监督状态下的时空行动不是一种价值理性层面的理性的、自由意志基础上的智能性价值创造，由此，"失控现象"只能是智能发明在努力上的失败，由此更不能说这是对人类智能的"超出"了。

当然，也许还会有观点认为，以上所说的自由意志基础上的理性的价值创造只是智能的一种形式，只是人类的智能形式，我们不能因此就否认无监督的机器学习和自动应用也是一种智能的形式。本书认为，如果就算是把它作为一种智能形式来看待，以此形式制作生成的智能体由于没有目的和理性知识基础上的规律行为，这样的智能在人类社会肯定不能存在，在这个世界当然也不能存在，因此就算超越了人类社会，其也不符合整个世界的关于智能和相关行为的一般运行规律。

三、智能体真正价值创造的基本条件和要素构成

人类现在对所要生产的智能法律推理系统的构想和界定是，这种智能系统在终极能力上一定应当是能进行理性认知和自由意志基础上的价值关联、价值生成和价值关联创造。可以说价值关联、价值生成和价值创造所体现的是这种技术线路和标准下的智能系统的智能化的水准和程度，其中价值关联体现的是智能能力的基础的状态，就是把既有的价值规范内容以及它们的关联关系在智能机器的运行中能够被学习到并进行有效的关联运用，而生成价值或者创造价值的关联则是智能的一种高级的状态，就是说机器能够实现一种自由意志基础上的、突破既有价值关联关系模式的创新关联，但是这种关联不是胡乱任意的，而是符合人类的理性认知，或者说是符合人类所认识到的，但是属于包括万物在内的世界事物普遍发展规律的。

本书认为，这种创造来自常说的"七情六欲"层面上的情感、欲望等因素所产生的需求，来自自由意志条件下的选择，来自理性的认知，如上所述，情感基础、欲望需求、独立自由、意志目的、理性认知等要素是智

能创造价值、价值生成的基本条件。也就是说，在这些条件下或者说有了这些条件，价值内容是取之不尽、用之不竭、无穷无尽的。在主体意义上，价值选择可以是不受限制和不受其他因素干扰或左右的，但在世界万物的普遍规律和规则层面上，价值的内容又是理性的，是相对有一定道理和正当性的，并且是可以在一定群体里形成群体共识的。

如此，依据现在的人工智能在实践中的研发理念和技术线路，各种理念下的技术路径仍然存在问题和挑战。[①] 虽然说理论上，或者说即便现实中是可以把人类现有的情感、欲望、自由意志、理性认知等多方面的条件和要素都数字化，它们之间的关联关系都算法化，并通过机器的自我学习把这些知识都学习到，但是，智能系统仍然不能在实质上做到人类智能意义上的价值生成和创新关联。"名可名，非常名"，机器学到的知识毕竟而且相对于人类的创造来说仍然是有限的；因为"道可道，非常道"，这个世界理性的认知对象是规律，但这些规律又不是绝对的、不变的。机器学到的规律毕竟是有限的关联关系，这些规律和关系存在着大量的冲突和矛盾的情况，而机器尚无法做到其所认知的规律以外的符合理性的、规律性的变通，无法做到彻底的理性认知，无法做到完全彻底真正意义上与人类的共知。因为机器是没有真正的人类意义上的情感和欲望的，也就是无法与人类[②] 共情，因此也没有基

---

① 符号主义、连接主义和行为主义三种路线和技术思路在现实中会被综合。参见李德毅主编：《人工智能导论》，中国科学技术出版社 2018 年版，第 9—10 页。

② 需要说明的是，这里所说的人类视角应当进行这样的界定和理解：本书认为，以这种人类的视角来解析这样的智能既是从人类的单方面来看，实际上也是到目前为止所能认知到的，是从整个世界上最高级别或者说一种普遍意义上的智能属性和标准来看的。如果是从人类的视角或者从人类的标准来看，人类认为智能的属性和标准就是这样的，如果不能达到这样的状态和标准就不能属于智能的，因此人类就是按照这样的属性理解和标准进行设计和探讨研发的，因此这里所说的"能"与"不能"都肯定是人类视角下的理解和认知。当然，在人类看来，这样的认知和理解也是一种非人类中心的、一种普遍意义上的理解和认知，因为毕竟到目前为止，在这个世界上，人类自身所认识、理解和认定的智能才是真正的、最高级别的智能。

本的价值构建的基础和目的，由此智能机器的自我学习和迭代所进行的都是既有事实和规范层面上的模仿或者说是人类指令的一种接受形式而已，是没有情感、需求和价值目的的，因此这种所谓的非监督的独立自由的关联状态一定也不是自由意志基础上的理性认知和行动。①

综上，总结人工智能技术在法律生产力要素生产工具上所带来的影响效应，人类终归应当是无法创造出这种能够进行价值规范创新生成的高级阶段的独立运行的智能法律规则推理的机器人的。随着智能技术的发展进步和迭代，智能机器可能学会或者模仿人的情感情绪，学会表达和展现欲望和需求，学会各种各样的人类的法律知识和行为，但是无论智能机器将来能够发展到怎样的程度和能力，按照以上的逻辑分析和事实所展现的，智能机器即便是有这样的发展潜力和可能，其发展的轨迹可能也就像一个无限接近于人类智能和行为的渐近线，但是其永远达不到人类的水平、程度和状态。虽然如此，但是正如通过发展经验上所展现出来的状况，人类会借助于智能机器这样的智能水平加之其超越人的强大的其他方面的能力，可以将人类某些方面的能力不断进行补强和放大。

因此，在这种意义上，如前所述，人工智能技术及其所形成的智能法律技术以及法律智能体，它们可以快速地传输法律信息，提供法律案件中的问题和事实以及整理提供相关的法律规范，在很大程度上帮助或者说是解放法律人的手和脚，甚至已经开始并正在升级能力的智能推理系统，虽然不能最终代替人彻底或者完全完成案件的推理判断并交付最终的结论，但是其可以在知识和信息、大小前提以及关联关系等多方面为需要的人类

---

① 智能机器在价值关系上的合理的关联是其设计中期待其所能实现的能力，但是，如果以机器所学习的价值关联规则为基础进行的所谓的自创的、新的关联肯定是没有现实依据的，因此即便后来发现是有道理的，那也是人类单向觉得出来的人类的道理，而对于机器来说，这个过程也一定被认为是非主观目的和自由机制导引的，是非理性的、乱碰的或者乱编排的。

提供愈加精准的知识，甚至在一定的程度和状况下会出现与人类的结论完全一致的情况。①

第三节 综述：辅助还是替代？

一、效用的根源：消除异化和提高效率

概括总结而言，包括智能法律推理系统在内的法律人工智能技术，对于人类而言，其本质属性仍然是为人类的行为进行赋能的工具，而不是作为终极价值目的人类的代位者。无论是从生产力的构成要素生产工具和劳动者的复合性的角度，还是从人工智能技术与人的关系的角度，来看待人工智能技术带来的影响，都可以说，智能法律机器系统及其相关技术是人类法律工作前所未有的高能的辅助工具，但它们也只能是人类迄今为止所发明的最具有智能成分的工具，而不是人本身或者与人类一样的生命智能体。如此，在当下的群体性的人类认知上，就此可能确定了一个基本的事实，就是智能法律机器人是代替不了人的，同时也消除掉了人工智能技术的研究发展给法律工作者所带来的这种顾虑。本书认为，相关的结论还不能就此草草认定，尚须做更加深入的分析和理解。

在当下的技术研发应用的实践中，观念上往往会急于获得确定的结

---

① 但是即便如此，也不能说智能法律机器就可以或者已经代替人了，因为这种情况下，实际上这样的一项任务仍然是机器和人共同完成的，或者说机器仍然是在人的监督下完成的，如果出错了或者发现出错了，人类是可以进行矫正的。而机器正确了，不等于人不存在，而是处于缺省的状态。机器能否代替人还是在终极意义以及整体能力上来探讨的，如前所述，这既是机器和人的能力比较问题，还是人类对此不可让渡的态度问题。

论，并对这样的结论进行草率的认知理解。通过以上的分析，我们已经看到现已研发并落地应用的智能法律工作系统或者法律机器人已经给人类的法律工作带来的巨大的改变，无疑，随着技术不断地升级落地，这种通过工具性辅助所带来的改变还将会无限度地扩大和加深。这种生产力意义上的工具的改变，现实中一方面在量的方面体现为，人运用这种工具的辅助能够提高工作效率，进而可以应对更复杂更大量的工作，使法律这项工作的整体的社会功能和社会价值得到凸显和提高，彰显出更大的社会意义，带来了社会的法治进步；另一方面则体现在对现实工作质的提高，本书会在第二篇的相关章节进行阐述，即法律工作的本质性规定或者说是天然的生命基因是法律知识共享下的公开、公正与公平，无论是现在还是未来，在法律人工智能技术以及其他先进技术的辅助下，整个法律知识和信息可以更多地突破因为人所形成的界限和障碍，平面化、即时性、能力相对较为平等地①在更多法律应用和生成的人类群体中进行运行，由此解放了法律知识广泛而深入地进行社会效益的发挥。

　　而这两种人类不可拒绝的价值效用的形成和实现的基础性根源是什么呢？其在于这种智能工具对于法律工作场景和任务中的人或者说是生产力意义上的劳动者的作用和改变。如上所述，这种改变从表面上理解就是节省了既有的人力，甚至在一定程度上取消了人力或者改变了传统的人力的形式，但是无论在逻辑上还是在现实显现上，实际上所减少的是以传统形式做这样工作的人。所以，前文所说的相关技术解放了人的脚力、手力甚至是一定程度上的脑力，但是现实中由于这样的能力就代表一定的工作和一定的职业，因此这种解放实际上是用智能机器"代替"了社会分工意义

---

　　①　本书在其他章节有所介绍：在没有这种技术能力的情况下，很多人受制于专业知识、能力以及人为职业规则和制度的限定，没有能力对法律进行更准确有效的理解和运用，但是包括法律信息技术、智能法律推理技术在内的技术应用，弥补了更多人在这方面的能力不足，从而更加便利地、有效地参与到法律工作之中。

上的一部分职业的人。

那么，"代替"了一部分这样的人怎么就会产生以上的效用价值了呢？具体理由如下，与前文所述接续，社会意义上的"人"是由两部分或者说两个方面或者层面构成的，一部分是工具意义上的人，一部分是目的和价值意义上的人。如本书其他章节所阐述的，从原始社会发展到至今，在以技术为基础的生产工具没有或者并不发达的情况下，现在我们能看到的很多工作不是由科技工具而是由人自身来完成的。在这样的逻辑结构中，为了提高人类整体的社会力量，就有了对于人的社会分工，有了专业知识，有了现在我们所熟悉的职业和职业人，正如我们所熟知的，法官、律师、检察官、立法者等，都是一种法律职业上的职业人，做的都是一种法律分工机制上的工作。

职业本身就是工具运用的体现，以上这些职业和职业人无疑都是在社会发展和分工中所生成出来的工具意义上的人和事物。可以做出这样的理解，这种工具意义或者说是工具理性上的人虽然也是基于一定的价值目的生成或者说是为了实现一定的价值，但是，这其中的价值与终极价值理性意义上的价值往往是有一定的冲突和矛盾，比如法律职业中一定的职业人和群体的特殊利益的主张，无论是正当的还是不正当的，与终极法律所要实现的意义无论是在时间还是空间维度上，在一定视角和程度上会形成矛盾或者冲突，这就是经常能够见到的"职业价值异化"①。

法律职业异化，实际上是人类法律发展史上的价值次优方案选择，体现的也是价值理想和价值现实之间的矛盾和张力。就是说，在人类科技生产力水平比较低下的情况下，人类为了生存发展，不得不在既有的技术能力下做出社会分工和职业分工，让不同的人利用不同的工具、在相对不同

---

① "异化的基本含义是指人（主体）的创造物同创造者相脱离，成为与人对立的异己力量。"参见肖前、李秀林、汪永祥主编：《历史唯物主义原理》，人民出版社1991年版，第431—433页。

的价值基础上做不同的工作，以保证整体终极价值最大化地得以实现。如本书第二篇相关章节得出的结论，人类的每次重大的历史进步，在一定的维度上理解，实际上都是科技生产力使社会分工和社会职业带来了改变或者重新划分，从而进一步解决了现有职业异化带来的价值异化问题，朝着理想的、终极的价值又向前做出实质的迈进。

二、辅助：替代与演化

综上，法律人工智能技术在整个法律工作中的赋能，实际上是作为一种科技工具，节省了职业人力或者取代了工具意义上的法律职业人。如上所述，这种节省或者取代毫无疑问会赋能于手、脚、脑等体力，更重要的是解放或者改革了一个职业的、异化的人，从而便产生了以上所见到的强大的社会效应和社会价值。阐述到这里，可以看出，辅助的智能法律系统技术工具既辅助人类劳动者，给人类的法律劳动者带来工作效益和效率，但是，通过这种辅助的社会作用，法律智能体逐步地在"代替"人类进行工作，以至于在一定的工作场景中最终完全代替人类工作者的角色和功能，只不过这种代替是通过逐步改变人和机器在工作分工中的角色和功能实现的代替，智能机器代替的是工具意义上的、一定职业化的人，而不是价值和目的意义上的"人类本身"。

因此，总结而言，法律智能机器的工作辅助不是对目的意义上的人替代，而是随着机器能力上的增强逐步取代一定工作工具意义上的职业工作者，如果说这是一种替代，那么可以说这是一种演化式、变革式、改变现状式的而不是断裂式、革命式的替代。在智能法律机器辅助的条件下，人类因此会形成一种新的人作为劳动者与技术、智能机器进行结合工作的模式结构，会形成一种新的劳动者能力构成，会形成一种新的人类社会分工和社会职业。在这种意义上可以说，随着智能法律技术的发展进步，现有职业法律人一定会在不同的领域中、在不同程度上被智能法律机器代替或者改变。因此，对于智能法律技术对社会劳动者的能力上的效用认识，不能简单地确定为替代或者辅助而草草了事，要深入地看到"替代"在整个场景任务中所发生的层面，同时也不能因为智能法律机器的辅助地位和效用就低估其对人类法律发展的巨大效能和价值。

除此以外，在如上的影响和冲击下，智能法律技术或者智能法律机器人对社会劳动者的改变还体现在如下几个方面：一是随着智能法律技术的升级和深入适用，比如当工具辅助性的智能法律推理系统可以有效应用时，对于人类法律职业而言，立法、执法、司法和守法用法四位一体的职业功能构成可能最后主要集中在立法和用法两个模块上或者领域中，对于劳动者的影响，虽然一定还会存在执法者和司法者，但是，其中的数量、属性和方式，甚至是名称定会与现在有很大的不同；二是对于社会法律工作的主体而言，职业化会依然存在，但是，这种职业化的大众化程度会不断增加，大众也会更加广泛深入地参与到职业工作和社会活动当中，随着技术的发展和应用，传统意义上的职业化、专业化的空间会越来越小，知识"垄断"性能力越来越低，职业会更加注重在与大众进行互动交流中进行工作和社会活动；三是与以往任何工具实质不同的是，智能法律机器人最大的特点是有智能，是智能体和工具的混合，可以类人一样进行"思考"和"行动"，因此虽然人类不能将其作为终极意义上的人进行对待，但或许能够考虑将其作为准"劳动者"对待，但是由于以上的类人特征，随着升级和发展，无论在伦理上还是在法律上，需要对其进行一种特殊的对待方式，本书的着眼点在于在劳动者的层面要建立一种新的人机"关系"和人机互动合作的"行为范式"。

需要补充说明的是，除了上文所涉及的工具和劳动者层面的内容，实质上智能技术带来的是生产力三个要素相互作用结构中的变化，而不是单独某一个要素的变化，其在带来生产工具和劳动者产生变化的同时也带来了劳动对象的变化。比如，在上文谈及法律工程模块构成和职业群体的种类时候已经涉及，一方面在整体上，将来法律工作的对象可能主要就是法律的生成制定和法律的适用，当然这也不是说不再有法官和执法官、律师等，而是相关作为劳动对象的业务和群体会得到重新的整合。另外还有一些工作和任务因为智能技术的应用改变了整体的法律工程架构后，使这些劳动对象没有存在的必要。另一方面在具体的局部层面，未来法律工作的劳动对象将不再是现在一样物理形式的卷宗、文本等，虽然在实质上仍然处理的是现实的行为关系和相关的价值规范的冲突问题，但是，在新的技术形式以及信息传输、存贮、表达形式和机制上，这些方面的东西在形式上，用现在的话来说可能就是代码或者算法等，当然本书并不认为这是劳动对象的实质性的改变，而是具体的其社会存在和表现形式的改变。当然，可能还有因为智能法律技术本身的能力和可信度的增强，比如，很多原来不能作为证据或者事实表达的光、音、味道等等多种物质存在形式变成了法律上的证据形式和事实存在的基础，由此智能法律技术也扩大了法律工作的对象和范围，等等。

第四章　人工智能带来的法律
工作生产关系的改变

第一节　智能社会法律工作上的生产关系概况

按照生产力决定生产关系的基本理论，接下来，本书在生产力方面所产生的影响的基础上来探讨分析智能法律技术给社会法律工作和活动生产关系所带来的影响和变化。生产关系是生产过程中人与人所结成的社会关系，但是本书不在法律与其他社会生产的广泛的空间和意义上来探讨生产关系，即不在法律与其他各种社会事物、行为和社会关系上来探讨一般性的关系，也不是经济基础与法律这个上层建筑在实体内容上的关联关系。本书探讨的是法律作为一项社会工程，围绕着法律生成和运行，通过其自身内部的社会工作分工、不同的社会主体之间的工作或者生产活动所形成的人与人之间的关系，这种关系直接决定着，或者说体现着后面所要说到的法律工程机制上关于群体生产活动关系的划分处理、群体权力架构、功能模块构成，并最终以相应的工作流程和制度规范等形式确定下来。

一、智能法律机器与人的关系

关于智能法律技术对当下以及未来整个社会法律工程内部的生产关系所带来的变化，可以主要围绕如下两个方面展开说明：一是智能技术机器的功能与人的关系，二是由此形成的人与人的工作或者社会活动关系。如前所述，人工智能技术和智能机器人最大的特点功能就是具有超强的信息和知识运用能力，而所有的法律工作核心的业务就是法律规范信息、事实信息和相关的知识认知和推理。因此，有了一系列的人工智能技术以后，智能技术的广泛应用提高了每一个相关法律活动或者工作场景中的人的能力，加之能够进行交互推理以及辅助法律人类进行终极意义上的认知推理判断，人机交互合作的法律信息和知识的处理关系是智能法律技术和智能机器能够实现智能推理核心能力的路径模式。当然，也可以反过来说，智能机器辅助人类从事法律认知推理的任务和目标的完成或者实现，需要在人和机器之间建立一种能够进行人机交互的人机合作行为模式。

二、智能法律技术下人与人的关系

以人机关系为基础，接下来我们再看看由此生成的人与人之间的关系。智能法律机器、系统和人之间形成的具有辅助性质的人机交互工作机制和模式给人类处理法律工作和任务赋予的能力是巨大的，基于现有的能力，通过持续的技术更新，未来每一位处理法律工作的人，通过智能法律技术的辅助都能够相对独立地对法律工作的核心业务做出判断。而随着技术迭代发展，智能法律系统会产生应用上更强的普惠能力，使非传统意义上的法律专业人员，包括知识文化水平不是很高的普通的社会公众也能够对其应用并相对较好地解决问题。由此可以看出，智能法律技术的应用对于职业群体内部的工作关系以及职业群体和社会公众之间的社会法律生产活动关系都会产生较大的影响。本书在其他章节从不同的角度对此已经有所阐述，而在这里主要从整个法律工程的搭建上、法律知识和信息的协作关系和职业工作权力节点设定等方面来分析梳理这种法律生产关系的构成和基础。

第二节 技术基础上的法律工作生产关系的改变

一、技术、分工、权力与法律生产关系

在整个法律社会活动和法律工程空间中，法律知识和信息就是行为人功能、角色和权力的基础，比如在传统的法律运行系统中，在法律职业系统内部，立法者、司法者、执法者、用法者以及它们各自体系内部从事不同工种和活动的人所掌握的信息和知识是有区分的，当然，以此为基础形成的权力属性和效能也是不同的。而为什么要进行这样的设计和区分呢？本书在其他章节已经有所阐述，归根结底还是技术能力所形成的条件所限。比如说，既有的书写文本的信息和知识存储传输方式，无论是在外在的条件上还是在自身的能力上，一个独立的个体很难掌握、处理和驾驭更多的法律信息和法律知识，传统四大领域中某一个领域的工作者甚至群体都没有能力和条件再掌握其他领域的信息和知识。因此，在社会发展的逻辑上，也可以说是因为个体能力的有限而形成的专业划定和职业区分，如此，才能保证每一项不同的环节和不同类别的工作都能够做到较好的状态。因此，常常听到的一种道理和现象是：活做得越细，工分得越清，一个事情往往会做得越好。但是，这些信息、知识、专业和职业的划分实际上也是社会权力和社会利益的划分，如此，在传统的技术和能力条件下，法律职业内部的职业群体以及群体个人之间的权力和利益关系是一种职业内部的社会分工职责区分和相互协作的关系，这种权力和职责的划分是相当严格的，并得到法律制度的确定和保障实施。而在同样的技术和能力条件下，立法、司法、执法、法律服务等职业群体与普通社会公众之间专业知识掌握程度上的差别，实际上通过职业群体的法律知识和话语优势，形成了天然的职业群体对非职业群体——社会公众的社会权力、社会管理和

社会统治。①

　　如前所述，这些知识、信息的掌握和职业、专业权力的划分是受制于一定的技术能力和条件所做出的一种划分，与这种划分并生的就是职业价值的异化现象，因此，如前所述，一定阶段的社会分工和价值区分相对于理想的价值状态都是一种次优方案选择。在这个逻辑下，当作为一定的社会生产条件的技术和能力产生了进步并对这种划分产生实质的影响和改变时，社会选择就会抛弃掉这个次优的方案，从而选择更优的方案朝向理想的状态迈进。在整个社会法律系统中，时下的智能法律技术对于传统的职业法律人之间的关系以及法律人与社会公众之间的关系已经开始产生影响，并随着自身的技术迭代和智能法律推理系统的广泛而深入的应用，这种影响会对这些关系产生深刻的改变。

二、职业内外两种关系上的改变

（一）职业内部的工作构成和关系

　　这种改变的作用点仍然是发生在法律知识和信息的掌握、传播、运用能力上。如前所述，这种改变首先体现在传统的职业内部的职业划分和职业人之间的关系在不同程度上发生了改变。在没有互联网、云存储、法律数据库等法律知识资源的情况下，如前所述，立法、司法、执法、法律服务等职业群体都凭借职业群体自身相对有限的、差异化的、独立的知识形式相关的工作，当然这些知识信息也有相同的部分，但是更多的是相互彼此不知、隔离开来的知识存在和应用的状态。而自从有了以上的技术条件以后，这种知识的隔离和不同已经越来越不可能，当然从法律运行的终极

---

　　①　参见［美］约瑟夫·劳斯：《知识与权力——走向科学的政治哲学》，盛晓明、邱慧、孟强译，北京大学出版社 2004 年版，第 12—23 页。

价值追求的角度来说，这样的区分和隔离在根本上也是没有必要的。如此情况下，在通过法律规范与事实的结合对案件和问题进行判断的这种通用的法律推理思维和智能法律工作范式下，而且随着这种信息资源的更加公开获取和智能运用，实际上越来越多的不同的职业法律工作者，都可以依据同样的知识和信息对一个问题和案件进行判断。如此，可以想象的是，在一定的程度上，除了人为的一定职业权力和利益的因素，再进行这样的职业划分可能不利于这些技术对于整个社会法律系统运行的终极价值的实现。

所以，在未来，随着相关技术的发展进步，在智能系统的架构运行和操作下，如在本书其他地方所述，可能整个法律工程系统最核心的工作环节不再是立法、司法、执法、用法这样的功能划分，实际上就是法律的生成和运行两个相互作用和循环往复的环节构成，在这种情况下可能仍然存在立法、执法、用法以及司法的角度或者层面的问题，但是更多的工作关系可能是围绕着法律生成和运行的系统，相关的法律职业人共同交互探讨和商量如何解决这些相关的问题。当然，在技术发展的不同阶段，这里所设想的效果实现程度肯定是不同的。

（二）职业群体与非职业群体之间的关系

这样的技术的效果同样形成的显著改变则是职业群体、职业机构、职业法律人与普通社会公众之间，围绕法律的社会生产和活动关系发生了重大变化。在传统的以书写和公文为基础的技术基础上，法律知识和信息的运用和处理的专业性和职业能力是经过高成本、长时间、高门槛专业机制性训练习得的，绝大多数的社会主体在这样的能力和知识面前都是弱势的或者是弱者。如前所述，这些能力和知识的缺失和不足导致了现实中非专业的公众对于职业者在法律价值实现上的客观的、被动的依赖，因此，在一定程度上形成了法律职业群体基于专业知识和能力的特殊的社会权力，基于这种权力形成的特殊的法律职业利益，以及法律职业对于社会公众的社会统治。

而经过数据、互联网以及智能化的法律技术的赋能，如果不是人为异化价值的阻挡，社会公众同样可以获得与职业群体相同的法律知识和信息，这首先为普通社会公众接触和学习这样的信息和知识降低了成本、提供了便利。另外，比如，在智能法律推理系统面向公众能够得以应用的情况下，高度职业化的、也是最为法律业务核心的法律推理以及价值选择和判断的能力也能够被赋予，也能在公众应用和参与法律的事务中对相关能力的缺失进行弥补，如此，智能法律技术则极大地助力于公众用法和参与社会法律活动。如果法律天然的发展方向和趋势就是面向全社会的公开和公众的广泛参与，如在本书其他章节所介绍的，智能法律技术对公众用法的赋能效果，在人类法律的发展史上则是一个前所未有的巨大进步。这种改变和进步最为深刻地体现在国家政府、职业群体和公众在法律以及整个社会活动上的生产关系、社会权力关系的改变。

第三节　几种社会技术状态下的法律工作生产关系

一、原始社会

在一定的生产力和技术状态下，在人类的原始社会，部落首领是整个规则信息和知识的权威掌握者，因此也就是行为规范的生成和绝对的掌控者，而一般部族成员在行为规范的生成和制定上是没有更多的参与可能的，当然，实际上也没有现代社会标准意义上的制定规范的社会行动。在规则的运行上，部族首领是信息的发布者、执行者和裁判者，一般部落成员主要是命令和信息的接受者和执行者；在信息知识公开的程度上，一部分规范规则是以氏族或者部落禁忌的形式出现的，这是所有部族成员共知的，但是更多的规则和规范都是以命令的形式从首领这里发出执行的，具有很大的任意性和临时性。[①] 虽然有的观点认为原始社会是原始平等的社会，但是本书认为，如果从规范知识和信息的掌握和应用的地位来看，部落首领和一般部族成员在规范信息和知识的掌握程度和能力上是完全倾斜于首领这一方的，是不平等的。因此按照马克思主义的观点，原始社会是公有制的社会，在经济地位上大家是平等的，但是在社会规范意义的生成和运行的社会能力和地位上则是极为不同的，部落首领对于一般部落成员具有绝对的管控地位，他们是指挥者与被指挥者的关系。

二、奴隶社会与封建社会

而到了奴隶社会和封建社会，在生产能力与科技进步的基础上，包括法律在内的社会规范事业进步的一个显著标志就是成文法的公布，如此，在法律信息知识的公开程度上相对于原始社会是一个巨大的实质性的进步，其显著的成果是使更多的人开始能够较多地接触和掌握法律的知识和信息，使人类初步具有了应用法律规范的能力。在这种情况下，人类有了相对比较典型意义上的法律规范的制定。在法律等社会规范的制定上，虽然贵族和平民，君王、臣子和普通百姓，地主和农民等社会主体具有不同的地位和权力，也可以说，这些组合中的前者主要是法律的制定者和主导运行者，后者往往是法律适用的行为和关系的对象载体，法律制定和运行的主导权力几乎都直接掌控在前者的手中，他们是法律知识和话语的权力

---

① 参见［英］梅因：《古代法》，沈景一译，商务印书馆 1959 年版，第 71—73 页。虽然按照所有制的理论，原始社会在所有制方面是公有制，但是不等于在"法律"等规则的信息和知识以及运行能力方面，大家的地位是平等的。

掌控者，是法律实施落实的执行者，后者则是法律掌控和执行的对象。当然，不能因此说平民百姓就不能参与到法律的制定和执行过程中，只是由于他们知识和能力的缺失以及参与的不及时，社会秩序中的矛盾不能及时化解，导致这种参与往往是靠现实中不断的斗争和较大规模、代价惨重的王朝更替来实现。

这个时期典型的、标志性的现象是法律知识开始体系化、专业化，法律工作开始职业化并出现了法律职业阶层或者群体。当然更大程度上，在世界更多的文明形式里，这种职业的法律群体常常都是代表或者代理着奴隶主和地主，君权和皇权的官方的官员，他们的主要职责是运用法律的知识和信息对包括普通公众作为治理对象在内的整个社会进行治理，逻辑和形式如孟子所言的"劳心者治人，劳力者治于人"，官员与百姓之间的关系是管理与被管理的关系，他们是这种法定关系的运行主导者。但是，相较于原始社会，虽然在唯物史观看来人类有了私有制，但是在法律的社会治理和社会文明上，法律规范已经能够相对有效合理地表达社会关系，并对不同阶层和群体之间的利益和观念进行沟通，在官民之间的法律生成和运行关系上，在法律社会治理的效果和效益上，其所体现出来的是社会巨大的进步。

三、近现代社会

而到了资本主义和社会主义所代表的近现代社会，同样是在科技进步和生产力发展作用之下，加之几千年的法律知识和法律文化的积累，人类社会可供公开的、能够实现公开传播的法律知识、信息和理念都得到了空前的增加和繁荣。在这条发展线路上，在既有的社会法律系统的模式下，法律在两个维度上的发展都得到了同样的增强：一方面是整个社会公众接触和获得法律知识和信息的条件和能力得到了极大改善和增强；另一方面是法律知识的专业化和职业化程度也在全世界范围内达到最高水平上的发展。作为一种基本的客观事实和主观共识，它们都有一个共同的社会条件和根本因素就是科技进步条件下的资本主义以及社会主义革命的胜利，胜利的结果就是把政府以及法律的职业阶层由代表奴隶主和地主的官方官员转变为代理或者代表广大社会公众的法官、检察官、立法官员和法律服务群体等。在这种状况下，相对于以前任何一种时代的社会形态，近现代的社会法律等社会规范是空前的公开，普通社会公众能够更加在机会和能力上平等地获得法律信息和法律知识，更为重要的是开始了近现代意义上的法学教育，可以使更多的人有机会选择成为专业法律人士。当然，在权力分立或者权力分工协作的法律运行机制上，公众虽然不能直接参与到立法、司法、执法、用法的工作流程和事务当中，但是可以间接地以代表和代理的机制和形式参与到这些社会活动当中。

第四节　智能社会法律工作生产关系基本状况

一、悖论的替换

即便是从开始设计和实施之初，近现代意义上的职业群体与社会公众这种代表的机制模式也没有人承认它是绝对完美的方案，如前所述，其仍然是次优的选择。这其中关键的症结就在于"代表制"，代表毕竟不是本人亲自实施，如前所述，这里一定会出现代表的利益和价值走样所形成的价值异化，这也是近现代的法治国家法治工程所显现出来的完美的不完美之处，一直是法治理想主义者孜孜不倦地努力修补的、一个女娲补天式的漏洞，或者一代代人接力要完成的、完美法治的最后一块拼图。当然，这个问题至今仍然没有得到解决，甚或是处于一种"按下葫芦浮起瓢"的常态中，但是，显而易见，人类应该看到的是，只要是职业代理或者职业代表的机制存在，这应该是一个不能解决的悖论。

同样的道理是，一定的社会悖论一定是存在于一定的技术条件和生产能力下的，悖论可能永远不会彻底解决，但是如前所介绍阐释的，智能法律技术的应用应该是解决这种悖论或者说进行悖论替换的现实条件。随着人类进入信息时代、计算时代、互联网时代，并已经踏入智能时代的大门，仅聚焦于法律的社会治理工程所受到的逐步加深的影响而言，相关方面无论是在量还是在质的方面，其所发生的变化都是史无前例的。首先体现的就是即时性和平面化的法律知识和信息的公开，由此发生了一系列的连锁反应和变化，接下来就是全体大众的法律知识经验和能力得到了普遍的提高，加上信息技术和智能技术的发展赋能，公众的法律知识和经验的实践能力获得了重要的保障条件，在如此情况下，在现实中已经展现出来的社会法律活动的景象上，无论是在立法、司法、执法，还是其他法律知识生产和应用的领域中，本书认为，由于以上的知识和能力的具备，通过合理的法律工程搭建和技术条件，社会公众完全可以相对有能力地参与到整个法律的生成和实践的过程之中。

二、智能社会法律工作的生产关系

一言以蔽之，与整个互联网和智能技术普遍的社会效应相一致，智能法律技术给人类的社会法律事业带来的最大变化就是法律知识运用能力的大众化，法律的运用开始从职业的代理实现向人人的直接自我实现演化，由此，在法律的公开发展历程中，可能实现了迄今为止最有价值的突破性的一步，法律在新的智能技术的赋能下，开始准备冲出职业化悖论性的陷阱和发展瓶颈，真正进入人人自我法律规则价值实现的状态与过程,人类在从法律的治理对象转为运用法律的主体历程上[1],进入了人类在法律规则上的解放这个征程的最后一公里。在这样的工作场景中,相较于传统,整个法律的生成和运行机制会发生深刻的改变,历时性的立法、执法、司法和用法的过程可能会转化为相对共时性的法律的生成和适用平台化即时性的机制,传统现象上的一部分人立法、一部分人执法、一部分人司法、一部分人用法的整个法律的生成和运行的逻辑过程与相互分工配合的关系和运行机制,在智能化法律的未来,可能不再是法律工程的显性现象和特征,其主要现象可能是所有的人在一种网络空间和智能平台机制上进行的智能化的法律逻辑推理和社会行动的模式。

如此,在整个法律领域的社会生产关系上,随着技术的迭代赋能,首先是公众可以比较广泛深入地直接参与到各种职业化的法律工作当中,并成为各种法律工作不可或缺的重要力量和元素,而且随着技术的迭代并出现更多的工具性的智能体替代职业工作者的现象时,在立法、司法、执法、法律服务等职业群体之间,在这些职业人与普通公众之间,传统的职业经验和专业区分所造成的功能区分和身份界分已经没有更多的价值和意义,这些传统意义上的工作会转化为大家共同需要面对的立法、司法、执法和用法上的问题。[2] 由此,在整个社会公众的层面,或者说如果是在既已去掉了职业化和专业化的色彩的条件下,每一个社会主体都可以较为平等地并能够直接参与到社会法律生成和运行的社会活动之中,在一定的属

---

[1] 如本书其他章节所阐述的,人类从启蒙时代到近现代已经开始了这种个体人在法律规则上的解放,即人人个体开始能够参与法律规则的生成和运行,只不过是需要职业代理的,有职业异化的瓶颈和束缚。

[2] 传统的社会分工导致这些问题是区分的工作技能和区分的领域中的问题,未来智能法律工作的场景下,这些技能更多应该体现为机器的技能,而问题可能表现为融汇在一起的状态,不再是不同工作领域和不同职业人群的问题。

性和意义上，每一个主体都可以更加有效地成为法律的制定者、生产者，同时也是法律的服务对象和受益者，传统的职业人之间的合作分工，职业群体和机构与公众之间的管理和被管理的关系不再是法律社会生产领域重要的关系构成和属性，这个领域和空间中更多的是在一个智能的法律规则平台和系统上的人人合作、互助和协商合约的关系，整个社会运行在行为和法律规则的一致性、共时性 ① 等方面的效益上将更为显著。

三、智能社会法律工程的经济基础与上层建筑

行文至此，本书已经对智能法律技术对于社会法律生产领域的生产关系的影响和改变做了梳理和总结，在生产关系、经济基础和上层建筑的关系维度上，根据它们相互作用关系上的理论，以下尝试在未来智能法律生产领域中，对智能技术在法律工程这一上层建筑的架构上所产生的影响进行进一步的探索和梳理。根据基础原理，以上所梳理的智能状态下的法律生产关系的总和与整体就是整个社会法律工程领域的经济基础，根据基础理论话语模式，这其中包括知识和信息归谁所有，主体在法律生产过程中的地位和关系，法律生产的成果和产品，比如信息和知识等如何分配，等等。那么在经济基础决定上层建筑的层面 ② 探讨未来法律工程意义上的上层建筑主要会涉及两个方面，一方面是传统思维框架中的内容，即法律系统内外运行社会主体关系的改变，其直接会影响法律运行机制的相关规则和制度的改变。对于这一方面，在传统的法学知识体系中指的是程

---

① 一致性指的是规则能够直接指导人的行为，否则会出现折扣、部分遵守、异化和价值偏离的状况；共时性指的是规则的生成和实施之间的时间差缩小了。

② 这里的上层建筑指的是整个法律运行从微观到宏观的整个工程机制和系统。简单地说，如果把经济基础比作路，这个上层建筑可以比作一部车，什么样的路决定能通行什么样的车。

序法、宪法、法律机构的组织法，法官、检察官以及律师等相关法律规定的内容会产生改变。这些内容的具体方面涉及的是治理而不是赋能角度下的问题，不作为本书重点探讨的内容。本书探讨的主要是内容是在这些法律治理上所界定的、智能技术应用的情况下所形成的各种新的法律生产关系是如何通过技术性的法律工程这一上层建筑的搭建来体现或者实现建构的，这一方面涉及的是宏观的法律工程运行的功能模块的设定以及相互之间关系的关联模式确定，另一方面也涉及每一个模块的微观具体的技术实现细节设计，当然还涉及人机之间协作关系的技术实现理念和路径等多个方面。

总之，这些生产关系以及构成的经济基础将在内容和技术理念方面决定上层建筑的搭建理念和路径以及具体方式选择①，比如，这其中包括在机器与人的结构关系定位上，相互间是辅助关系、协作关系、交互关系还是其他，等等，由此带来的在工具意义上的人与人的关系定位，比如是合作互助关系还是竞争关系，等等，如此则在具体技术上就决定了作为上层建筑的法律机器人和系统应该具有与人的交互技术和能力，比如通过人机交互获得信息进行人机协作决策，实际上是机器和人相互辅助完成任务，是基本的技术研发原则和路径，等等。总而言之，因为主体和核心的法律工作领域生产关系和经济基础的改变，以及以智能技术为基础所搭建的未来的人类法律工作机制和工作系统是一个全新的人类社会法律上层建筑工程，具有以上很多新的工程建设理念、原则和路径，如此，在它们的指导下，未来法律工程的建设会涉及很多的技术方式细节，具体内容本书会在后面相关的部分进行阐述。

---

① 与上层建筑反作用于经济基础和生产关系的理论并不矛盾，实际上这些生产关系恰恰是在这样的一些技术实践中形成的，但是一旦这些关系形成后，技术的再发展和迭代就要在积极的层面巩固这些关系。

第 二 篇

技术与工程意义上的法律

引　言

本篇内容的主要目的是在科学技术与社会工程的关系层面上来理解技术与法律的关系，既要探讨法律的技术属性，也要阐释技术的法律功效，如此为法律与包括人工智能在内的技术的结合提供技术研发上的基本原则和路径。

关于"结合"的理解。包括人工智能在内的技术下的法律整体就是相当于一个社会工程。本书这一部分主要是探讨作为社会工程的法律内容属性与内在逻辑以及和科学技术的关联关系，也就是法律作为一种社会工程或者社会工具，与同样作为一种客观存在的事物——技术的内在的、天然的、相互作用的、客观的关联关系。如此认知和深入理解，技术在法律上的应用和赋能必须要考虑到法律形式构成的客观要素、内容层次和结构、思维逻辑模式、法律功能法规的机制和策略，现实的法律运行的工程架构的客观存在以及暗含的相关原则，等等。需要说明的是：这个角度不是从生产力与生产关系、经济基础与上层建筑、技术与人的关系的角度，而是纯粹从技术与法律这两个客观事物的关系角度来探讨和考虑智能法律技术研发和智能法律工程搭建的原则和路径的。具体来说，主要思考和解决在智能法律工程的研发搭建的过程中，技术知识和价值以及法律知识和价值在整个工作中的作用和相互关系的处理，这对技术人、法律人以及相关的知识功能在整个工作中的定位有很大必要性，包括解决技术群体如何面对法律知识，以及法律专业群体如何面对技术知识并进行合作等方面的问题的思考和处理。

技术与法律的兼容性。技术与法律的结合，体现为两个方面，一是作为法律基础的技术的现实效应、能力和价值在法律上的实现；二是法律借助技术能力实现自己的价值目标以发挥自身的能力。从双方的能力和价值层面看，实际上法律人工智能技术和工程的搭建是两种知识的交叉结合，从社会行为意义上看，是基于一定社会价值目标的实现，两种知识经过互动、交流、竞争以及妥协，形成一种新的有效的价值实现方式、方案和机制。

实质上，法律人工智能的搭建，作为人类社会的社会行为实践，就是关于法律和人工智能两种认知知识的交叉结合。从基本的道理上来理解，两种事物的成功结合并生成一个独立的事物，无论从物理学、化学还是生命科学等学科的理念以及社会科学意义上来看，能结合的这两种事物一定具有相互兼容性①，就法律人工智能而言，与此相关的是，进行这样的工

---

① 指法律的技术属性和技术的法律属性。法律的技术属性主要是讲技术作为法律的基础、前提、性质以及特征等相关状况。关于技术的法律属性所指，如后文在三层法则内容上的相关论述，即法律起自于技术，反映技术的发展规律和本质，但是，在一定的时空中，法律具有自身的价值和属性上的独立性。这种独立性一方面主要是体现在法律规范的内容的规定上，指的是人类自身独立的、相对于人以外的物质世界的、一定时空条件下的价值定位和要求，比如当下的克隆人、基因编辑婴儿以及一系列的技术所能实现的，但是在一定的条件下是人类的法律或者相关规范所不能允许的状况，由此可以说，在这种意义上，技术的法律属性指的是，凡是允许开发的技术，应当是符合既有法律的价值判断和要求的。而另一方面，则体现在法律的运行上，当然，这也是本书重点要阐释介绍的方面，比如即时效率、准确公开公正、普惠便利等等这些法律的价值上的要求，但是，互联网、人工智能等技术，恰恰体现了法律这些特征性价值的要求，也就是本书主要应当探讨的技术的法律功效，即技术相对于法律作为一个独立的事物，技术相对于法律的或者从法律的角度来看对于既有法律的功能的实现能够发挥的功能、功效或者作用。如此，也就是说，要分析技术与法律二者在智能法律技术和工程搭建过程中的互动交流、互相为条件和基础、互相"迁就妥协"、互相促生的关系认识和原则以及规律的遵循。当然，有的技术工作者持有"法律公正不需要法律规则的规定就可以通过技术来实现"，这种观点显然是不对的，依据后文的三层法则的原理，只能说技术通过第一层、第二层规则的发现和遵循而导致第三层的法律规则的效益实现，或者改变或者失效，不能说技术可以替代法律规则。

作既要看到和理解法律的智能工程属性或者方面，也要看到包括人工智能在内的科学技术的法律工程方面的应用属性、价值和功能，如此才能将二者进行有机、有效的结合，产生并发挥二者本质性规定的价值和效应。因此，理解二者的关系和结合点，首先就要看清楚法律的技术层面和技术的法律层面，有必要从各自的视角，对对方做出属性和功能上的认知和解析。

第五章　法律规则的工程属性

关于法律是什么，古今中外有多种解释，当然有共识和定论，也有不尽的争议。取理论和常识的共识和交集，可以把法律理解为人类社会行为的规则。而从社会工程的角度，如果把法律理解为一个关于人类行为的社会规则生成和运行的社会工程，其应当具有理论和经验上的认知基础。[①]那么，如何从社会规则工程的角度来理解法律呢？

在微观层面上，法律规则是由具体的内容和形式构成的。在内容上，主要可以将其理解为主体人在一定的事物所代表的价值上应该做什么、不应该做什么，以及做和不做会怎么样；或者说其内容主要是表达主体人基于一定事物，在一定事实条件下相互之间发生的各种关系，这里面既有利益上的界定和谋求，也有价值上的认识和选择，在法学专业上可以理解为主体和客体、权利和义务的内容等。而无论法律规则具体都有哪些丰富的内容构成，在形式上都可以将以上这些内容理解为，它们都是以法律规则，包括成文的条文、不成文的各种形式来表述和传达着不同内容的各种信息。因此，在这个层面上，可以把法律规则理解为关于规定和指引人的行为、行动的方向、路线的信号和信息。而在宏观层面上，整个法律生成和运行的立法、用法、执法、司法、法律研究和法律实践等，就是关于这些规则信息的系统的社会信息工程。在法律规则的内容构成和载体的运行上，法律就是信息机

[①]　参见［美］罗斯科·庞德：《法律史解释》，邓正来译，中央编译出版社2002年版，第152页。

制和信息系统工程。①

第一节　微观上法律规则信息的形式和工程结构

首先在这里探讨分析法律规则在内容和形式上是如何进行工程机制设计的。概括来说，作为法律规则，无论是成文的还是不成文的，其基本的信息内容不外乎表达的是人能够、应该或者可以、如何、在什么情况下、在什么时候、在哪里、指向谁来做什么，以及做了之后有什么后果。而这些内容在形式上应该具有一定的表达和运行的工程设计与工程机制，包括规则的结构、功能和模块构成等。

一、法律规则与规范的工程结构

按照法学基本理论，法律规则是有着比较稳固的或者说是相对固定的"物理"工程结构和基本构造的，任何一个完整的法律规则由三要素，即假定条件、行为模式、法律后果三个部分构成。② 这里需要澄清的是，法律规则和法律条文不是等同的，一个法律规则可以由很多关联的法律条文组成。所说的假定条件，就是法律规则中有关适用该规则的条件和情况的部分，比如包括时间、地点、事件、行为、人物等各种法律上的人等行为

---

① 参见钱学森：《现代科学技术与法学研究和法制建设》，《政法论坛》1985 年第 3 期；杨宗科：《法律机制论：法哲学与法社会学研究》，西北大学出版社 2000 年版，第 151 页。

② 参见沈宗灵：《法理学》，高等教育出版社 1994 年版，第 36—37 页。可以结合后文的三层法则的认识，这个结构其实就是整个自然以及社会法则的构成结构，而不只是法律规则的构成结构。

主体做出行为的相关条件。所说的行为模式就是在法律规则中人等行为主体具体行为的方式，比如说有理论将其分为：权利模式或者授权模式，即可为模式（可以）；义务模式，即应为模式（应当、必须）；以及勿为模式（禁止、不得）；等等。所说的法律后果就是法律规则中规定人等行为主体在作出符合或不符合行为模式的要求时应承担相应的结果部分，分为肯定性后果与否定性后果。

二、法律关系的工程结构

如果把整个法律治理看作一个大的社会工程，那么法律的治理工程在微观上是通过法律关系设计和相关的工程构造来实现的，而以上规则的"物理"或者语言工程结构，实际上就是法律关系的规则化、规范化的形式上的表达和运行机制。那么，什么是法律关系以及相关的工程结构设计呢？从法律治理工程意义上理解，法律关系是指通过法律规范调整人的行为所形成的人与人之间具有法律上权利义务关联的社会关系。[1] 进一步理解，法律关系的实质是社会关系，是人和人等社会主体之间基于一定的价值实现，通过人的行为形成的相互之间的关系，当然，社会关系有很多种，比如伦理关系，政策关系等等，而法律关系的不同之处在于其是通过法律的规范确定并进行保障的社会关系，而且法律关系具有普遍存在性，有社会关系的领域，包括政治、经济、文化等，在不同程度上都涉及法律关系。因此，可以说，在社会治理工程的意义上，人类首先是通过发明法律规则、法律规范来全景架构和确定全领域社会关系，进而来实现整个社会行为和社会关系运行的工程构造，进而实现社会秩序和社会治理。

如此，在具体工程细节上，法律关系是通过什么的工程设计和构造

---

[1]　参见沈宗灵：《法理学》，高等教育出版社 1994 年版，第 372—378 页。

来确定并塑造社会主体之间的行为及其关系的呢？法律关系主要由三个要素来构成，即主体、客体和内容，其主要就是通过这三个要素的确定以及之间的关系的建立，确定整个社会主体的法律行为模式和关系模式，进而形成社会秩序。也就是说，法律关系设定的前提性的认识基础是，整个人类社会的场景不外乎可以被描述为，包括人在内的所有社会主体，基于一定的价值利益，形成了之间的行为互动，进而形成了各种交错交织的相互关系。

通俗地说，法律工程通过法律关系的机制，首先将这个世界进行了人和物、主体和客体的一种区分，然后在事物的价值和利益层面上，对事物的价值或者利益的实现进行了权利和义务的划分，进而在两种区分的基础上，对主体间相对客体所形成的行为模式、行为关系模式进行法律性质或者法律意义上，比如平等、公平、公正等价值要求以及国家强制力保障实施等方面的匹配和建构，从而形成了各种关联、链接、交织在一起的社会法律关系，并实现了对社会行为和关系的法律规制和治理。如果将法律关系作为一个工程系统或者整体模块来看待，那么主体、客体以及关系的内容都可以分别作为独立的模块来进行理解。

如此，法律关系的主体，就是这个场景中的人或者拟制的人。这些主体是有利益或者价值需求的，或者对于别人需要的价值和需求能够给予提供或者支持的。关于主体模块，简单地说，就是在一个社会或者国家的法律制度下，在各种纷繁复杂的法律构成、法律部门和法律体系中，到底什么可以成为这个社会的法律主体。实际上，法律的主体也不是一成不变的，有空间和时间的条件限制的，比如说，人也并不是绝对的主体，在历史上以及不同空间国家的制度中，人曾经就是客体，比如奴隶就是合法的买卖对象。而且人也并不是法律上唯一的主体，现在的公司企业单位就是拟制的法律主体，未来的智能机器人可能会成为新的法律主体。当然，不论是时下的人还是拟制主体，都有不同的权利能力和行为能力上的区分或者条件上的限制，等等，具体的细节这里不用详述，所要说明的是，在工程意义上，法律关系的主体也是一个相对固定独立的工程技术模块。

法律关系的客体就是一定事物，其承载着或者说本身就是一定的价值和利益，包括物体、身体、行为、精神产品等有形和无形的事物等。通常客体指的是权利和义务所指向的对象，客体就是主体权利人所需求的价值和利益的载体，同时也是主体义务人所承担义务和责任交付、给付的载体，实际上就是使权利和义务得以实现的现实存在。同样，并不是说这个世界上一切存在都能成为客体，客体的确定也是有时间、空间、价值认同、文化制度等多方面条件的。有新生事物往往就会产生新生的客体，比如当下的数据；如上文所述，奴隶社会的人曾经就是交易的对象，就是客体；比如非法行为、人体器官等，在有的时空制度或者条件下就是法律的客体；等等。因此，对于什么是有价值的、可以从中获取利益的、可以成为法律允许的行为对象的，在不同的法律部门、领域以及相关制度下是有着不同界定的。在工程意义上，法律关系的客体同样也是一套相对复杂、完整独立的工程模块。

法律关系的内容就是通常所说的法律上的权利和义务，一般说来权利的指向就是客体上的利益，义务就是相对应的利益实现的责任，但仅做这种表层简单的理解还不够，这种即是把权利理解为事物所具有或者相对于人的利益或者价值，但权利不只是利益或者价值[1]，是应当或者可以享有的价值或者利益，权利就是一定的主体对于一定的客体所可以或者应当享有的利益或者价值；而义务不只是责任，是相对于某种权利应当承担的责任，是一定的主体对于另外的主体的权利的成就应当承担的责任。实际上，法律上的责任或者责任指向，也是由利益和价值构成的，责任就是利

---

[1] 可以说，一谈到利益和价值，一定是相对于人或者主体说的，相对于人或者主体是利益和价值自有之意，但是"可以"或者"应当"的含义不是自有的。

益和价值的让渡和减损。从技术模块的角度来看，什么能够成为主体的利益和价值，什么是责任的形式或者采取什么样的利益或者价值减损才能成就权利上的价值或者承担了责任，实际上也是一个复杂的系统的建构。需要了解的是，在工程意义上，法律关系上的权利和义务无论在质和量上都是孪生的，从本质属性上，权利和义务是一个价值和利益的两面，二者应该是完全对应的关系，不应该有无权利的义务，也不应存在无义务的权利；从量上来看，应该是有多少权利就应该有多少义务，权利是以义务为保障的，义务是以权利为前提基础的。因此，在这个层面上，法律的工程机制、策略和方案，就是通过法律关系内容的模块，在一定的价值利益上区分性地形成孪生数量的权利和义务，如此形成主体之间围绕一定价值和利益的实现，形成交流互动的法律关系。

三、法律秩序工程：适法的秩序化机制与违法的秩序矫正机制

人类社会生活的内容是通过主体的行为形成的关系组成的有机体，可以说行为是社会的基本原子或者细胞，整个社会处处都是行为，无论是积极的还是消极的，作为的还是不作为的；关系是社会的组织网络，无处不存在关系，无论是主动建设的还是被动形成的。而整个社会作为主体行为和关系的合集，从社会秩序和法律治理的角度来看，一定有合法的行为和违法的行为，合法的关系与违法的关系，这些行为和关系之间既是整合的，也是冲突矛盾的。合法的行为和关系是使社会朝着一定价值基础上的秩序发展的，非法或者违法的行为和关系是使社会朝着相反价值指向的社会失序发展的。既然整个社会都是由行为和关系编制、构造和运行的，那么，法律的社会治理同样是通过合法行为矫治违法行为，通过合法关系矫治违法关系。

结合以上法律规则和法律关系的工程构造，法律治理工程通过肯定性

与否定性的法律行为规则以及适法性的法律关系和矫治性的法律关系的区分设计和关联匹配，在行为、关系所构成的社会中搭建了整个社会中浑然一体、自足自洽、往复循环、渐进发展、自我修复、整体平衡、自动运行的社会规则操作系统和治理工程。这种效应和效果既体现在规则的结构设计上，也体现在法律关系的种类构建上，还体现在法律规则和法律关系的关联关系上。

以上的效果体现在规则结构上，主要是通过一定行为模式基础上①肯定性的法律后果和否定性的法律后果区分设计来实现的。这里的否定和肯定都是通过一种价值评判基础上的权利给予和剥夺来实现的，比如：杀人者死，助人者奖。前者"死"就是否定性法律后果，而"奖"则是肯定性法律后果。那么同样的效果在法律关系上是如何体现的呢？同样以此为例，杀人者死，这里面包含着两层法律意义上关系的存在，一层合法或者适法的法律关系是每个人享有生命权，非经法定，任何人不得剥夺人的生命。这里的主体是每个人自己和其他人，客体是人的生命，内容是生命权的保护或者不能剥夺人的生命权的责任；另一层法律意义上的关系②是，如果"某人"非法剥夺了他人的生命权，那么"某人"与被剥夺生命的人形成了违法的法律上的关系；再一层法律关系是，那么"某人"破坏了社会公共秩序，国家有权处死"某人"。这里的主体是国家和"某人"，客体是社会公共秩序或者国家法益，内容是国家的法定权力和"某人"丧失生命的责任。同理，对"助人者奖"也可作出同样的分析，此处不再赘言。

对于以上三层法律意义上的关系，将法律关系与规则要素结构构成相关联，如果从法律规则肯定或者否定的行为模式的实质性的价值来看，第

---

① 见上文三种模式，授权式主要是把一定法律关系的主体的权利描述在规则中进行显性的强调，而相对主体的义务变成了隐含的，相反义务式和禁止式的是把主体的义务描述在规则中进行凸显强调，而相对主体的权利则变成了隐含的。

② 法律意义上的关系不等于是法律关系。

一种是价值上符合法律主张的价值的适法的关系，第二种是价值上法律反对的违法的关系，第三种则是符合法律规定的适法的关系。在工程的结构关系和机制上，法律关系的工程实际上是通过一个第三种的适法法律关系矫正了第二种违法的关系，即第三种法律关系相对于第一种法律关系而言则具有了矫正性的功能，从而强化和肯定了第一种法律上的关系。所以，由此可以看出，通过法律规则和法律关系的工程结构关系的设定，法律是一项极其科学、严谨、体系化的社会治理工程，通过无数个规则的相关联和对主体行为模式的价值肯定和否定，再基于环环相扣的、针对不同权益和责任的适法关系的关联设定，在适法、违法和矫正的社会运行中，使整个社会的行为和关系处于整个法律工程机制的架构之中，形成了一个法律所驾驭和控制的社会秩序。①

第二节 三层法则与法律规则的层次结构

一、法则与法律规则的层次结构概述

什么是法律规则的层次结构？法律规则的层次结构是指任何一个法律规则，作为人类社会的法则之一，实际上是包括法律元素在内的多种法则元素构成的结合体，这些法则的元素汇集融合到法律规则当中是有层次的，而且之间是有结构和逻辑关系的。认识和理解法律规则的这些元素构成层次结构，对于全面认识法律规则的属性特征、法律规则与技术的关系

---

① 实际上法律治理工程这样的设计和发明以及日臻细密和完善，可以说也是因为技术发展导致信息工程上的进步，即信息的工作的精细能力能够导致内容上区分的可能，从而导致了法律规则上权利、义务、责任的分配，主体和客体的变化等相关情况的变化。

以及法律运行工程的建设和发展具有重要意义。

什么是法则与法律规则，二者的关系是什么？通常认为，法律规则是一种法则，是人类社会中关于人与人之间的行为和关系的法则。也就是说，人类社会的人的行为和关系都是在这些准则、规律和规范的要求或者约束下进行的，人与人之间的行为和关系必须要遵守这些法则。什么叫作必须遵守？就是说，若想实现一定的目的和价值就得遵守相关的法律规范，不遵守这些规范就达不到这样的价值和目的，但同时就会形成另外不同的可能是相反的、负面的、消极的、达不到的现实和效果，在后者情况下，人类就进入了另外一套法律规范或者法则的体系，实际上等于不得不或者被动地遵守或者进入了另外一套法律规范体系，因此，"不得不"也是一种遵守。在此种意义上也可以说，行为就是法则，法则也就是行为，行为离不开法则。

当然，在人类的有限的经验和认知里，在人类社会所存在的这个世界上，法则不只是法律规则一种，至少在提法上就有很多种表述，宇宙法则、生命法则、自然法则、社会法则等；法则本身又有多重含义，可以指法度、规范、规则、规定、规律、准则、定理、定律、效应、现象、方法、办法等；法律自从进入人类的理论认知视野，就有规律、法则、方法、章法等含义。① 如此，需要思考的是，法则到底指的是什么，或者说什么是法则及其核心或者本质性规定，是不是可以将这些法则进行一定的归类，这些法则之间以及与法律法则，即法律规则是怎样的关系呢？或者说，从法律规则的角度如何来认识和理解这些法则呢？

虽然法则有多重表达和意思，那是因为所涉及的不同的人类认知领域、场景下的被描述的对象以及语言表达方式和人的表达习惯所导致，法则的核心和本质性的规定应当是规律、规范和方法。规律是自然界和社会

---

① 参见沈宗灵主编：《法学基础理论》，北京大学出版社1994年版，第24—26页。

诸现象之间必然、本质、稳定和反复出现的关联方式和关系，是事物之间的内在的必然联系，决定着事物发展的必然趋向，是客观的，不以人的意志为转移，有的时候将规律作为真理。规范就是规定的范式和标准，尤其是指事物之间相互作用或者人的行为以及行为形成的关系所遵守的标准、准则和范式。实际上规范一般都是相对人的行为和关系而言的，这些标准和准则就是由客观规律所衍生的要求，或者体现不以人的意志为转移的客观规律的具体要求。方法一般是指人为获得某种东西或达到某种目的而采取的手段与行为方式，而如果从最广泛的意义上来理解，可以理解为所有互动的事物之间在符合一定的规律和真理的情况下实现一定的状态所借助的条件和选择的路径等，比如人类所理解的生物本能的生长方式，等等。显然，通过以上的分析可以看出，在这些解析和理解当中，法则的核心和本质性的规定应该是"规律"，由此法则的核心的含义是"客观的不可改变的规律"，因此它必须作为行为或者事物之间进行互动的规范而被遵守，否则这种运动、行动互动的方法方式是不正确的，是违背规律的，因此是不能实现目的和价值的。

二、三层法则

（一）关于三层法则的概述

如上，法则就是规律，然而，就在人类所有限认知的这个宇宙中，就有不计其数的规律，其中所包括的法律是社会科学研究的对象，也是规律的体现[①]，那么，应当如何来认识理解和看待作为规律的这些法则，遵守

---

① 参见[法]孟德斯鸠：《论法的精神》，张雁深译，商务印书馆1961年版，第1—3页；[德]康德：《法的形而上学原理——权利的科学》，沈叔平译，商务印书馆1991年版，第38—39页；[英]韦恩·莫里森：《法理学——从古希腊到后现代》，李桂林、李清伟、侯健、郑云瑞译，武汉大学出版社2003年版，第303—304页。

法律与遵守其他的规律性的法则到底有无关系，如果有，那么是什么样的关系？显而易见，如上所述，按照不同的方式和标准，宇宙中人类社会所认知和熟悉的法则可以归结为很多类别，但是，按照法律规则视角以及法律工程构建的目标来剖析探索，可以将这些规则归结为三大种类来进行理解和认识，即物与物之间的法则（以下简称"物物法则"）、人与物之间的法则（以下简称"人物法则"）以及人与人之间的法则（以下简称"人人法则"），而法律规则实际上体现的就是这三种法则，或者说是三种法则相关要素构成的综合体。在法律规则中，这三种法则的相关要素是以一定的层次展现出来的，因此，也可将三种法则称为"三层法则"。

关于法律规则如此的认识来源于对法律规则本身的界定。在"人人法则"层次方面，如前所述，法律规则就是具有国家强制力保障实施的关于人与人之间行为和关系的规则或者法则，也就是说，法律规则就是规定人与人之间如何行为以及建立关系必须要遵守的法则，按照前文的基本的认识和理解，这种法则的遵守应当是符合人与人之间行为互动和关系建立的社会运行和发展规律的，这个规律应当是客观的不以个人意志为转移的，当然也是由国家的强力进行保障的，否则，社会上人的行为和社会关系就会出现混乱失序的状态。可以说，就法律规则体现的是"人人法则"这一方面和层次而言还是相对容易理解的。

那么，法律规则又是如何体现"人物法则"的呢？对于"人物法则"而言，简单地说，人与人之间之所以发生相互的行为并形成相应的社会关系，是因为世界上的事物①相对人而言具有价值，而人与人之间为了获取相关价值或者实现这样价值的合理有序的分配和保障而发生了相关的行为，形成了相关的关系，这在法律关系的定义和要素构成中已经详细阐述

―――――――――

① 如前所述，这种事物可以是有形的，也可以是无形的，包括物品、行为、精神产品、数据等，凡是对人类来说能够形成被认定的价值的都在此列，这样的事物也包括"工具"意义上的人。

和说明，即法律关系是社会主体间围绕着一定事物的价值即法律关系的客体所形成的权利义务关系。由此，这里所说的"人物法则"，指的是在人类社会的视角下，因为事物对人类的生命和存在有价值，因而产生的人对事物的行为以及这些行为所形成的人与事物之间的关系，而这些行为和关系必须遵守的法则就是人与物之间的法则，即"人物法则"。具体来说，这些法则所规定或者体现的是人对事物的应用以获取价值层面，比如，涉及到底什么东西对人有用，什么东西对人来说能够形成或者具有价值，人能够或者说可以用什么东西形成价值或者人能从什么样的事物上获取价值，等等。

那么，什么又是"物物法则"呢？按照上文的逻辑和话语模式，"物物法则"就是物与物 ① 之间相互作用并由此形成相互关系所遵循的基本规律性的法则。"物物法则"在法律规则中是如何体现的呢？可以说，在法律关系的结构里，"物物法则"大量体现在权利义务关系内容当中，比如说，权利义务内容中有大量的行为模式，这些行为模式一定是遵守现实世界事物的自然规律，这些事物一定是遵守自然规则所构成的，否则它们也无法形成主体行为所相对的价值而满足主体的需要。

如果用一个简单的例子来阐述这三种或者三个层次的法则元素在法律规则中的体现，大概的情况会是这样的，比如：（1）杯子能盛水和用杯子来盛水，这是"物物法则"的体现，这个行为体现的是对物理法则的遵守；（2）人用水解渴，这是生理价值需求法则的体现，人的行为是对人物价值法则的遵守；（3）张三租借李四的杯子来喝水，这是社会法律规则的体现，张三和李四的行为体现的是对"人人法则"的遵守。显而易见，如果以张三的行为为出发点，在这样的一个社会场景中，张三如果想要喝水，就必须要遵守由这三层法则所构成的法律规则，遵守了人人的法律规则实

---

① 这样的物也包括"物理"意义上的人。

际上也就遵守了三层意义的法则。

（二）法律规则的三层法则构成以及相互关系

1.法律规则的三层法则构成

需要补充说明的是，三层意义上的法则实际上也都属于人类科学技术和学科意义上的法则。物与物之间的规则是纯粹的物质属性和自然属性的，是依据自然科学来研究、发现和确定的。"物物法则"是自然科学技术所揭示和体现的、关于物与物之间关系的法则，构成了现在自然科学学科主要研究的内容。人与物之间的行为上的规则作用于人相对于物的行动，形成的是人与物之间的关系，这些行为和关系的基础是自然科学、人文学科对物、人以及物与人的关系所认识和界定的科学规律，人与这些物的相互作用的关系就是对这些规律或者叫作法则的遵循。"人物法则"是自然科学技术、人文学科所揭示和体现的关于人与事物之间关系的法则，内容关涉现实世界的事物对于人的物质和精神层面的各种影响和各种需求的满足等等，构成了现在自然科学学科和人文学科主要研究的内容。人与人之间的行为上的规则作用于人相对于人的行动，形成的是人与人之间的关系，这些行为和关系的基础是法律等社会科学对人类行为和关系所认识和界定的规律，人与人之间的运动和相互作用的关系即是对这些规律或者法则的遵循。"人人法则"是社会科学以及人文学科所揭示和体现的关于人与人之间关系的法则，构成了现在社会科学学科和人文学科主要研究的内容。

所以，从工程意义上来讲，法律的规则实际上是包含物物、人物和人人三个层次的法则，这三种法则的天然本性和内在的规定都是公开和传播，只有这样才能够存在、生长以至于发挥效用。法律规则中的"人人法则"一方面是要保障另外两种法则不断地持续存活和生产；另一方面也要以前两者为基础，在载体上、机制上以及能力上实现自身的传播和公开。

法律规则公开传播的程度和机制是以前两种法则现实发展的程度上的要求以及能提供的技术能力为基础的，关于这个内容，下文将详细进行阐述。而在人类社会中，在人、物以及它们相互关系的维度上，可以说人类社会的所有行为以及行为所形成的关系最终都可以归结为这三种行为和关系，因此它们所涉及的法则实际上在一定角度上涵盖了人类社会所能感受和认知的所有性质的法则。① 因此可以说，人类所认知的宇宙中的规则都以不同的形式和程度体现在法律规则中，法律规则实际上是人类社会的全景规则，在这种意义上来说，法律规则的社会工程，实际上就是整个人类世界的法则工程。

2.三层法则的结构关系

具体而言，在这个法则的工程结构上，三层法则实际上体现的是三个维度、三种关联、三种载体和对象之间的结构关系。第一是，在事物载体和对象上，在从物到物的维度上，所存在的物与物之间的关联，在法律关系上，指的应当就是物、行为、精神产品等客体在物理世界的一种客观存在，体现的是它们的一种客观的事物要素的"物质性"构成和所呈现出来的状态；第二是，在事物，即法律关系客体，相对于人所形成的价值载体和对象上，在从事物到个体人的维度上，所存在的人与事物的关联，在法律关系上，指的是客体相对于人等社会主体所体现出来的各种形式的价值，这里包含着人的主观认识和主观感受；第三是，在人相对于人基于事物的价值所生成的行为和相关的社会关系的载体和对象上，在从人到人，或者说从个体的人到群体的人的维度上，所存在的人与人因为事物的价值所形成的关联，在法律关系上，指的是主体间由权利和义务所构成的丰富的内容。由此可见，上文所说的"物物法则"构成了第一层面的物与物之

---

① 在"人人法则"层面，其实扩展开来看，其所包含的不只是法律规则，还包括伦理道德、政策等所有关于人与人之间的规则。

间关联的所必须遵守的客观规律要求；"人物法则"构成了人和事物之间进行关联必须要遵守的规则；"人人法则"构成了第三层面人与人之间因为事物的价值的运用所必须要遵守的规则。

具体来说这三种法则之间的关系是什么呢？显然，法律规则的这三层工程结构，在人类社会中，首先体现的是从物到人再到人的群体的一种关联体系，在载体和对象上体现的是以物为基础的价值呈现、人的价值获取和群体上的价值分享逻辑关系和过程，因此，如果说什么样的事物决定发生了什么样的来自人的价值认定和需求以及进而决定了发生什么样的人与人之间的关系，那么由此可以清晰看出，"物物法则"决定着"人物法则"以及双方共同决定着"人人法则"，或者说，由浅入深，"人人法则"是以"人物法则"和"物物法则"作为自身形成的前提和基础的。也就是说，人与人之间的行为和关系的形成，无疑是基于物与物以及人与物的关系，可以说人与人之间的关系，是两个以上的人相对于共同的物的价值、利益或者其他关联形成的关系，因此人与人之间的关系是以物与物、人与物之间的关系的规律和关系法则为基础的，不能违背物与物、人与物之间的关系法则，人与物之间的关系法则直接影响甚至是决定着人与人之间的关系法则。当然，也完全可以说"人人法则"对另外两种法则一定是有反向的影响意义的。

第三节　宏观上法律规则生成与运行的工程构造

一、宏观法律工程的运行环节构成

"徒法不足以自行"，法律规则形成了以后，一定还需要相应的机制才能够使法律运行并发挥期待的效能。同样，与法律规则的内容和形式的工程式建构同理，如果法律规则本身就是一种信息，那么，在规则的内容和形式的工程结构基础上，法律的生成、使用和运行机制实际上就是信息的制作、生成、传递以发挥效能的工程机制。实际上，法律作为信息的生成和运行的工程机制就是人们所熟悉的现在的国家制定法律规则、社会主体使用法律规则、政府执行法律规则、司法机关等运用法律规则审判案件解决纠纷等构成的社会法律工程系统。当今社会的立法、用法、执法和司法以及相关的附属工作就是信息工程意义上的、典型的整个社会宏观的法律生成和运行工程系统。

法律就是运用如上的方式，通过具有规则属性的信息的制定、生成、传播以及适用实施来对社会实现治理的系统工程。就整体机制而言，在长时间历史发展的一般规律表现上，法律工程的基本机制就是法律的定立、适用，然后再完善、再定立、再实施的循环往复的过程。当然，这个过程在具体工程上的呈现也是有时空条件的，即在不同的社会形态和不同的技术条件下，这种运行过程以及整个工程的模块构造、分工和工程模式是不同的。就现代人类社会的整个法律工程架构而言，法律或者规则的定立主要是立法机构的活动或者工作，而法律的实施或者适用被分为一般法律主体的用法活动、政府行政机构的执法活动以及法院等具有司法功能的机构的司法活动等。

在一般意义或者规律上，如上文所述，无论在具体规则内容和法律关系设定上，还是在整个法律运行上，法律是一个循环往复平衡运行的系统，具体来说是这样的一个机制理念，即在时下的社会形态中，在法律规则的运行上，这样的循环往复的平衡是通过立法、用法、执法、司法的功能区分以及法律制度和工程架构来实现的。这是一种现代意义上的法律工程架构，现代社会法律制度下的立法活动是由专门的立法机构按照专门设计工程运行程序来实施的，因此立法机构是一个专门专业的制定法律的组织，通常来说，这个机构应该是代表和反映民意的议事机构，或者叫作议会或者叫作人民代表大会，等等。各国立法机构都是由专业的职业群体，比如议员、人民代表和法律专家来组成的。在工程设计上，代表民意的议事立法机构的相关工作种类繁多，而这里面最重要、处在最核心位置的就是广泛征求民众意见，从而建设社会秩序规则的社会民意基础，进而在此基础上完成法律规则的制定和发布，使整个社会的行为和社会关系能够在价值和利益基础上做到有章可循。

立法机构在公共利益和价值基础上制定了法律规则，自然还要有规则的实施主体运行和实施法律规则，即法律适用或者公民、组织法人机构等的用法。法律适用或者用法应当是整个法律运行工程机制中的关键环节和根本目的，就是社会主体按照立法的价值定位和利益分配机制以及权利和义务的划分执行法律规则，达到个体上的价值和利益满足以及整体上的利益平衡，同时获得有序社会运行的效果。现实社会生活中，用法的工程环节也是有着自己独立的工程设计的，由于作为信息的法律规则是专业化的职业群体的工作成果，在规则的适用和实施上，实施主体往往需要借助专业的法律服务机制和法律服务人士以对规则进行准确的理解，获得对法律信息和知识的运用和适用能力，以保障更好的法律适用效果。因此，现实中所常见的律师的法律服务工作或者公司企业内部的法务工作也是用法工程的有机构造。

按照规则运行的基本的条件和逻辑目标来讲，规则的运行一定是落位到具体的社会行为和社会关系主体上，有了这样的一些利益和价值相关的主体来履行和实施规则即可。但是，现实的人类社会中，情况要较此更为复杂，在人类行为的规则工程机制中，正像法律规则不能自动制定和形成，同样也很难在社会中全部做到无偏差地自动运行和实施。可以看出，在法律工程的基本结构中，虽然法律规则的制定、实施和使用仍然是最核心的、最根本的效用环节和节点，但是在当下的人类社会中，法律的实施适用环节实际上是又要分解为用法、执法和司法几个部分来分工合作构成的。

在法律适用和实施上，就执法而言，顾名思义，执法的必要性存在于法律适用上的不能、偏差、不到位或者错误。具体来说，究其根本，基于人的趋利避害性，获得价值和利益的权利的规则总能获得主体的主动实施，而让渡价值和利益以承担责任和义务的规则往往需要为了公共秩序得以实现的强力的专门机构去实施实现，这就是保障法律规范得以实施的执法机构得以生成和存在的重要基础和根据。在现代社会法律制度的工程体系中，担当执法功能的机构主要是代表国家的政府及其组成机构，通常所说的政府相对于社会的管理和运行功能主要指的就是政府的执法功能。现代社会的政府同样是由大规模的专业化的公务人员组成来实现执法工作任务的。

如果把司法也作为法律适用上的一个构造或者机制，那么司法就是解决法律适用过程中，包括执法和用法过程中所产生的争议，从而明确何者对法律的理解和适用是符合法律的本意的工作。常说司法是社会正义的最后一道防线，的确，从整个法律工程机制设计上，司法工作实际上就是关于法律规则适用上的争议解决和违法矫正的一个功能分区和模块。如果从一次性单向的工程的程序流程上来看，可以说，司法也是整个社会法律运行工程最后一道环节[①]，通过终极意义上的纠偏等矫正工作，如上文所述，经过价值上的肯定和否定、给予与剥夺、环环相扣的法律关系的适用，使确定下来的法律规则能够保证正常的适用和实施。现代社会的国家中，司法工作同样是一项高度职业化的工作，虽然有些国家机构包括政府等，也存在一定的司法性质的工作，比如行政裁决，但是，从终极和权威的意义上来说，司法工作主要是由专门的机构和专业的人员，比如法院的法官来操作实现的，与立法工作、执法工作的情形相类似，司法工作在工程意义

[①]　当然，并不是所有的法律规则的运行都会经历这样的环节，另外，如果从循环性的流程来看，在逻辑上也不能说司法就是整个流程的最后或者最终环节。

上同样要设定不同权力层级和位阶的机构,需要遵循严格的工作程序和工作知识要求。

二、法律工程构成环节之间的关系

综上,时下运行中的现代社会,通过以上的立法、用法、执法和司法等环节和模块的构造与相关联,将作为信息的法律规则在整个社会生活中以工程运行的形式得以运转起来。就整个法律工程的运行机理而言,在表层上,整个工程的流程看似就是单向、单独的线性运动,即立法机构把规则制定出来,用法主体就去适用,执法机构来强行保障适用,以及如果出现争议由司法机构进行矫正和归正归序。当然以上表层的认识不能代表法律工程真正的信息运行机制,而在深层上,整个工程的信息运行则是各个环节和组成模块多向关联、相互作用、相互制约的循环运动。在此种意义上,从整个社会法律工程运行价值功能和效果上看,可以说真正的法律规则不再只是立法机构指定的文字性的信息,这个规则和信息倒是这些机构和模块交互操作后的整个工程的运行结果和状态,以及这种结果和状态在社会主体观念上的认识和理解。这一点认识对于整个法律工程的智能化工作非常重要,后文在智能工程搭建部分进行详细阐述。

首先来看法律工程上的各个环节之间的信息的相互交流和相互作用的关系。相对于法律规则信息的处理,在立法、执法和司法的关系上,立法机制制定或者确定了相关的法律规则和信息,就整个法律工程在社会体系上的功能定位来说,就是要求执法和司法机构按照规则信息的本意和价值在社会行为和社会关系上发挥作用,即立法制定的规则对整个执法和司法工作行为具有天然的结构性指导意义。但是,在工程结构上,执法和司法也不是被动消极地使用立法规则的信息内容,排除特定时空的制度性设计因素，客观来说，执法和司法也一定是要结合具体案件的事实情况来理解、解释和使用具体的法律；而且，执法和司法工作一定就具体法律规则适用的情况和信息反馈给立法机构，导致立法机构会适当对法律规则进行修订或者完善。就执法和司法而言，或者说从执法和司法方面来看，它们的工作和活动一定是遵照或者考虑到立法制定的规则和信息，但同时一定会在合理的范围内考虑自身工作面对的实际情况；而就执法和司法的相互关系而言，它们在进行各自的工作过程中，同样也要考虑到来自彼此方面对于立法规则的理解和认识以及以此为基础形成相关规则，否则，比如执法上会面临着司法败诉的风险，而司法则会面临结果无法在现实社会中落地、得到支持或者发挥效应。

以上是排除掉各国文化或者相关法律制度性的因素所形成的客观现象或者事实的一般理解和介绍，而如果从现代社会各个国家所确定的相关制度和法律文化来看，在不同程度上，各个国家和地区在私权利和公权力相区分的维度上，基本上通过立法权、执法权、司法权三权分设和相互制约的工程机制来实现法律规则信息的制定、生成和运行。① 比如，有的国家设定立法对行政的弹劾权，行政对立法的否决权，司法对立法的违宪审查权，行政对法官的推荐任免权；比如我国实现了三个机构分工负责和相互制约的机制和方式。由此可以看出，在整个法律工程机制的运行和操作下，实际上立法的规则，执法的依据或者结论，以及经过司法的理解后而作为裁判依据的规则，都是所说的现实中的法律规则和信息的一种形式。也就是说现实中的法律规则和信息不是唯一的，或者说，现实中的规则是在现实中经过工程机制的运作而动态地存在的，而且这些法律规则信息，都不是立法、执法和司法工作或者活动独立作出的，而是在整个工程机制

---

① 参见 [英] 洛克：《政府论》（下篇），叶启芳、瞿菊农译，商务印书馆 1964 年版，第 89—91 页。

上由各个环节相互制约和交互合作甚至在一定的价值和利益基础上动态博弈作出的。

那么，问题是为什么要进行这样模式的法律运行工程的搭建，关于现实的技术等社会物质基础的条件限制和相关因素暂且不论①，后面行文将进行详细的分析，这里首先分析社会用法的因素，也就是从用法与立法、执法以及司法的关系来分析一下采用这种工程模式的相关理由。如果相对简单地按照前文的整个法律生成和运行的工程结构来看，社会用法，这里主要指的是公民和社会主体在日常的生产生活中对法律的适用，与另外三个环节实质性上没有太大的不同，其也是法律生成和运行的一个功能性环节。然而，从深层次来看，依据近现代的政治法律思想认识和界定，另外三者与用法在价值利益以及相对于法律适用的能力上是有着很大的实质性的不同的，比如在公权力和私权利的维度上，三者代表和行使的都是公共权力的活动，而用法则是公民等社会主体的个体性和私领域的权利和行为。同样依据这样的理论，在现代国家的社会生活中，公权力的价值和利益要以私权利为基础或者说就是为实现私权利的价值和利益而设定的，而私权利的主体公民等社会主体对于法律适用的能力是无法与代表国家三个法律机构的能力相抗衡的。于是，在整个法律生成和运行工程上，法律适用除了作为同样的法律工程上的功能环节，即通过直接向立法机构提供立法和修法的建议，或者选举议员和人大代表，相对于执法机构进行的听证和上访活动，相对于司法机构进行的上诉活动等，与立法、执法以及司法进行相关的信息交互、表达和制约以体现自身的法律运行和实施上的功能和力量以外，整个法律工程主要还是通过实施公权力上的立法、执法和司法分工和相互制衡，来减弱代表公权力的三个环节相对于用法环节的强大

---

① 技术能力的现状导致必须相互制约、分工和合作的思路。主要因为不同机构各自信息的处理而有了各自的权力，但是以此却形成了不同机构自身的权力和统治。

能力，以此解决能力上的不平衡问题。因此，如果从整个法律生成和运行的工程来看，或者说把立法、用法、执法和司法四个环节放到一起来看，作为一种平衡或者制衡的机制，整个法律工程是通过代表公权力三个环节或者机构之间的一次平衡以及三者与用法上公私或者国家与公民之间的二次平衡，才最终实现了法律规则运行和相关的价值目标。①

更加深入地理解，实际上以上的工程模式设计也体现了社会分工和职业化的社会现实基础，如上文所介绍的，时下法律工作是以专门的知识信息为基础，要由专门的国家和社会组织机构以及专业的职业群体来操作的。这里面国家与公民之间的以及立法、执法和司法三者之间的平衡，也体现和揭示的是法律的职业群体和非职业群体，即社会公众之间，在运用法律知识所形成的权力和权利上的平衡。具体说来，首先由于公共领域中的法律事务就是不同于社会公民等法律主体个体的事务，就要有专门的分工形成的立法、执法以及司法等机构来操作，这样操作依据和形成的一定是专门的知识和信息，因此，到目前为止，法律在社会上仍然是一种专业知识的状态，仍然是一种专业性的信息，或者说运用适用法律信息仍然需要一种专业的能力，这种能力并不像呼吸空气一样随时随地触手可及的，不是常人所容易获得的。

因此，社会分工的必要性导致了专业知识和职业的必要性，但是，知识和职业既是权力和权利的实现能力，也是二者的成因，也就是说，社会分工所形成的专门的知识和职业，一方面是可以帮助社会个体以及整个社会法律规则相关知识和信息价值得以实现，但是，另一方面，在专业知识和信息的运行上，如果基于不正当的价值和利益追求，由此形成的职业群

---

① 三权分立是公权分立为立法、执法、司法，其实包括用法的情况下则是四权即立法权、执法权、司法权和用法权，如果只强调三权分立而忘记了用法权，就会导致三权公权范围内的职业权力脱离民权的基础，所以，实际上不只是三权分立的状况，而是四权平衡循环的状态。

体具有的权力也会形成对社会个体权利的损害，导致整个法律规则价值的偏离或者不能实现，也就是说，职业具有积极价值，也同时会产生消极负面的影响。于是，为了通过法律适用以实现法律的价值，消除掉法律职业群体和用法群体因为法律专业知识和信息所掌握的情况和使用能力上的落差所造成的问题，尽量避免专业知识和信息以及法律职业本身的价值异化，在机制设计和实际运行上，整个法律生成和运行的工程也便在不同的法律职业群体之间进行了相对不同的伦理价值区分和功能定位，比如对立法、执法、司法以及法律服务上的工作人员进行不同使命、伦理和价值上的定位。由此，结合整个法律生成和运行工作流程上的环节区分和功能定位，也就形成了不同部门和不同群体间合作和制衡的状态和效果，以此从整体工程上保证法律在社会生活中正当的价值适用和功能运行。

第六章　法律思维工程与运行机制

第一节　法律思维工程的构成要素与关联关系

一、概述

法律工作或者法律活动同样是心理认识加外在行为的社会活动，其有很多形式上的表征，除了外在法律行为独特表征以外，而能体现出法律工作比较典型特征的则是其在思维层面上所体现出的独特的法律思维结构和运行机制。简单地说，法律思维机制就是围绕法律规范、案件事实和相关结论这三个要素所形成的逻辑推理过程，法律的思维活动实际上就是以这样的推理形式所进行的认知活动。

如果从工程意义上来看，整个法律工程应该体现为法律人的思维工程和行动关系工程，后者就是本书所阐述的由立法、用法、执法和司法所构成的法律社会生成和运行工程。这里主要来分析阐释法律人的思维工程，在一定的意义上来讲，思维工程是行动关系工程的基础，行动关系工程是思维工程的行为外化和行动体现。

具体来说，作为一种工程意义上的法律思维结构和运行机制，实际上工程构造和搭建的是整个社会法律生成和运行工程的信息处理的大脑，这种大脑式的思维模式应用于每一个法律工作者或者法律行为，并为所有人认同共享，同时也应用于立法、用法、执法和司法等整个法律生成和运行环节，是所有法律人和法律工作对法律规则以及相关的知识信息进行生成、加工和运行的共同共通的思维机制和模式结构。下文具体来分析阐释一下这个思维的工程构成和相关机制。

二、法律思维工程的构成要素

法律思维工程的构成要素就是法律人所熟知的法律规范、"案件"事实以及案件的结论。关于法律规范的要素和构成等部分相关的理解已经在前文进行过阐释，而在法律工程的意义上，法律规范应当理解为所有社会行为和社会关系的依据，或者形象地说是行为的道路、方法，是关系结成的基本纲领和纹理脉络；关于"案件"的事实，指的是在社会生产生活中在规则的基础上已经发生的行为、走出的脚印和已经形成的关系；关于"案件"的结论，指的是根据法律规范来衡量和确定这种已经发生的行为和关系是否符合法律规范的规定，以及符合法律规范的哪种规定，包括适法的状况和违法的状况。

在整个法律思维工程上，以上三个要素是存在着紧密的关联关系的，如此才能够形成一定的结构和运行机制。那么，这三个要素的关系是怎样的呢？如果法律在设计考量上是一种价值评判机制，从三者同质性的关联的角度来看，围绕着事实与规范之间的关联，实际上可以把规范理解为应然的事实，把事实理解为实然的规范，即规范的事实状况，把结论理解为对现实的规范评价以及所形成的规范的现实效果。在这个角度下，法律规范实际上是对现实中存在的人的行为和关系在一定价值基础上的预设，法律规范就是通过这种预先设定的行为和关系模式等事实对整个社会进行一定或者一系列价值基础上的建构、要求及管控，要求社会现实中发生的行为和关系都要符合这些法定的事实，否则将通过强制发生的一种事实和关系进行矫正。同样在这样的角度下，事实就是事实，但也是实然的规范，也就是各种规范在现实中显现的状况，包括有的符合应然的规范，有的不符合应然的积极规范而符合消极规范；而结论便是这两种不同状态下的"规范"和"事实"，在最后的判定上，使规范和现实进行最后的沟通和交流，在价值上形成行为和关系上的互动和评定。法律就是通过这种应然的规范与现实的行为和关系的价值矛盾的处理调整着社会秩序，并通过行为和关系的建立和调整推动着社会向前发展。

三、构成要素的关联机制

如此，那么这种评价和价值矛盾处理的工程机制是怎样的呢？这个工程机制实际上是以这些要素的构成结构为前提和基础的，在主体构成上，这个结构在属性上就是由法律、事实和结论三个要素所建构的演绎逻辑推理结构。例如：杀人者死，A 杀人，A 死。这里"杀人者死"是现有已经确定的法律规范，是这个逻辑结构的大前提；"A 杀人"是现有已经发生的事实，是小前提；"A 死"是已经发生的事实在既有的规范衡量和评判下所产生的结论。由此可见，在工程意义上，评价和处理现实发生的问题和纠纷的机制，在整个法律思维当中，在根本的实质意义上，无非就是进行这样三段论式的逻辑推理。这里需要进一步澄清的是，这种逻辑推理表面上看似简单，但在深层次上也是一个复杂的社会工程系统。首先，这种逻辑不只是形式逻辑，也包括辩证逻辑；其次，这种逻辑主体结构上是演绎逻辑，具体运行环节上是归纳和演绎的杂糅和衔接；最后，虽然都是相似的逻辑结构和运行方式，但是在整个法律工程的不同法律工作或者法律工程环节上，比如在立法与法律适用的环节上，各自环节中的三个要素在逻辑结构中所处的位置和工作目标性质是不同的。

第二节 法律思维工程的逻辑机制

一、三种法律思维逻辑的构成

对于与科学技术手段相结合，构建智能化的法律思维和法律大脑，认识法律思维逻辑推理的构成、属性、模式和机制具有基础性意义，如此才能真正了解智能法律思维所需要的技术能力、技术要素、技术路径以及所需要达到的效果和状态，从而实现法律智能的可知、可控与可信赖而最终能用。法律推理主要有三种形式，即演绎推理、归纳推理和辩证推理，前两种是形式推理，后一种是实质推理[①]，常常体现为类比的形式。与现实世界中所有的认知机制相似或者相同，法律思维的逻辑结构虽然从整体和主体上是一个演绎的逻辑构成和推理过程，但在现实的工作当中，归纳的逻辑形式和过程也发挥着重要的作用，可以说，归纳逻辑是多个演绎逻辑空白地带的衔接点和转换器。在现实的工作中，归纳逻辑主要应用于小前提即法律事实的形成和构建，比如，接续上面的举例来说，如何来确定 A 杀了人。

如果要确定 A 杀了人，那么首先要确定什么情况算是杀了人，也就是要明晰法律上杀人的构成要件。关于杀人的构成要件，往往既要符合常理性的认识，也会有地方性的不同的制度性规定。也就是说，不同地方性的法律制度对什么算是这里意义上的杀人规定是不同的，比如四要件说认为，主观上有杀人的故意，客观上是实施杀人的行为并杀死了人，主体是 A，客体是死者的生命和国家的社会公共秩序。如果 A 的行为具备了这四个方面的条件，那么就可以肯定地说 A 杀了人。在这个层面上，仍然看

---

① 参见张骐：《法律推理与法律制度》，山东人民出版社 2003 年版，第 38—54 页。

到的是一个演绎的逻辑结构。如此，归纳逻辑推理的功能空间在什么样的地方呢？实际上在真正的案件办理操作中，可以说在这个演绎逻辑的小前提中，对于A所要具备的四个要件，其中每一个要件的证成又需要一个一般性的演绎，比如：A有杀人的故意的证成就要对"什么是杀人故意"进行一般性的确认，然后又要证明A的主观状态是否符合这样一般性的原则，显而易见，严丝合缝来说，如果这样进行下去，实际上每一个逻辑推理的小前提都需要通过无数个演绎逻辑进行确认，而现实中这样的演绎过程会成为无穷无尽没有终点的状态。

那么，演绎的逻辑什么时候能够收敛关门？从法律工作的经验上来看，演绎逻辑的停止就意味着小前提的证成，无论在哪个环节上，只要是小前提一旦证成，那么整个演绎的逻辑推理即告结束并获得了证成的结论。比如就上述例子来说，逻辑推理的目标可能是A杀了人，或者说A没有杀人，或者A是否杀人为存疑的状态。然而，在法律工作上，需要特别注意的是，这种推理所要证明的小前提不是正在实时直播的事实进行时，也不是尚未发生的事实，而是已经发生的事实。而对于已经发生的事实，无论在经验上还是在逻辑上，共识性的认知是，所有的工作都是无法真正的复原，只能是基于发生的事情留下的一切信息，对真实的情况进行尽可能接近于事实的猜测和推断，这些信息就是我们常说的证据材料。而如果要用证据材料来对过去的事实进行判断，而且使判断的结果最终能够被社会认可和接受，在当前的人类社会，所依靠的是两个方面因素形成合力才能够实现，其一是科学知识上的认知，其二是社会意识上的认同，只有社会主体认同了科学认知的结果，那么这样的事实的还原或者证明才有了结论。

接下来需要详细分析什么是科学与常识的认知和社会上的认同，现实中科学与常识上的认知是如何实现社会认同的？科学的认知，就是以既有的科学技术所掌握的规律对既已发生的法律上的事实进行复原，并对复原后的结果进行判断。比如，针对"A 杀了人"根据事实进行科学判断，如果相关的事实包括：

A 买了刀；

被害人的尸体留下的刀口与 A 买的刀的口径基本一致；

被害人的房间留有与 A 同样的刀并有 A 的指纹；

被害人的指甲里有 A 的皮肤屑；

A 一直有暴力倾向，曾经因为暴力犯罪入过狱；

A 与被害人有仇并扬言要报复被害人；

案发当天，有人看见 A 怒气冲冲来到了被害人的住所，与被害人大吵并发生了扭打；

案发后 A 逃离了当地，后被警方抓捕，但否认杀了被害人。

那么，以上的信息在科学与常识性的认知上是怎样的情况？相关的效果是怎样的呢？就科学性认知而言，比较能够体现科学认知能力的是刀口、指纹、皮肤屑 DNA，这些科学技术能够准确地对以上相关信息进行肯定性的确认，确定以上相关的事实都属于 A 的行为后果为真。就常识性认知 [1] 而言，A 的暴力性格、与被害人的恩怨、报复的打算、当天来到案发现场与被害人吵架和扭打、案发后的逃离，这些信息依据普通人的常识，完全能够从动机、性格习惯、行为的时空和机会等方面说明 A 具有极大的作案的可能性。

然而，根据以上的事实信息，我们是否就可以断定是 A 杀了被害人呢？如果依据演绎逻辑模式进行推理，可以说，没有一个信息会符合这个演绎逻辑的大前提，即杀人犯罪的四个构成要件。而且通过把所有的信息进行加总，也不能直接形成 A 具有杀人犯罪的四个构成要件。显然，在这种情况下，纯粹的演绎逻辑模式是无法有效完成工作的，或者

---

[1] 在社会科学的视角下，其实这些方面的现象也是有科学基础的。

说纯粹的演绎逻辑模式是无法对 A 是否杀了人形成确定的结论的。但是，现实的社会法律运行中，这种情况完全可以形成两种结论，一是对 A 是否杀了人的事实无法判定，出现了存疑的状态，即没有结论的结论；二是判定 A 杀了人。对于结论一而言，可以说这是完全遵照了演绎推理的逻辑模式并认同了这样的结论；而对于结论二而言，显然是没有将演绎逻辑贯彻到底，因为如前所述，如果贯彻到底，完全按照演绎逻辑，或许在现实的信息比较充分的情况下，能够使依据信息"恢复的现实"更加接近于真实的现实，但即便如此，理论和经验上无论怎么样也无法真正还原现实。司法工作上，那么，形成结论二的相关因素和机制是什么呢？本书认为，是演绎逻辑再加上归纳逻辑和辩证逻辑基础上的社会认同。

什么是归纳逻辑？相关的定义和理解的共识是，所谓归纳逻辑是指人们以一系列经验判断或知识储备为依据，寻找出其遵循的基本规律或共同规律，并假设同类事物中的其他事物也遵循这些规律，从而将这些规律作为预测同类其他事物的基本原理的一种认知方法。[①] 归纳逻辑在一般的逻辑教科书上通常被定义为：从特殊到一般的逻辑推理，也常被称为一种或然性推理，或扩展性推理。什么是辩证逻辑或者辩证思维？辩证思维是反映和符合客观事物辩证发展过程及其规律性的思维，是对客观辩证法和认识过程辩证法一定程度上的认识和运用。辩证思维的特点是从对象的内在矛盾的运动变化中，从其各个方面的相互联系中进行考察，以便从整体上、本质上完整地认识对象。辩证思维运用逻辑范畴及其体系来把握具体真理。辩证思维既不同于那种将对象看作静止的、孤立的形而上学思维，也不同于那种把思维形式看作是既成的、确定的

---

① 参见百度百科（https://baike.baidu.com/item/% E5% BD% 92% E7% BA% B3% E9% 80% BB% E8% BE% 91/6277029），最后访问时间：2023 年 2 月 1 日。

形式逻辑思维。它是辩证逻辑研究的对象。[①] 按照通常的理解，所谓的归纳逻辑，就是说，到目前为止，人类看到过的每一只天鹅都是白色的，所以得出的结论是：所有的天鹅都是白色的，就是从一些个别的天鹅归纳出整体所有的天鹅都是白色的；而通常所说的辩证逻辑就是运用辩证的思维，即不要孤立地、片面地、静止地，而是要全面地、联系地、发展地看待问题或者作出结论。

相对于上文所述的法律案例而言，归纳逻辑运用的效果是，根据以往经常发生的经验，如果一个案件中的凶手具备以上诸多条件中的一个，比如：刀上有 A 的指纹，或者多个，比如：刀上有 A 的指纹，A 说过要报复，A 到了现场与被害人发生争执并扭打，或者全部，那么这个人肯定是杀人犯而无一例外，在这种情况下，完全可以推导出 A 肯定就是杀人犯了。同样对于这个案例，辩证的逻辑和思维的模式是，要全面地、联系地、发展地看待这个问题，比如，A 是否杀人这个事实要从所示的事实材料来看，不能单独看某一个方面，无论是买刀、到现场扭打，以及有仇扬言报复等等，单独看起来都没有足够的证明力进行证明，但是，如果把这些事实联系到一起，就会呈现 A 有杀人的动机，而且实施了犯罪工具的准备，还持刀到了现场并与被害人发生了冲突，而且从发展的维度上看，A 曾经实施过犯罪，并且到犯罪时没有表现出来任何社会改造的效果，无论从客观的 A 的行为犯罪倾向，还是主观上的犯罪的可能性，以及社会对这种行为的心理接受程度和价值评价看，在整个社会心理认知和感受上，判定 A 实施了犯罪也符合事实的情况，或者说具有极大的现实可能性。

---

① 参见百度百科（https://baike.baidu.com/item/% E8% BE% A9% E8% AF% 81% E6% 80% 9D% E7% BB% B4/2571331?fromModule=search-result_lemma），最后访问时间：2023 年 2 月 1 日。

二、三种逻辑的运行机制

那么，在这种情况下，现实中所发生的类似案件是否完全就是运用以上的三种逻辑推理方式并形成相关的结果呢？当然不是，以上案例中的事实构成，无论是基于演绎、归纳还是辩证三种逻辑上的任何一种推理，或许都可能得出相反的结论。如此，那么现实中的关于认识的结论是怎么形成的呢？首先来看什么是认识的结论，其可以从认识、认知和认同三个词的区分开始。认识是对事物进行理解和识别；认知是经过认识行为后，理解和识别了事物所得出的可能的结论；认同是对这个结论的同意。显然，三者不能画等号，认识不一定获得认知，认知了无论对于个体还是群体而言不一定能够获得认同。而在以上法律案例中所说的认识的结论，一定指的是从个体到群体的认同，应当涵盖了认识和认知层面上的工作和相关成果。从这个意义上说，在社会行为上，实际上认识和认知是认同的基础条件和基本能力，认同是以上两者的结果和目标。

因此，在法律工作或者活动这样的社会群体活动中，如果想获得对案件的结论等事物的各个方面的判断上的认同，首先一定使得出结论的认知在基础条件和基本能力方面获得合理的保障。本书认为，作为认识和认知的基础条件是关于案件事实的所有信息，当然也包括法律规则信息，因为有了相关的信息，才获得了认识的对象、目标和目的，基本能力或者说是基本工具指的就是演绎、归纳和辩证三种推理思维方式，有了这三种基本的方式才能对相关的信息和材料进行工程的架构、对信息进行角色上的分工以及形成进行思维运转的运行机制。但是，如前所述，即便是有了这个方面的保障，还不足以形成对现实结论的认同。如果要形成对现实结论的认同，尤其是群体的认同，还有一个必要的条件，就是让接受者能够真的相信这是真的。那么什么是"接受者真的相信这是真的"？本书认为，其指的就是在一定的科技发展水平和社会生活的状态下，由于认知水平和能力的有限性，在一定的阶段，在一定的群体里，基于现实的经验和判断，群体完全、当然不可置疑地接受一些结论就是正确的这样一种认知状态，在这里本书姑且称为认知水平的真理标准①，这个标准则随着认知主体的状况和人类认知的发展而不断进行更优的调整和变化。

因此，可以尝试做出这样的理解，对于由认识、认知和认同三个环节或者三个方面所构成的思维判断活动而言，在面对法律的事务和事件对象上，其实际上是三种逻辑思维模式和认识工具在一定的认知水平背景下进行的互动、结合以及能力上的平衡活动。什么是能力的平衡活动呢？本书认为，这三种能力的平衡活动首先指的是在一定的认知水平的条件下，每一种推理都要穷尽到认知水平的极限，在认知水平的程度限定内认识不能存疑或者认知结果具有明显的争议或者说是模棱两可②，也就是经过推理后，所得出的结论要么就是肯定的，要么就是否定的，要不就是在这种逻辑方式和眼前的认知程度上是确定不下来的，不能存在逻辑推理形式上未完成和不彻底的地方。具体仍然以上面的例子为话语空间进行阐述。

---

① 关于真理的相对性和"真理就是你懒得往下思考的地方"。可以说，一定阶段的认知水平，恰恰就是这个阶段三种逻辑的能力的展示，或者说就是这种思维方式的结果。在这里，作为能力和工具的三种逻辑主要是从工具的功能性，即三种逻辑思维形式上属于不同的工具功能来进行使用的，不涉及人类认知历史上所形成的发展变化中的各种事物之间是否有关联关系以及如何关联的这些内容。虽然三种逻辑工具是发展演化来的，但是人类通过这些认知工具和方式也积累了越来越多的经验、"真理"等丰富的知识，这些知识也不只是现实中通过三种工具获得的，而是经过漫长的岁月积累的，所以，这里所说的"认知水平真理标准"，是面对一些需要认知的对象和目标，既有认知成果的综合情况表现。而且还要明确的是：这里的认知不只是纯粹科学上的认知，还包括基于宗教、信仰、习惯和风俗所形成的认知。所以，以上所说的认知水平以及相关的真理标准实际上包括这些方面的综合情况或者状态，而不只是说科技是否发达。当然科技水平直接或者间接地会对这样的认知和认同发生改变。

② 这里的模棱两可指的是逻辑形式上的不确定导致的模棱两可，不是推导出来的结论具有模棱两可状况，或者说在既有的认知水平上，这种推理存在着推理形式不完备的情况。

如前所述，本书认为，演绎推理仍然是法律认知的主体思维结构和具体方式，这在上个例子当中，无论是推导"杀人者死"还是求证"A 杀人"，从开始到最后，从大到小，在法律的思维认识活动过程中，从根本上是在寻找和应用演绎式的思维推理结构进行论证。但是，当现实中遇到以上的情况时，即有大量的证据材料和信息，但就是没有一个属于直接证据的情况下，如此是否就能够确定 A 杀了人呢？显然，在一定的认知水平上，如证据科学发展水平和状态下，比如就拿当下的对相关犯罪行为的认知水平和认知状态来说，包括对大前提的制度性规定、一般的犯罪行为模式、经验上的犯罪现象以及因果关系等方面的认识和理解，当下正常的司法领域工作按照演绎逻辑推理，基本上不会认为如此就可以确定是 A 杀了人。于是，在这种情况下，就要看看归纳逻辑和辩证逻辑推理在既有认知水平下的状况，能否会对 A 是否杀了人进行合理和不同的推导，从而得出不同的判断结论，或者说要看看这两种逻辑能否在现实的条件下对现存的这些信息进行有效推导认知。那么，为什么要这样做呢？显而易见，在法律领域，归纳逻辑、辩证逻辑与演绎逻辑同样是现实有效的思维模式，如果在既有的认识认知领域中没有穷尽任何一种逻辑思维模式的能力和效应，那么现实工作上的这样的对事实的分析和推导是未尽的和不成功的，也就是说，在演绎已经穷尽自身的推理的时候，仍然要看另外两者是否能够就呈现出来的证据素材继续推导出或者排除可接受的现实结论。

因此，如果把这个案件事实放在不同的历史时空或者认知水平下来看，会发现很多认识得出的结论都不是那么的当然成立。比如说，如果将这个案子放到现当今来看，按照现代社会法律工作的认知水平和真理标准来看，根据以上相关事实进行的演绎逻辑的推理基本上就可以确定这个案子的结论，即不能确定 A 杀了人，A 无罪。不但如此，归纳逻辑和辩证逻辑在这里虽然有，但应该不会有太大的空间呈现推导出 A 杀了人并有罪获死刑或者其他合理的结论。那么，为什么会这样呢，或者这种结果发生的条件和机理是怎样的呢？本书认为，首先，这里不仅因为在科学技术为基础的认知能力上，人们不再认为这些事实材料放到一起就完全可以证明 A 杀了人，因为这里没有一个证据可以让人确信无疑地认为就是 A 实施了杀死受害人的行为，而从相反的方向来看，也实在不能排除会有其他人杀害了受害人。

除此之外，社会性的因素，或者也可以同样说是科学的因素，在近现代使人类知道了人权，知道了人权的存在和重要的价值位阶。由此，在人类社会形成的新的科学认知是，要尊重犯罪嫌疑人的人权，在没有足够的证据进行证明的情况下，应当遵循疑罪从无的原则，不能变相地给犯罪嫌疑人进行"过度"定罪。因此，在这种新的认知水平、认知状态下，可以说归纳和辩证的逻辑推理虽仍然有在思维上运行和运用的情况，但在这种情况下已经不可能施展开具有公共意义上的推理空间并得出获得社会认同的相关结论。

如果我们把这个案件事实的时空坐标进行一次调整，调整到古代封建社会，那根据对史料的了解，在这个时间段上，现实社会的法律推理应当完全是另外的一种景象和另外的不同的结果。首先，即便是留下了指纹和 DNA 应当也没有什么用处，基本上按照这样的事实，通过演绎、归纳和辩证三种推理模式，就可以断定 A 杀了人，并应当将 A 处以死刑。对此，同样也会提出"为什么"的问题，本书认为，这里的答案与上文情况的答案所遵循的道理和逻辑应该完全是相同的，即在现代社会的状况下，虽然三种逻辑模式在形成案件法律结论上所起的作用和方向可能会有所不同，但是，它们在现有的认知水平和状态下穷尽了推理空间，并得出了一种相对可接受的结论；而在古代封建社会，同样在当时的认知水平和状态下，三种模式逻辑推理的联合运用同样也穷尽了推理空间，也同样得出了当时社会可接受的结论。

第三节　法律推理的逻辑运行模式与基本规律

以上，对于上述列举的案件最终会得出什么样的结论倒不是本书探讨的重点，重要的是要通过两种不同的认知标准或者认知状态下的逻辑推理的组合模式，来分析总结出三种不同的法律逻辑思维模式的属性、特点，以及整个法律推理的逻辑运行模式构成及其运行的基本规律。对此，本书将进行深入的探讨分析。

一、法律逻辑思维模式的属性和特征

首先在逻辑思维模式的属性和特征上，在人类社会的发展过程中，有一种基本的共识是，人类社会所在的世界是一种"知无涯"的状态，即人知道的和掌握的越来越多，不知道的和尚未掌握的也越来越多。所涉及的问题一方面是，既有的、已知的真理的效力也是有时空等条件和相对性的；另一方面，人类所在的世界和社会尚有许多未知的领域和事物有待进行了解。在这种情况下，以有限的知识应对无限的未知是人类社会行为和活动所要面对的真实状况。如此，可想而知，仅以有限的、相对有效的真理性的科学命题进行演绎式的逻辑推理，即是在有限的已知圈子里进行思维和逻辑上的兜圈子，这样不可能对这个世界有新的认知并能够以已知驾驭无知。所以，人类社会的思维模式一定是具有另外的认知方式构成，来对这个问题进行解决，从而不断拓展人类的认知疆界。

这种另外的方式就是所谓的归纳推理。演绎的逻辑推理方式是从一般到个别，就是从一般普遍性的真理推导出个别的属性；而归纳的方式是从个别到一般，从一定数量的个别推导出一般普遍性的真理。所以演绎逻辑是运用真理的过程，不断去验证和体现过去的规律；而归纳是总结经验和发现真理，探索未来的规律和发现新知的实践活动。如前所述，一个个真理命题之间是有空白地带存在的，而这些空白之处是通过不断地大胆地归纳和假设以及不断地证伪失败，从而形成普遍的真理来进行链接的。

但是，是什么样的因素和条件使演绎模式与归纳模式关联链接起来的呢？是人类认知的困惑所导致的求知的欲望？人类的经验感觉需要理性进行确认？本书理解，无疑这些因素都是重要的条件，但重要的思维上的条件是发展辩证法的存在以及相应的辩证思维的运用或者运行，辩证法体现的是世界事物发展变化的一种客观形式和规律，辩证思维体现的是看待和理解事物对这种形式和规律的遵循。辩证逻辑思维讲究的是，任何真理都具有绝对性和相对性，世间万物的发展充满了矛盾和易变，因此要以运动、发展、全面、联系的观点看待世间万物，而不应该采用孤立、片面、静止的态度。所以，在认知思维的脉络上，经验上的感觉在求知的欲望的驱使下，在理性的辩证思维模式和方法的道路上，既已封闭的、基于相对性的真理命题的演绎式逻辑推理结构才得以不断地被打开，通过归纳式的推理方法进行新的真理命题的总结和发现，从而不断丰富、充实和完善包括三种推理模式在内的整个推理机制。什么是"杀了人"，现有的科学技术的能力局限需要归纳有限的认知中的社会认同来进行补强，其实，没有绝对成立的演绎逻辑，演绎逻辑所依据的真理是相对的，人类一定时空条件下的真理性认知，随着条件的变化将来可能还会改变。由此，实际上所有人类的认知是归纳和演绎的交互使用，以及两者在人的认知上所形成的确信效果上的平衡。

二、法律逻辑模式与运行规律

（一）作为基础条件的法律认知命题构成状态

接下来探讨分析一下关于具体认知水平和状态下逻辑模式的组合结构

以及运行规律。逻辑模式的组合结构和运行规律取决于作为认知基础和条件的既有的真理知识以及有效的常识经验构成的认知命题的构成状态。认知以及认知的水平一方面体现的是科学的活动以及科学的发展程度和成果，体现的是事物客观存在的基本事实的状况，体现的是人类对于现实世界和社会中各种事物的本质、联系的客观规律的认识、理解和掌握的程度，在这里可以将其称为认知的科学基础或者科学性。这里的科学包括自然科学、社会科学以及人文学科等知识领域。这种认知的对象应该与上文所说的人类的三层法则完全是一致的，也就是说，一定阶段人类社会生活中的认知一定要符合这些法则①，否则就是认知上的不足或者失败。另一方面，体现认识和认知水平或者状态的是一定社会时空中所存在的相对有效的社会认知和观念，比如说，有的社会和构成群体就认为杀人者该死，有的则不这样认为。也就是说，在一个社会中所存在的当然正确的命题并不一定是所有人都认同的，或者说是放之四海而皆准的真理，一是就算是科学的真理也有其相对性，二是各种社会空间中，因为年龄、信仰、民族、种族、文化心理、地理环境等因时因地而异的多方面因素，普遍存在只在这个地方有效的知识。如果将前者称为认知的科学性，那么也可以将后者称为认知的人文性。

以上所说的这些是思维的技术模式和具体方法在整个法律事件的判断中，对于每个模式和方法具体什么时候用、用到什么程度、具体怎么与其他方法进行结合运用等问题而言，如果把这些模式和方法比作解决问题的工具的话，那么，以上问题的回答不但要看这些工具如上所说的属性和特征，还要看如上所说的相对普遍的科学真理性认知和地方性的知识认知所形成的这些工具具体的工作环境、工作条件和工作对象，这些就是所说的

---

①　当然，也不能说所有已知的法则都是绝对正确的，有些法则的正确性也是有时效的。比如地心说，但是其相对有效性不影响认知的模式。

一定时空内的社会认知所体现出来的水平和状态。具体仍然以上文的案例为素材空间，分析这几种逻辑是如何相互作用的。

（二）法律逻辑运行模式：逻辑推理与社会互动

在以上案例中，如前所述，对于 A 是否构成杀人的事实，总体而言，要看一定的社会时空中作为大前提的真理性命题在科学性和人文性方面的构成水平或者状况。比如，具体工作要看这个社会中是否有高水平科学技术认知成果所形成的 DNA、指纹、刀口鉴定等相关技术能力所获得的科学认知，还要看这个社会中对人权认识的状况，对杀人犯罪的打击力度和政策，对于刑事处罚的宽严把握的状态，对于杀人处以死刑的相关文化观念和心理态度等等。这些因素作为变量在演绎、归纳以及辩证逻辑思维结构中进行运行和相互作用以后，就会形成既有认知条件、能力和方式下的关于案件的结论。比如，从演绎逻辑开始，可以形成这样的推演方式和结果，如果参与逻辑推理的变量包括案件中所提到的各种事实，同时还包括重视人权的理念以及疑罪从无的理念，那么结论可能就是无法确定 A 是否杀人，因此，A 无罪。当然，在同一个时空社会认知情况下，也有可能会形成不同的认知模式和认知结果，比如，现实中就可能有大量的观念不认可这样的推理模式和结果，认为应当以辩证和归纳的方式来看 A 是否杀人的情况，那么相关的结果可能与 A 无罪完全相反，认为就是 A 杀了人，A 应当被判为死刑。这种情况在犯罪嫌疑人人权的观念在社会空间中并没有进行深入的影响并获得认同，同时对于杀人等刑事犯罪打击力度又比较严格的认知状态下的社会中出现的概率就极大。综上，一个社会中法律案件结论的推理，就是这个社会中所有相关的认知性命题在相关主体的使用下，通过三种思维逻辑模式进行的认知推理，推理的最终状态是通过三种逻辑模式穷尽相关命题的认知而得出最终的认知结论。在整个法律案件的认知思维逻辑推理工作中，真正的现实问题不只是演绎逻辑上的问题，而是在演绎逻辑已经穷尽所有相关的推演的可能后，演绎逻辑的相关环节之间出现空白地带时，要不要以及通过怎样的方式来解决这些空当之处的问题，以做到逻辑推理在理性认知过程中环环相扣而不间断，从而完成整个推理证明。在思维形式上，如前所述，这种推理实际上是三种推理运用上的相互交流和作用，而在社会主体意义上，这种推理实际上是一种社会行动，体现的是从个体到群体的社会交互行动。

因此，以整体的社会活动角度来看，法律思维活动不只是体现为个体所要进行和实现的三种逻辑上的思维认知推理，还体现为群体间同样是通过这三种推理模式和机制进行的交互思维互动，在群体间需要确认的不仅是案件应该得出什么样的结论更加合理，还要确认这样的看法，即怎样的逻辑推理和认知方式更有道理。这方面所体现的就是，法律社会思维活动不仅具有个体的独立性，还有群体的交互性。三种逻辑方式体现的是认知的科学理性逻辑方式，群体交互性体现的是认知的社会活动方式或者叫作认知的社会互动性。认识和把握认知的社会互动性对于后文所要阐述的构建智能法律的技术和机制有重要的基础性作用。综上，认知是科学上的事情，更是社会交互行动上的事情，如果说作为认知命题的科学性和人文性的差异为社会认知交互奠定了命题基础，那么演绎、归纳和辩证逻辑模式为交互奠定了理性条件和工具，而认知的社会性则为认知奠定了交互的必要性。

以上，本书对整个法律推理的逻辑方式、模式构成和整个运行机制进行了剖析和总结，阐释了社会法律思维的基本工程要素构成和运行模式。需要补充说明的是，以上的阐释是以法律的适用为场景和话语空间的，所指的主要是在用法、执法及司法等工作场景中，以演绎式的逻辑结构为主体，要么是在关于整个演绎逻辑推理的大前提，即相关的法律法规已经确定的基础上，主要分析论证推理结构中小前提的相关构成状况；要么是在对小前提已经形成确定的结论之后，反过来寻找有效的法律规定作为大前提，最后看是否能够完成大前提所涉及的相关法律规范所拟定的推理并得出相应的证成、存疑或者证伪的结论。而这里需要注意到的是，现实法律工作中立法场景的逻辑推理和思维模式与以上法律适用的模式是有差异的，但二者又是紧密相关联的。比较明显的，一是，立法的逻辑思维目标是建立法律规则和制度，而法律适用的逻辑思维的方向和目标是通过法律制度和事实推导出现实的法律规则基础上的评价结论，法律适用的法律规则，恰恰是立法确定的对象；二是，从目标上，立法工作的逻辑首先是从法律适用的一个一个独立的小前提开始的，其是把小前提涉及事实、行为和关系作为法律规制对象从个别上升为一般的规范和价值判断的，而法律适用工作主要是从既定的法律规范开始，来审核现实中具体的独立的行为在这些规范上的基本状态；三是，由此，立法工作主要是生成价值规范的推理，思维推理过程是，在将作为小前提的个别上升为一般的时候，一定要借用其他的价值规范作为大前提对小前提的事实情况进行价值上的判断，比如说立法中为了确定"杀人者，死"这个规则，首先是归纳总结杀人的情况，然后通过"非法剥夺他人生命的行为不正当或者价值上应该得到否定"等类似这样的价值判断，演绎确定"杀人的情况"是不应该允许的，比如，可能又会通过对等复仇的原则，演绎出"杀人者死"的判断，然后将这样的判断上升为一般原则。当然这个过程也不只是运用演绎，也可能会用归纳和辩证的推理模式。而法律适用主要是对事实进行价值评定推理，主体上主要的逻辑思维方式是不借助于外界的价值前提的，主要运用小前提的内容信息，在事实是否相符的层面对作为大前提的法律规范内容进行演绎，大前提中的价值判断是整个逻辑推理结构上的主要的或者是唯一的判断。

因此，从根本上来说，虽然立法的思维逻辑模式与法律适用思维的逻辑模式有以上的诸多不同，但实际上从逻辑运行的内容构成和逻辑运行方式而言，应当没有实质上的区别，而且它们又是紧密关联在一起的。而在现实的社会法律运行中，它们本身就是一个天然的整体，从立法到所有的法律适用实际上是一个整体的规则逻辑运行联动机制，立法所朝向的法律规则的生成、运行和演化，实际上就是在既有的法律运行体系中，通过法律适用逐步对规则演化变迁实现的。如前所述，现实中的事实上的行为和关系就是实际运行的法律规范，而法律规范就是拟定的现实，于是，通过事实、法律及后果三个法律规范构成要素，与大前提、小前提和结论三个逻辑构成要素，以及演绎、归纳和辩证三种不同的逻辑方式，实现了从思维到行动、从事实到规范的整个法律生成和运行工程，相对于未来智能法律技术搭建和运行，这是需要着重考虑的法律工程结构和运行机理的相关内容。

三、思维逻辑架构上的法律工程

最后，再看看法律思维的逻辑结构脉络所延展出来的法律工程的基本架构。如前所述，法律工作的核心功能是对人的社会行为在合法合规性、正当合理性等方面进行判断评定，而这种判评又是基于以上所阐述的根据法律和事实进行的思维上的逻辑推理。如此，实际上整个社会法律工程的架构都是围绕着这个思维逻辑推理结构进行搭建的，各个组成部分和模块体现着这个逻辑构成的各个要素，模块之间的互动关系体现的是逻辑推理的过程和机制。

也就是说，在法律思维运行的脉络下，整个社会法律工程实际上就是在整体上构造和运行着整个社会的从个体到群体的法律推理活动，各项工作都是围绕着这个推理进行的功能定位和区分，是整个社会法律工程在构建事实、法律以及结论上的角色分工。如果以演绎逻辑三段论的模式来进行切入分析，可以说立法工作就是制作这个逻辑推理的大前提，用法活动、执法工作以及司法工作都是在结合自身的现实情况构建形成相应的小前提，并完成相关的推理得出结论。再比如，在司法体系内部进行细分，原被告、控辩双方或者两造负责获取提供案件的事实，形成推理的小前提，而法官则是运用大前提结合小前提进行推理形成案件的评判结论。如此，整个社会法律工程的运行实际上就是立法机构为全社会设定逻辑推理的大前提，全社会以自身行为演绎着大前提并形成了小前提性质的事实，在此基础上进而形成相关小前提适法或者违法的结论。而无论是适法还是违法，相关的结论又会随着社会行为的行进，作为一种新的小前提开始演绎着一个新的大前提，实际上，这个过程就是法律规则和制度在人的思维认知活动推动下的法律生成和运行的"自动化"的流变的过程，这个过程中不管是不是会有执法、司法等公共机关或者服务机构的介入，在一个完整的社会法律系统当中，体现的都是法律在这种逻辑机制下的"自动"运行的过程，这个过程就是法律思维活动脉络上所展现的法律社会治理和运行的社会工程。认识这个层面和意义上的社会法律工程的基本架构，对于在宏观层面上进行法律生成和运行的智能工程技术研发和工程结构建设而言，是重要的工作基础。

第七章　技术基础上的宏观法律工程的生成

第一节　人类社会法律工程的初期状况

以上本篇第一章第三节分析了当下所能见到和正在经历体验的现代社会的整个法律工程的结构、模块构成以及所形成的法律知识和信息的运行机制、价值定位和运行效果。在工程的结构和功能的关系维度上，不同工程的要素构成以及结构关系肯定是基于不同的价值定位或者是为了实现不同的目标性价值功能，治理和运行社会的法律规则的信息工程也是当然如此。实际上，从古至今的历史发展过程中，在各个不同社会形态的历史发展阶段，以及不同的国度和地区，关于法律信息工程的基本结构和功能有个基本的共同之处，即生成法律规则和适用法律规则的工程结构，以形成社会运行和治理的工程效果。除此之外，在不同的社会历史形态下，从工程技术角度来看，法律规则信息工程的确是有着具体不同的技术能力基础，在此之上形成了不同的工程价值定位、功能模块结构、运行机制和运行效果。而如果从发展的线路和观点来看，时下人类所经历和探讨的这个法律工程机制也是在过去的科学技术基础上发展迭代过来的。

一、原始社会科技状态下的法律工程状况

在原始的社会发展阶段，按照一些理论观点来理解，原始社会是没有法律的，但如果说有类似于法律功能的治理和运行社会的社会规范应当

是理论上的共识，即原始社会没有国家的法律，但一定是有关于部落和族群社会的行为和关系规范，以下行文都以法律规则和法律规范来表达，社会人类学的研究成果已经证实了这个情况。那么，原始社会的法律规则的信息工程是怎样的呢？首先来看看原始社会的法律规则的内容和存在形式情况。从技术所形成的物质社会条件和生产方式来看，原始社会没有现代社会科学技术条件下的文字和文字载体，通常来说，原始社会的法律和规则与神启、神谕、习惯、习俗是分不开的。在法律的生成和运行机制上，原始社会的法律规则和规范往往都是由部族的长老以传说、故事、命令的形式来记载，通过与部族成员之间的神谕、故事、命令和各种礼仪聚会的形式进行相关规范和信息的传播，部族成员也是通过这样的信息内容了解各种部族禁忌和行为规范并遵守适用这些规范，当然，如果有成员触犯违反了这些规范，部族首领或者长老等权威人士就会以习惯等形式进行处罚。①

那么，如何来认识和评价原始社会这种作为法律规范的信息、信息机制以及社会运行和社会治理呢？什么是信息，在行为与信息的关系维度上，信息就是一种物质存在，包括物体、人、事件以及各种看到的、感知的甚至想象的存在发出的信号，存在事件的互动是以这些信息发出的信号或者指令为基础的，这样的信号会影响到这些存在之间的互动和关系的建立。显而易见，人类的群体以及社会活动的运行是离不开信息的，但是一个社会活动量的大小，社会活动内容的丰富复杂程度，影响和决定这个社会的信息机制和信息工程模式和构造。

人类社会在原始阶段，如前所述，相对来说人的数量是较少的，社会行动或者活动的内容相对是简单的，由此人与人之间所形成的社会系统复

---

① 参见［美］霍贝尔：《原始人的法：法律的动态比较研究》，严存生等译，法律出版社 2012 年版，第 1 页。［英］马林诺夫斯基：《原始社会的犯罪与习俗》，原江译，云南人民出版社 2002 年版，第 205—229 页。

杂程度是相对较低的，运行的信息量级也是相对微小的。比如说，一个几十人或者几百人的部族，平时的社会行动主要是打猎、简单的种植以及战争等活动，这些活动的运行需要几个首领临时发出的命令等信息和信号就能相对有效地进行指挥，整体行动上可能不要太多的规划和计划，也不需要在太多的主体间进行更多环节的自动处理信息和运用规则。也就是说，在更小的空间范围内，由于信息没有更多的周转环节，每个个体基本上都是直接连接信号源的，也不可能发生信息信号的减弱以及信息传播错误或者异化。① 信息传播重要的效果是快速、准确、稳定，快速是为了保障行动的高效，准确是为了保障价值功能的实现，而稳定指的是可信赖性、指导性和价值正当性，以此保障行为的效率和效果以及方向上的正当、持续有序，否则会带来行动的混乱和动荡。在原始社会，以上的信息条件和信息机制完全可以保障行为的这种效果的实现，如此的信息机制已经相对有能力保障整个社会的安全发展和运行了。因此，在原始社会，社会活动中的信息很容易被成员知晓和获得，社会主体也比较容易从信息和相关的规则中获得预期，在这种情况下，无法也没有必要搭建复杂的信息规则的工程来运行信息，这种社会生活和社会活动长时间没有太大的变化和发展，这样的信息、规则和运行机制也相对稳定。

可以说，在人类社会的初始阶段，人类社会的技术、认知以及价值需求和内容等都是程度较低的发展状态。法律规范作为一种信息而言，在以上的条件下，内容相对神秘和简单，虽然随着社会的不断发展，规范的内容也在随着情况的变化而发展变化，但是相对来说信息内容是比较固定的。与此相适应，由于主要的价值需求和社会活动内容就是吃饱穿暖和预防自然灾害和他族的侵犯，具体包括打猎、战争、祭祀等形式，相比较不

---

① 　在后面的社会中，这种信号的减弱可能是因为环节太多，这种错误可能是表达传输的能力和条件造成的，这种异化可能是因为中介的局部价值和利益的参与导致的。

具备体量大的群体和复杂的社会情况，社会尚没有形成现代意义上的复杂的社会系统[1]，因此也不需要专门的机构和职业群体来进行立法、执法和司法，所有法律生成和运行都是由部族首领操办的，这就是原始状态下法律的信息化的运行机制。而从实际的运行和治理效果来看，一种本能社会运行状态下的本能规范信息机制一定是这个社会本能的选择，相对于这个社会的治理和运行一定是有基本的或者良好的效果的，按照社会进化论的基本线路和优胜劣汰的原则，竞争之后留下的应该是运行效果好而胜出的。与法律的信息工程相关的是，在法律的生产和运用上，原始社会没有法律的机构组织和职业群体，原始社会的部族首领是法律规范的信息载体、信息内容的确定者和主要运行环节，法律信息和知识的掌控者以及信息知识的权威，在整体上，是首领释法、执法与部族成员的用法一同构成了原始社会的法律信息机制，实现着原始社会的运行、控制和统治。如果用现在的技术话语来说，这就是人类社会法律运行和生成的 1.0 版本，好坏没有评论的必要，重要的是需要认识到，无论是在问题和方法的层面上，其中蕴含着后续社会形态下的法律工程构造版本的逻辑发展和技术迭代的前提和基础。

二、奴隶社会早期社会信息机制上的问题

在技术水平、认知能力、物质丰富程度、人口数量、价值需求数量和质量等多方面，社会的发展是一个以上诸多因素难分因果的综合性运动过程。劣汰优胜下的人类原始族群在进入奴隶社会阶段，一个显然的结果就是以上各个方面都得到了极大的增长，当然逻辑上反过来说也是成立的。

---

[1] 参见若缺：《社会系统学的基本理论》，湖北科学技术出版社 2012 年版，第 11—20、32—52 页。

而发展到奴隶社会状态下的客观的社会发展事实和需求也是如此，比较而言，以上事物量级相对更大、体系相对比较复杂的奴隶社会无疑更加需要明确、稳定、公开的法律规范和相应的工程机制建设来实现运行和治理整个社会，由此，法律开始在这个社会阶段得以迅速成长。具体过程和机制将在下文详细探讨说明。

经过了原始社会末期、奴隶社会晚期至封建社会初期，在具体的细节上，科技力量为何、如何以及形成了什么样的法律工程机制呢？而当人类来到奴隶社会晚期以至于发展到封建社会，与信息相关的以上各项事物在量级上具有显著的增长，相关的各个方面发生了巨大的变化。首先人多了、事多了、社会行动增多了，社会关系复杂了，归结到信息的量级上，虽然与当下的大数据信息社会无法相比，但是在当时也是属于关于人与事物信息的一次大爆炸，这与历史上的三次社会大分工紧密相关。[①] 试想一下中国的夏、商、周三个朝代和春秋时期的各个诸侯国，在方圆几百至上千里的空间中，以及因为空间的加大所导致的很多事物需要更长的时间进行周期性运转的状况下，全凭几个首领或者王侯将相的临时命令性的指令怎么指挥打仗等军事活动，怎么来进行农业生产，怎么进行自然灾害的防御和应对等社会运行和国家各个方面的管理运行活动。可以想象，如果这个时期的一个国家或者群体还是采取原始时代的信息处理方法和运行机制，那么无论其是在应对军事入侵、自然灾害以及平时的社会运行管理等各个方面肯定会导致整个国家迅速崩盘。原因很简单，就是整个社会行动从个体之间到群体效应上，既有的原始状态下的指挥社会行为的信息不再及时、稳定和准确了，那么，如此就不能形成稳定、有序并有着一定价值指向和目标的社会行动了。

---

① 参见［德］恩格斯:《家庭、私有制和国家的起源》，人民出版社 2018 年版，第 184—186 页。

显然，一个新的社会的信息生成和运行机制的存在是这个国家和群体存在的根本基础和保障条件，而实际上这个机制最主要的部分就是文字在规则上的应用、规则成文化以及法律的公开和相应的运行工程。那么什么是法律，在此种意义上，在社会行为和关系的系统中，可以把法律看作是社会行为和关系的指令性的规则信息以及规则信息工程系统。[①] 在理论认知上，都知道作为社会行为规则的法律有这样的几个根本的功能，比如说，预期、指导、强制、评价、教育等多种功能，这其中最根本的应该是预期、指导和强制的功能，尤其是对社会行为的预期和指导的功能，其所揭示的是法律规则本质上的信息属性。当然，以上所有功能揭示出的是，法律规则就是社会行为和关系遵循的信息，而法律生成和运行机制则就是社会行为和关系的信息工程和信息机制。

回到上面的话题，社会行动所依据的信息根本特征和能力就是准确、快速和稳定地传达个体以至整个社会行动的意图。在如前所述新阶段的社会事物的体量下，如果还能让信息保持住以上三个方面的功能、能力和属性，那么就要解决如下几个问题：一是，社会群体大了，人多了，指令信息传播的环节就多了，如此社会若能够保持健康良好正常地运转，显然，这样的指令信息不能因为传播环节的增多而导致信号衰减、内容走样，从而失去信息的真实性和准确性。因此，传统原始部落中的故事、神谕等口耳相传的各种指令实际上已经无法适应现实的社会秩序化的需要，因为这种形式的信息传递一定会随着传布行程的加长和环节的增多而失真即失去准确性，从而达不到指令的目标，因此急需传播载体和途径上的改变，孕育新的文字化和成文化。二是，社会物理空间大了，信息指令经历的传播时间加长了，但是，指令信息如果降低了速度不能保证及时性，那么必然

---

① 在中国古代法律产生之初，法刑同义，刑起于兵。参见张晋藩：《中国法律的传统与近代转型》，法律出版社 1997 年版，第 137—144 页。

带来社会问题恶化，可以想象，在社会生活中，会带来一系列不可想象的后果。在这种社会形势下，同样必须要面对的是如何保证社会行为和关系上的相关问题及时得到有效指令信息的指导解决。因此，为了保证信息及时发挥效应，就要进行整体的工作计划和规划、工作上的分工，以及微观具体层面的授权处理相关事务和相关法律运行机制的建立。三是，同样因为群体和物理空间加大了，因为出现了指令信息以上的准确和速度问题，临时即时性发出的指令无法再有效地形成社会行为和行动所需要的指导性的功能，失去了行为上的规则的指令，社会主体则无法预见自己的行为后果，产生不了相关的社会行为预期，必然会造成社会行为和关系秩序上的混乱。因此在信息的稳定性上、行为预期和指导上就需要信息公开，并通过程序运行保障而不能朝令夕改。下面看看法律或者说社会发展是如何通过法律来解决这些问题的。

第二节　成文法的公布及相关社会效应

作为一种信息的法律，其社会事物基因属性及其在社会中的功能要求它必须得到无限量的公开。只有公开的法律才能有生命，公开的信息和法律就像生命见到了阳光雨露，越公开生长得就会越茁壮，公开是法律的天然信息属性，也是法律得以存活和发挥价值的根本条件。在奴隶社会，人类法律事业最大的历史事件就是公布成文法，改变了"临事制刑，不预设法""刑不可知，则威不可测"的状况[①]，从此，法律从部族长老、宫廷君王贵族等权威人士头脑中的神秘的想法和不确定的做法，变成了一种开放

---

① 中国奴隶社会晚期，春秋时期的郑国子产铸刑鼎和邓析作竹刑。西方古罗马第一部成文法典《十二铜表法》是公元前 450 年制定的。参见杨鹤皋主编：《中国法律思想史》，北京大学出版社 1988 年版，第 29—42 页。

于民众的能够进行预期的信息和得以运用的知识，从此法律有了相对的明确性、确定性和共同约束性，不仅可以约束适用法律的普通百姓，也可相对来约束制定和把握规则的人。这个法律领域中人所熟知的历史事件，从法律工程的建设和发展来说，是有着深刻的科学技术基础的[①]，如果没有这些技术基础、能力和成果条件，显然是无法激活公开法律的人的观念，即便是有公开法律的愿望和需求，实际上也因条件不具备和无法做到而限制人的创新想象力，或者在意识上束缚人朝着公开的方向去想象和努力。这个技术创新的逻辑对于当下人工智能技术在法律领域的应用创新发展一样是有效的。

一、成文法公布的技术条件

公布成文法至少应该有如下三个方面的条件：其一是法律需要公开，即法律表达的文字化、内容公开化、运行分工机制化。历史上也常常把公布法律的事情作为君主开明的注解。如前所述，既已发展了增量化的奴隶社会，一国君主治理国家需要面对的社会体量不是一个原始部族的长老或首领通过讲几个神话故事就能达到教化和治理的，而为了使社会更加有序，激活个体发展的积极性，增强国家或者团体竞争存活的能力，多方面都需要更加明确、稳定、可预期、有信用的法律进行工程性的操持和运行，前文有述，这里不再赘述。其二是文字的出现并在法律规则的表达上得以大量运用。这一条件对于公布成文法来说也是非常关键的，具体的历史事实很难考据，但现实的发展逻辑应当是首先有越来越多语言开始应用于法律的表达并形成了较为丰富的法律话语在社会活动中口耳相传，这种语言同时也开始符号化和文字化，然后也便激活了公开法律的愿望。其三

---

① 参见沈宗灵主编：《法学基础理论》，高等教育出版社 1994 年版，第 256 页。

是从一般性的文字符号物理载体到法律文字物理载体的出现和运用。在技术上，有了文字同时也就意味着有了文字的载体，而随着技术的进步，具有稳定并且能够长期得以保存，并承载大量信息的物理载体开始出现后①，比如中国古代公布成文法所用的竹简和铜鼎，以及古罗马公布成文法所用的铜表，以及一些文明形态下的泥板、羊皮卷等，成文法的公布才真正成为社会现实。

二、成文法公布的效果

1.法律公开的效应

分析至此，可以看出，无论是在法律公开的需求形成上，还是在公开的条件和能力的建设上，公布成文法如果是法律信息化和工程化的一个重要的、关键的部分，显然可以得出的结论是，作为法律工程构成的法律成文化完全是技术进步的成果和体现。法律的公开导致更多人了解了法律，提升了对法律的认识，提升了对平等、民主以及个人尊严和"权利"的认识，由此，最初的公民而不只是臣民的社会得到生成和塑造。

2.法律职业化的效应

当然，由此带来的法律工程上的发展远不止如此。法律的文字化使法律规则从头脑中的观念、口耳相传的信息转变为可视化的、有形的、更加明确和确定的信息，而法律成文公开化后，使法律规则成为一种专门的知识，这为法律工作的职业群体和职业化运行创造了根本的成因和条件。在法律文字化、成文化和公开的情况下，能看到的是法律信息和知识的分享一方面导致不是一个人而是更多的人掌握和运用运行法律，客观情况下，从文字以及相关的法律知识的运行能力上，不同程度上具有法律知识和能

---

① 参见 [英]梅因：《古代法》，沈景一译，商务印书馆1959年版，第9—12页。

力的人显然增多，但不是所有人而仍然还是相对少数人能够掌控、驾驭和运行这样的知识和工作，在量级上还没有发展到每一个人都能够在能力上进行相同的分享和运用。与前面情况相同，发明文字和运用文字一开始也是权威社会行为，如前文所介绍的，法律工程的技术运行和操作能力从原始社会开始就不是所有社会成员都具有和能掌握的能力，文字出现以后，识别和运用文字也是相对少数权威人士具有和掌握的能力①，公布了成文法之后，虽然法律不再仅仅藏于宫廷，而是公布于天下，以让天下人周知，但是实际上，也并不是天下人一下子都具备了掌握法律信息和知识并能够有效运用和驾驭法律规则信息和知识的能力。实际上社会个体囿于这些条件和能力的限制，发明、创设和运行法律信息和法律知识的人虽然无论从质和量上较以前有所增加和不同，但是这样的人在整个社会群体中仍然是相对少数的，由此，法律信息知识和处理运行的这些能力和人在社会生活中仍然是稀缺资源，其还得借助一个有"代理人"角色功能的群体来进行更专业化和职业化的实现，由此，人类社会法律活动中，一个以知识能力为基础的职业化的、具有"权力"性质的、专业的"权利"代理人群体也开始生成和塑造。从这里和这个时间点上已经看出社会治理和社会统治、知识和权力的共生现象，一个具有这样信息和能力的人由此天然地便和法律关联甚至绑定到了一起。因此，一个有能力掌握并运营法律信息和知识的专业的社会群体的形成具有了现实的可能性。这个能力是整个法律专业分工后形成的工程和机制得以运行的基本的依赖条件。② 这为后来社会中的立法、司法、执法的权力分工和平衡，以及国家权力与公民权利在法律上的平衡奠定了最原始的基础和发展脉络。

---

① 一方面不能掌握这样的信息和知识，同时也不具备这样的能力。

② 既然法律的文字信息化能够生成这样的工程，意味着同时会生成运行这样功能的能力，否则这样的工程无法运行和存在。"道生一，一生二，二生三，三生万物。"参见〔魏〕王弼：《老子道德经注》，楼宇烈校释，中华书局 2021 年版，第 120 页。

3. 法律工作外部分工与工作的专业化和职业化

从发展逻辑来看，具有法律专业知识能力的人的出现和增多只能说是一种条件，或者说是一种预示现象，还不等于职业群体的最终形成，法律职业群体的最终形成还在于社会分工上，即区分于军事、生产等工作的专业的法律工作的出现或者形成。如上文所说，随着整个社会科技、文化、生产等多方面在增量上的膨胀式综合发展，直接催生的就是把人分成不同的群体从事不同的劳动这种原始的社会分工在奴隶社会的更加细致的发展①，法律从其他工作中分工出来应当也是这样的发展逻辑的结果，只不过科技基础上的法律的文字化和成文法公布直接便导致了大多数人能够参与法律性的社会生活，导致了法律事业体量的增大，由此也形成了专门能力的知识和信息处理的群体，由此，无论从需求上还是条件上，法律工作从整体社会工作中分工出来，并有专门的职业群体来具体区分为立法、执法、司法和用法以进行操作已经是必然的社会发展结果。由此可以说专业的法律知识和信息的运行操作群体形成是社会分工的条件，但是职业法律群体则是社会分工的结果。

4. 法律工作内部分工与工程机制的形成

法律的生命在于公开，科技基础上的文字的发展导致了法律的公开，法律的公开一方面导致了多数人能够参与并参与了法律活动，法律的功能得以激活和发挥，法律的价值功能增强，法律工作的业务量加大，法律开始从另外的工作中社会分工出来，在这些条件和相关事物发展推动下，法律工作内部也开始有分工更加细致的需求；另一方面，实际上法律知识和信息的公开本身就是分权，从部族长老到君王、大臣的形成和区分本身就是法律信息和知识的分享，就是一种社会发展和进步的反映，而这一点强

---

① 参见〔德〕恩格斯：《家庭、私有制和国家的起源》，人民出版社 2018 年版，第 187—197 页。

化了上面的运行机制体系内部的分工并使这样的分工具有了分权的性质。法律知识操作法律信息本身就是一种技术能力，从此，法律工程已经开始在技术基础上进行分工式的模块搭建，并对操作主体进行职业上的赋能。科技因素决定了法律工程基本的结构模式和基本的能力构成要素，一定的科技基础上的能力，实际上决定了一个法律工程的社会分工模式和构成，这是法律科技的基本原理。因此，可以看出，法律表达的文字化和成文法公布的科技条件导致了专业知识和群体的形成，导致了法律与其他领域工作的分工或者区分，但是应当看到的是，这种文字的形式包括成文法公布和传输的形式也决定了法律工程内部的分工模式，即形成了初步的立法、执法、司法和用法的机制模型。这应当是科技决定法律的关键点，同时，也应当是法律借助科技力量或者科技要给法律赋能着重考虑的方面。

第三节　系统性法律工程机制的形成与初步发展

一、法律工程机制的形成过程

原始社会至奴隶社会早期社会发展出现的诸多问题向既有的人类社会规则信息机制提出了挑战，促发了系统性的法律规则工程系统的建立和势在必行。下文开始探讨分析，作为社会行为指令信息系统的法律规则工程系统在从原始社会进入奴隶社会阶段是如何来解决这些问题的。如前所述，其一是法律表达的文字化和成文化。文字化和成文化的法律规则能够保证信息经过传播后的真实性和准确性，或者反过来说也加大了空间的传播距离和治理空间的广度，另外在时间上信息能够得以长久有效地保存，由此能够保持信息规则持续的治理能力，也为法律规则作为指令信息的稳定的、及时快速的指导性提供了物理基础。由此，其二便是在法律规则信息文字化和成文化基础上的成文法的公布。成文法的公布不仅是表面上的法律规则文字和内容的展现，其实质上是对群体变大社会变复杂后，法律规则掌握在少数人手里的神秘状态以及"临事制刑"的做法已经无法解决现实的治理问题，而通过成文法的形式可以低成本高效率有效地在更大的群体范围内让人明确知道法律的规则，如此对自己的行为和活动的结果能够有合理的预期；加之公布成文法实际上是在官民和不同阶层间通过预先告知的形式把法律规则确定或者约定下来，相对增强了法律规则的稳定性，如此也实现了社会行为的合理预期，因此就发挥出规则的强制性指导行为的功能，有利于稳定的社会生产生活秩序的形成。

那么，又如何解决快速及时方面的问题呢？通过以上的分析可以看出，法律规则信息在文字上的固定性，公布成文法所形成的信息的相对广泛的周知性、明确性和相对稳定性，已经部分程度地解决了社会行为规则信息指令的不及时问题，因为道理很简单，如果是权威首领一事一定地随时发出、事毕失效的信息方式，在更大的群体和更大空间和更复杂的事务上肯定是不能得到及时的传播并发挥出效力的，但是长期稳定、众所周知的有效的信息实际上是保证其持续地对行为发挥着效力，也就不存在不及时的问题。但是凡事有利必有弊，相对一劳永逸的、稳固的法律规则信息虽然能够解决更复杂更多人的行为上的问题，但是在灵活性、具体事项的有效针对性、效率性等多方面，是不及部落长老随时随地因时因地制宜地发出的行为指令的。类似于定制的要优于批量生产的逻辑。因此，为了更好地兼顾具体和一般、稳定和灵活，在这种情况下，为了使法律规则的信息能够效率和效果兼顾，古老部落长老的完整一体的立法权和行政执法权开始进行区分和分工，即实施了信息效用上的分工合作实现机制，变成了奴隶社会到封建社会很长时期的国王或者君王立法，而从中央到地方还设立不同层级的政府机构进行行政执法，显然，在这样的机制中，通过层层的执法机制保证了王令以及王法的普遍统一执行，当然，不同层级的执法官员在进行执法的时候，肯定要结合具体的实际情况对来自君王的法律规则信息进行变通的解释和使用，如此的机制保障了具体和一般、效率和效果、灵活和稳定等多种价值的平衡。

从条件和发展态势来说，这几种因素①层层递进、步步为营，形成了法律作为一种指令社会行为的信息和信息机制生成和发展上的不可扭转的大势，法律信息的文字化催生了公布成文法的意识并创造了可行的条件，成文法一经公布，有如大河决堤，一泻千里，人类对于规则价值的认知和意识迅速改变并得到迅猛的发展，公开的法律规则信息所具有的价值和所形成的能力完全可以被人类敏锐地捕捉到，并与纷繁复杂的现实社会治理问题的解决进行有效的对接，促生并形成法律工程方案。所以，这第三项所说的从君王大一统的工程分化为立法和执法区分并结合构成的系统法律运行工程，实际上就是前两项努力价值的总汇和集中体现。这里需要补充说明的是，实际上从君王大一统法律运行工程中也区分出了司法职能，从奴隶制社会晚期到封建制社会的早期，这个职能基本上还是与行政执法职能混合在一起的，到了封建社会开始，司法职能、执法职能以及立法职能虽然还都是君权的构成部分，但是，无论是从工作内容还是工作人员上，司法职能都开始区分出来了。

另外，从法律能被掌握或者所涉及的社会群体的角度来看，这个机制还能呈现出来的是，在原始状态下的部落首领掌握法律规范，部落成员接受法律规范的二元法律机制上的群体格局结构中，出现了君王一统、大臣官员执法司法和臣民用法三元法律机制上的群体格局结构，虽然可以说大臣官员仍然是君王的职员职能组织构成，但是实际上，如前所述，他们是掌握着特定知识和具有特定知识所生成的权力的一个职业

---

① 公开性、真实性、准确性、稳定性、及时性、有效性，从而实现信息对于行为的指引和可预期。

群体，在君王和臣民之外，他们有着自己的认知和价值利益，由此，从整个法律规则信息公开的角度来看，法律规则信息的公开是一个巨大的进步，技术进步生成的知识和事务职能上的分工，实际上也导致了分权，用现在的理论来说，执法官员一方面可以代理君王执法，另一方面也可以反映民情代表臣民说话，三方的博弈才真正能够导致法律规则的信息更加公开，才能使臣民拥有更多的权利以及运行好法律，形成平衡好权力和权利的工程机制，构建和运行一个能够促进和保障社会在政治、经济、文化、军事、社会管理和运行等多方面继续进行发展的行为信息指令机制。从人类进入奴隶社会开始，历经封建社会，在不同的国家和地区，可以说是因为科学技术形成信息机制条件的发展状况不同，以上这个结构类型的运行和管理社会的法律信息机制被人类运用了几百年到上千年不等，在社会行为和指导行为的信息规则关系的维度上，运行和管理着整个社会。

二、封建社会科学技术与法律工程的初步发展

如前所述，如果把原始社会到奴隶社会看作是技术基础上的、关于行为规则的法律信息的一次大爆炸，那么，从奴隶社会一直到封建社会，可以看作是这种爆炸波的继续扩展和波及，可以说，这期间，整体上法律工程相关技术也在不断地发展和进步，仍然在完善和推进法律规则的信息在更广泛的领域和群体中，在更深的程度上，进行公开和传播。具体来说，人类一直通过技术进步来促进和实现法律的公开性、真实性、准确性、稳定性、及时性、有效性的继续发展，同时也是在这些方面完善法律工程结构以适应不断发展的社会需求。以下举几个例子来探讨理解相关的发展情况。

首先来看科技上的造纸术、印刷术的发明以及书写工具和文字演化与

法律的信息工程发展的关联关系。以中国为例，进入奴隶社会晚期和封建社会早期，虽然有了法律上的文字并公布了成文法，但实际上，在技术发展的程度和现实效果上，仍然有很多方面限制着法律规则信息的公开、传播、丰富和适用。在文字上，隶书演化出来之前的文字是甲骨文、金文和小篆，实际上这些文字相比较而言，数量较少，表达意思有限，而且书写起来很不容易，一般老百姓看不懂也不会写；在书写工具上，在毛笔发明或者普遍使用之前，书写工具可能是竹枝、木棍等，书写能力和效果很差，或者是刻字的刀，用起来效率低和不便利，虽然有了毛笔，但毛笔应该是非常昂贵的书写工具，一般人是用不起的；就文字的载体而言，早先的是龟壳，后来是竹简、金属鼎、锦缎帛书等，金属鼎和锦缎应该属于高消费，另外也不方便，因此，可能常见和常用的就是竹简，史料曾经记载我国此时已经出现了刻在竹简上的契约合同，比如质剂和傅别。① 而在西方，中国的造纸术传到之前，除了金属载体以外，主要是使用来自埃及的莎草纸和羊皮卷。

总体来说，这些因素不利于法律规则信息充分的表达、便利的使用和广泛的传播，尤其是昂贵的成本和专业的知识技能型的要求显然不利于一般百姓对于法律的应用。如此，法律应用得少了，法律的内容、形式以及整个工程很难获得丰富充分、细致针对性的发展，由此，法律的社会功能的发挥肯定也是相对有限的。但是，如前所述，法律因此却具有了强制力

---

① 西周时期的买卖契约称为"质剂"，这种契约写在简牍上，一分为二，双方各执一份。质，是买卖奴隶、牛马所使用的较长的契券；剂，是买卖兵器、珍异之物所使用的较短的契券。"质""剂"均由官府制作，并由"质人"专门管理。傅别即契约。西周时出现的借贷契约。《周礼·天官·小宰》："听称责以傅别"。称责指借贷，傅别即契约。傅别的形式与质剂有所不同，傅别是在一片简牍上只写一份借贷的内容，然后从中央剖开，债权人和债务人各执一半，棱上的字为半文。注意：在西周时期，民事案件的书状也叫"傅别"。参见蒲坚主编：《中国法制史》，光明日报出版社 1987 年版，第 34—36 页。

以及任何人不得不遵守和应用的稀缺资源，由此便给法律的统治力以及专业人员和职业群体的形成创造了历史时机，形成了法律专业和法律职业的重要开端。

在中国古代以至在整个世界的法律发展史上，可以说，从奴隶社会到封建社会的造纸术、印刷术、毛笔、文字的简化等多项技术发明和创造对法律规则信息工程的发展进步产生了根本的作用，发挥了前所未有的促进意义。[1] 中国东汉的蔡伦发明造纸术，人类开始用纸代替其他材料作为文字的载体，比较而言纸的优势是成本便宜、人人可用，携带方便、利于储存和收藏。加之在较早时期毛笔的发明和使用，提高了法律文字表达的效率、方便，用毛笔把法律规则和相关事务写在纸上，能够稳固地留存信息，不易丧失信息、失真和篡改，易于法律信息的传递，并能够稳固地保存住法律信息并在相关的人和群体间建立信用，利于社会秩序的稳固。到了战国和秦，文字的写法也产生了很大的变化，秦始皇的"书同文"是一个通过文字信息进行社会治理的重要举措，这在法律信息上同样产生重大效应。还有一个比较重要的就是隶书的发明和产生。隶书产生于篆书之后，是去掉篆书的繁杂的笔画而形成的一种较篆书简洁、民间流行使用的字体。[2] 隶书产生于战国和秦，汉代是隶书发展的鼎盛时期，隶书代替篆书成为通行文字形式。由此，在时间节点上可以看到，文字写法的简化、纸的发明、书写工具毛笔的适用，三者在汉代形成了巨大的合力，给作为指令信息的法律的发展和繁荣带来巨大的促进作用。首先可以想象的是官

---

[1] 参见吴军：《全球科技通史》，中信出版社 2019 年版，第 46—49 页。

[2] 隶书产生的主要动因就是为了能够快速抄写文书。隶书之所以叫"隶"，相传是由看管奴隶、罪犯的秦朝狱吏所创，因为有大量的文书要抄写，小篆书写起来不够快，便对其进行简化书写，也就是后来的隶书。参见百度网（https://baijiahao.baidu.com/s?id=1621552314312483403&wfr=spider&for=pc），最后访问时间：2023 年 2 月 1 日。参见冯时：《中国古文字学概论》，中国社会科学出版社 2016 年版，第 51—56 页。

方可以对法律通过文字进行更加充分细致的表达，法律文书文件的传播会更加容易，法律相关的官员通过处理文书文字就可以处理大部分法律事务了，不但能够保证质量，而且还能够极大地提高工作效率。同样还可以看到的是，百姓理解法律和使用法律也更加方便和容易了，这个时期官方不仅出现了更多细致的各种形式的法律和相关的内容，民间也出现了类似于契约、约定的各种法律形式的文书①，民众参与法律事务的积极性和能力都得到了提高，法律由此也更加深入地运行和管理着政治、经济、文化等多方面的社会生活，作为一种有效率有效果的信息指令促进国家与社会各项事业的发展进步。

到了唐代，非常重要的一个科技进步就是雕版印刷技术的发明，这实际上对于法律规则信息工程的建设和发展又是一个更加深远、更加了不起的促进作用。主要体现在如下几个方面：一是保证了法律法令在文字内容上完全一致、整齐划一，在法律信息传播和使用上，避免手抄本因为个人的因素时常出现偏差，保证了法律信息的权威统一和稳定的目标效果；二是印刷版的信息可以大量地复制生产，打破因为手抄版文本的少量而形成的少数人对权威的垄断，使权威的法律规则传播到的人群更广泛，也可以使同样内容的文书广泛使用；三是使文本内容信息保存流传的时间更久远，避免手抄本因为量少，掌握在少数人的手中而很难跨越代际传播；四是信息制作更加有效率，提高信息生成和传播的速度，保障了作为行为指令的信息传播的及时性；五是可以将相关的法律规则信息汇编成书，装订成册，形成律例和法典，有利于法律的传播和统治治理上的整齐划一，可以在保证信息不失真的情况下，在更大的空间范围和更长的时间内进行有益经验和知识的研究和积累，非常有利于不同的人、国家、地区和年代间的知识和经验的交流，有利于促进相关工作

---

① 参见蒲坚主编:《中国法制史》,光明日报出版社1987年版,第34—36页。

和事业的进步；等等。① 雕版印刷技术的出现无疑更加深入广泛地促进了法律规则信息的传播和公开，增强了民间社会知法和用法的积极性以及相关的能力，也更加优化了职业法律群体间的分工、机制和工作能力。当然，由此显著地使法律规则的知识和能力更加专业化和职业化，同时也更加强化了君权、立法、执法、司法以及用法的工作模块和工程机制的成熟和完善。常常说中国有了不起的汉唐时期的国家和社会繁荣昌盛，可想而知，这与这些科学发明与技术的适用导致整个法律规则信息工程的发展，从而导致一个社会的法律工程可以在更深更广的空间中有序有效地发挥着运行和管理社会的功能是紧密相关的。

唐朝是中国古代历史上最强盛的时期，中华文明在当时也是世界文明的最高地，中国与世界各国文明之间在此阶段交流频繁，中国文明的政治、法律、经济、文化、科学技术在唐朝开始远播世界其他国家并对其他国家产生了巨大影响和促进作用。在这个阶段，中国的造纸术和印刷术②通过丝绸之路传到了欧洲，代替了欧洲传统上使用的、成本极高的莎草纸和羊皮卷。实际上欧洲一些国家包括世界各地其他文明的国家和地区，也类似于中国，在一定的技术基础上，通过成文法的公布和系统法典的形成以及法律信息工程机制的建设和运行发展了法律治理事业。与本书相关的是，在造纸术、印刷术传到欧洲国家和地区后，其也以基本同样的方式和力度促进了欧洲国家和地区法律文化的发展以及法律规则信息工程的建设和发展。如此，在这个意义上，在人类的这个历史发展阶段，与文字相关的造纸和印刷等技术促进了整个世界文明下的法律规则信息工程的建立和发展，进行了相对充分的技术能力的释放，为未来人类法律信息的传播、法律规则的生成以及法律工程模式的搭建奠定了基础和条件。

---

① 参见蒲坚主编：《中国法制史》，光明日报出版社 1987 年版，第 160—161 页。
② 参见吴军：《全球科技通史》，中信出版社 2019 年版，第 103—115 页。

三、小结

综上，在科技、信息和法律的关联关系和维度上，整个法律工程形成的基本模式和线路是，科技的进步形成了法律文字的信息，促进了法律信息的公开，由此一是形成了法律运行的工程，也形成法律工程得以运行的技术能力；二是形成了权利型的社会公民或者市民群体，也形成了权力型的法律职业官员和工作群体；三是以法律信息为基础的社会是一种规则的社会运行和治理，但仍然存在群体之间的权力统治；四是法律信息是运行治理社会的工具，也是统治的工具和手段。

可以说，整个几千年法律对社会的治理和统治，就是法律信息公开、爆炸和传播的过程。实际上，这其中的与法律发展相关的社会分工、分权以及职业化，都是实现法律公开和传播的社会现象、活动和行为，即法律信息公开和传播了，扩大了人的视野，增强和提升了人的认知，形成了新的价值需求，反过来又促发设计和实施新的工程机制来实现这样的公开和传播。从这个维度来看，完全可以对整个社会发展的历程和历史作出这样的理解，即在信息流动相对不畅通、不公开之后，既有的法律信息技术和机制构成了社会进一步发展的障碍，这主要体现其影响了人的认知和相关权利利益的实现，如此形成了社会发展的矛盾，而为解决这个矛盾，就要运用新的科技研发成果，确定新的技术基础上的新的运行机制，以实现法律信息的传播和流动。也就是说，新技术基础上法律工程机制的建设实际上就是为了解决这个社会矛盾，这就是法律与科技在信息上的关联关系。对此具体情况下文有详细阐述。

第八章　技术发展与法则信息公开的关系机制

第一节　三层法则的共生与公开机制

一、人类进步与三层结构的法律信息知识传播

在这里，首先对法律、知识、信息、行为等相关概念内容的认识以及它们在发展变化过程中的相互关系在行文上进行梳理和总结。前面曾经涉及这样的问题和理解，即法律是什么？法律就是知识，虽然知识不同于信息，但知识的传播凭借信息①，在技术和信息以及在行为、知识和信息的视角下，法律就是一种行为知识，是社会行为的指令知识信息②。前文已经详细阐述，这样的指令信息包含有三种或者说是三层结构：一是物物自然科学法则，二是人物的价值法则，三是人人之间的法律等社会法则。那么，在这样理解和定性下，法律是如何生成、成长和运行的呢？由于是社会行为的指令信息，类似于行为的信号，那么，可以说，法律从出生开始，它的使命、本性要求以及生命的内在规定性就是公开，在整个人类历史上，对于法律本身来说，总体和大的方向应该是公开。凡是有利于法律规则和信息内容公开的技术、工程和行为都是正确的，否则都应当是错误

---

① 参见李建华：《知识生产论：知识生产的经济分析框架》，中国社会科学出版社2008年版，第1—5、75—76页。

② 本书是将法律信息和知识等同来使用的，参见龙国华：《信息与知识关系辨析》，《现代情报》2013年第1期。

的。从这个视角上可以说，人类进步的历史就是法律信息和法则公开和爆炸的过程，甚至可以说，法律规则信息的爆炸既是人类进步的一个方式和道路，同时也是根本的价值目标和追求，是不可能阻挡的一个趋势和过程。下文将进行具体探讨分析。

从法律规则信息具体的生成和运行机制来看，以行为规则知识与信息传播关系来看，法律作为社会发展进步过程中的行为指令信息，如果其包括三个层面上的法则，即物物法则、人物法则以及人人之间的法则，那么可以说，一旦发生了一定价值目标下的人和人之间的行为，那么这个行为一定会包含以上三种信息。可以想象的是，一旦有两个人的行为，这些规则和信息就已经开始交互了，三个人以上的行为，这些信息就开始传播了，在社会群体活动中，行为和信息的关系是，行为需要信息的指导，但行为本身又在传播着信息，或者说，行为就是信息，信息本身也就是行为。如此，可以想象关于法律规则的信息不公开的后果会是什么，就是没有社会行为和社会活动了。而且，无论是从实证经验和逻辑道理，还是从历史的发展规律来看，为了更大的利益和价值实现，人类就是要过群体交互的社会生活，这种交互的社会生活中，存在交互合作，也同时存在着不间断的竞争关系，社会生活就是在一定的价值追求基础上不断地进行行为和信息生成的过程，而且是行为交流的空间越来越大，信息生成越来越多，传播得也越来越广。

二、人为阻止法则信息知识公开的负面作用

如果不能按照法则公开这样的规律和趋势去发展，或者说人为地干预或者阻止法则信息的传播和公开，情况会怎么样呢？对此可以从三层信息法则之间的作用关系来进行分析理解。人类社会的生产生活是趋利避害的，是以各种利益和价值为目标导向的，由此，首先是对物物法则

的认知和遵守，比如说对于万有引力法则，人如果不认识和遵守这个法则，就连水可能都喝不成。同样还要遵守物和人的规则，喝水能解渴，喝药就会致死，因此，人就需要知道水有什么作用，怎样能喝到水，以及怎样能喝到干净的水而不是喝到有毒的水。显然这些规则是需要交流的，交流的人以及群体才能生存和成长起来，肯定这些信息越交流会越多，就会随着交流群体的增大而更加有效和有新的认知和价值，如果这些人与人之间的以上两种法则不能在人与人之间进行交流，那么，依据基本的自然科学知识这可能就会导致人的消亡和群体的灭绝，但是知道这两种法则并按照这两种法则做了，人就遵守了自然法则而具有了得以生存的可能。所以，如果一个群体要想在喝水的问题上能够生存下来，这两种法则基础上生成的自然的人关于喝水的法则就是所有群体的成员都要认知的科学的法则。而关于喝水的这两条规则和知识，必须通过在群体中公开来进行传播并被遵守。

当然，有了物物和人物的这两层法则，对于一个群体的生存和发展来说还是不够的，还要有第三个层次上的重要法则，即人人之间的法则，这个法则会在前两种规则的基础上生成出来并被要求遵守。对于一个群体的喝水，除了解决以上几个问题，还要解决水属于谁的、谁能喝水、每天每个人供给多少水、要不要用钱买水等问题，因为水在有限的时空中是有限的资源，获取水也需要成本，等等。因此，群体中人与人之间要在这个基础上形成并遵守一种法则，这种规则是以权利义务区分为基础的关于如何分配喝水的法律规则。① 如果在整个社会群体中，在人与

---

①　实际上，这种情况就是体现了物物和人物的规则必然要求生成并公开化的人人之间的关于某个事项的法律等社会规则，如果这种规则只限于在少部分人之间公开，那么是不利于更大群体实现更大利益的发展的。当然，资源少的情况下抢夺资源的逻辑同样是存在的，但是这只是暂时的现象，并不能否定在一定的群体范围内信息规则应该公开的要求，也难以阻挡信息和规则会打破小群体的限制而在更大的群体范围内公开。

人之间，对于水的劳动以及资源的使用不作出这样的规则上的安排，并要求人人遵守这样的规律性的法则，显然水可能是喝不成的，最后会因为没有这样的法律规则或者没有遵守这样的社会法律规则而导致群体生存和发展上的危机。

三、法则信息知识公开的逻辑、机制和规律

下面梳理总结一下以上技术基础上的规则生成和公开的基本逻辑、机制和规律。对于社会生产生活中的任何一项技术的发明或者生成，比如取水用水的技术，可以说从技术研发生成的时候开始，实际上关于这种技术的物物规则以及人物的规则就已经在群体之间公开传播了，随着技术被广泛使用，这种技术公开传播得就越广泛。如前所述，以这种技术所揭示的物物以及人物的法则为基础，一定会形成人与人之间关于取水用水这件事项的法律规则，在前两个法则的价值目标下，如果现实中水还能取到用到，说明这个人人之间的法律规则①也应当是公开制定、广为人知和参与并能够保障前两个法则的公开和正当传播发展。试想一下，如果只有少数人掌握控制这些法律规则和信息的制定呢？②或者这样的法律规则的制定不利于更多的人掌握这两种法则，不利于法则的正当使用，不利于法则的持续公开

---

① "人人法则"包含着以上两个层面的自然法则的公开传播和使用。这里需要详细阐明的是，在几种法则的关系上，是在前两个层面上的法则基础上产生了人人之间的法律规则，人人之间的法律规则公开传播前两种法则。但是，"人人法则"对于前两种法则的公开和传播，并不是对这两种法则运用的原理和运行方案直接的传播，而是对由这两种法则所支撑的社会事实的确定和传播，即前两种法则基础上的事物以及以此为基础的社会行为和关系，需要法律的规则予以价值上的肯定、否定或者默示等形式进行表达和确定，并进行公开的发布和传播。具体来说，法律直接传播的是对前两种法则基础上的行为与关系的肯定或者否定等方面的确认，以及具体行为和关系的操作规则的内容，如此以保障或者摒弃了这些行为和关系。

② 集权和专权就是对信息传播的独揽。

获得公众的持续参与和促进发展呢？① 这里的少数人掌控就是所说的没有明确的关于此事的规则，指的是关于此项事务是"临时制刑"的状态，具有很大的个人或者少数人的意志的随意性，相关的规则没有得到多人民主广泛的参与。显然，如果是这样的情况，会给前两种法则发现或者发明的应用秩序带来混乱，在作为第三层法则的法律规则处于这样的一种状态下，显然是不利于这项技术以及以这项技术为基础的事业的继续发展，就阻止了已经发明或者发现的前两种法则在更多人之间的公开和传播，显然，这样的法律规则状态会阻止所有的行为，包括进步的行为，那么这显然违背人类生命的本质和规律，违背信息和法则的天然规律。在现实社会发展历史过程中，这种法律规则的状态一定是经常出现的，并造成一定时空中的社会群体、国家和文明发展的延搁、停滞、衰落和灭亡，但是在"适者生存"的道理和发展逻辑下，对于整个人类来说，可以说所发生的这些情况也都是暂时的，最终人为的错误选择还是阻挡不住规则知识公开这一大势所趋的历史洪流 ②，只是造成了"顺之者昌、逆之者亡"的人类群体发展现象。

四、科学技术与法则信息知识公开与传播的关系

技术与法律规则公开传播的关系是怎样的，或者说，技术在法律规

---

① 法律的规则主要不应当是直接体现物物和人物之间的法则方案，而是能够保障这两种法则的公开并正当使用、运行并持续获得社会主体的参与和发展。基本的道理和逻辑是：法律规则的公开制定和公开发布，才能够保障前两种法则的公开并正当使用和运行等。

② 因为按照三层法则的关联关系发展规律，一个地方如果不制定合理的"人人法则"，肯定会有其他的地方制定合理的"人人法则"以保障前两层法则的发展，那么就会形成谁有合理的"人人法则"谁就会持续发展两层法则而获得更强的社会发展的竞争力，如此就会倒逼没有合理的"人人法则"或者对"人人法则"不合理的地方进行法律规则和制度上的改革。

则公开和传播的法律工程的建设和发展上是怎样发挥作用的，以及法律规则公开传播的方式是怎样的呢？通过以上的阐述可以看出，在一种层面上，技术是什么，技术就是法则，尤其是第一、二种法则，当然，如果将社会科学也看作是科学技术，实际上法律规则也就是技术。因此，在人类社会的发展过程中，在以上意义上，技术的研发本身就是法则的研发，而且一定是基于既有技术法则和法律规则进行研发、探讨和交流的。在这种意义上，实际上人类的任何关于技术的研发和实践活动都是既有三种法则的传播和交流活动，二者本身就是一回事或者一个事物。而面对一个新的事物，也就是进行新的三种意义上的法则的研发和探讨时，这些技术法则不仅传播和公开了既有的三种法则，而且催生了这个所要研究出来的新的自然法则，也包括以上所生成的，以相关自然法则为基础的新的社会行为和社会关系为基础的社会法则。如此，在这三层法则当中，仅就新生的法律规则的生成和传播而言，实际上是新技术的探索和发明促生了新的必须要对此进行公开的法律规则，这些新技术是新的法律规则生成并进行公开传播的内在需求和动力。① 当然，有一些技术和发明，就是相对比较纯粹的具有公开、传播和沟通信息功能的技术或者工具，比如以上说的语言、文字、纸笔、印刷术以及后文还要详细探讨的交通、电信等多方面的技术和工具，以及一些有利于交流以致传播和公布信息的地理条件和人力活动等，它们对于包括法律在内的所有信息法则的公开和传播，无论既有的还是新生成的，都具有外在的条件作用以及效果实现和保障作用。

因此，总结来说，相对于法律规则的公开与传播而言，可以说有两种技术或者说技术有两种作用：一种是作为内在动力的不具有直接公开和传

_____

① 这里所说的是技术对法律的直接作用，或者称为直接性法律技术，以及技术对法律的间接作用，或者称为间接性法律技术。比如体现在一些技术直接有利于促进法律的公开，间接体现在这些技术虽然没有直接有利于或者促进法律的公开，但是它们导致了规则内容即信息内容的改变，由此形成了信息公开的要求和动力。

播功能的技术，另一种是作为外在的条件、能力直接能够用于各种法则信息进行公开、交流和传播的技术。另外，整个社会信息的传播媒介，不仅包括专门的直接的法则信息传播手段和工具，实际上，人类的所有行为都是信息传播的媒介和手段，如前所述，信息就是行为，行为就是信息，因此凡是有利于社会行为和行动的各种自然和社会条件以及发生的各种事件和社会活动，都可作为法律信息公开和传播的重要考虑因素。另外，相对以上的公开和传播技术区分，前文也有所提及，可以看出的是，仅就法律作为行为指令的信息工程而言，这个工程是技术发展催生的或者说是以技术为基础的信息生成和运行机制，其同时也依赖于某些专业技术来实现运转。也就是说，技术研发一边制造事物的新的信息内容，同时也制造了这些新的内容必须进行公开传播的要求，而且在这种需求下，也制造了公开和传播这些信息的机制和能力，即法律工程。法则信息公开传播的要求导致了法则的改变或者新的法则生成，而法则的改变或者生成又导致或者要求法则信息的继续传播。

五、法律规则信息的公开

从根本上来说，法律工程进步和完善的目标是实现法律规则信息公开，而其主要的手段和方式包括两个方面：一是法律规则的公开发布；二是对发布的规则和信息进行工程模块上的架构和运作，以保障这些规则和信息公开内容的实现，从而能达到规则被公开的效果。这里首先需要对什么是法律规则的公开、其中所涉及的信息的真实性和准确性是什么、公开实际上所指和所包括的层面和机制以及其与技术的关系进行详细的解释。

法律规则的公开，从基本的意思层面来说，或者简单地进行理解，是整个制定的规则信息内容的公开，目的是让信息的接收者充分认识和了解信息，保证信息的真实性，并在信息的使用上不要出现差错。如果是三五个人共同制定了这几个人自身范围内适用的规则，那么这几个人很容易对制定的内容进行充分的理解和掌握，其适用并不会出现太多的错误。而现实的状况是，公开的法律规则就算完全是由一个人制定的，但一定是在较大而且越来越大的社会群体中公开并进行实现的，就现实公开的规则的内容到底是什么，或者说到底什么是现实中真正公开的法律规则，以及法律规则在现实中的实际公开的状态到底是什么，等等，这些都需要进行具体认识。首先，现实中公开的规则一定是制定的法律文本，或者对于非成文法而言是共知的事实信息，仅以制定的文本为阐述分析的话语空间，那么，这个文本除了自己的字词句章等形式以外，实际上在司法、执法以及各种法律适用中的每一个主体都会有或多或少的对内容的差异性的理解，如果这样来看，现实中公开的文本是不计其数的。所以，从状态来看，公开的规则整体上看似就只是一个相关的文字或者信息构成的静态有形的文件性文本，而在具体上看，公开的规则在现实社会中是一个动态的因人而异的理解性文本。比如，就立法公布的文本而言，执法、司法和用法会各有各的理解和对法律适用后形成的实践出来的文本。如此情况下，信息的真实性和准确性是什么？在一定的认知共识程度上，信息的真实性和准确性都是相对的而不是绝对的，存在于从立法到法律适用所有文本理解的共识当中，而且不是一经公布就确定实现的，是通过所有以上相关环节和行为的互动实现的。也就是说，公开公布的法律规则信息内容实际上在现实社会中既是有形静态存在的，也是无形动态存在的；既是没有使用前的一种社会共识，也是适用操作后形成的适用结果。而不是人的常识和表面所想象或看到的一个固定的立法文本及相关的内容，现实的法律规则信息公开运行的环节中，不是只有立法是主动的，而法律适用就是被动的，事实上它们之间是互动的。

所以说，法律的公开既包括规则条文、文书结果等文本的公开，实际上也包括运行过程和机制的公开，既包括立法的公开，也包括执法、司法以及法律适用等方面的公开，通俗地阐释，法律要公开立法是怎么个过程操作的以及结果是什么，同时也应当包括司法、执法和用法是怎么个过程操作的以及结果是什么。法律的公开既要公开具体的条文信息，也要公开这些条文是怎么制作和运行从而以实现这些内容的。因为要有总体上的法律规则认知观：法律的规则无论从文本上还是操作上都是整个操作整体上形成的一个知识体的内容和实践，如果只公布立法的条文或者某个环节，等于没有实现真正的法律公开。如此，法律公开所指、所包括内容以及相关的层面远比条文文本公开要复杂丰富。这里所说的公开在具体层面上也不是机械的，一定是有着科学合理的规则的。

那么，如何实现法律的公开呢？根据以上，从所涉及的方面来说，既要使文本公开，也要公开运行操作的环节。而在历史和现实的经验上，公开是需要人类不断研发创新的技术和设计运行操作的工程结构机制来实现的。比如说，公布成文法需要的相关技术，在机制上，比如公布成文法后形成的实际上是君王立法和百姓用法的"二权分立"，以及以后资本主义国家形成的新的权力分立的工程结构设计。任何一个社会和国家法律的公开实际上是工程技术和工程机制结合的结果，至于二者的关系，这里面也可以做出这样的理解，即有什么样的技术就会形成相应的机制①，否则也

---

① 需要明确的是，这里的技术既包括对公开直接发挥作用的技术，比如前文提及过的造纸术、文字技术等，当然也包括有利于机制架构运转的技术，比如分工和分权的一些相关的技术等方面。当然这里是否可以在这些技术中确定出一个阶段的核心的关键技术，比如表达和载体技术，由此，第一次的表达和载体技术是文字和物理载体，导致了公布成文法的第一次的分权和分工，导致了一个职业的出现、治理和统治，其间经过了三权分立以及其他国家的分工与合作的模式；第二次的表达和载体技术是不是就是正在发生的 0 和 1 构成的数字文字、移动终端和智能体等信息载体，使知识和信息更接近于普通的人，会不会导致职业异化的减弱和消除。如果这样来看，以技术发展为线索和标准，法律发展阶段的划分是否可以重新进行考虑，也许可以在社会发展历史形态以外的技术视角上，探讨分析怎么样进行信息的表达和机制搭建以保证法律规则公开的问题。这样看来，所谓的奴隶、封建、资本主义以及社会主义社会都是一种法律规则和信息技术或者模式架构出来的制度或者社会发展阶段，这个也可以界定为是由人、职业的

无法真正实现公开。如前所述，因为通过技术，比如文字和纸的结合，公开的只能是立法到用法等各种环节信息，但无法保障这些信息在既有条件下，在应该有的科学合理的分工上，以一种合理有效的方式进行合作、竞争及制约等交互作用，从而达成一种共识性文本，这个文本也就是前文所提到的要公开的整体性法律规则。实际上，如果只有技术保障了法律条文的公布，而没有一个很好的法律分工上的不同环节的工作机制，实际上是无法实现法律规则和信息的公开的，或者说，其不是真正意义上的法律规则和信息的公开。

以上的相关道理也说明了从古到今以至到现在为止，为什么发展出来并仍然在运用运行一个法律专业和法律职业，因为从根底上来说，如果没有这些，就无法从根本上实现法律的真正公开。如前所述，法律专业和法律职业实际上体现的是法律生成和运行过程中所需要的知识和能力问题。在历史事实上，法律从一开始就是从少到多但仍然是很少的人掌握的信息以及知识和能力，众多的人对此是不掌握或者说没有的。当然，这也不只是历史条件造成的、一种少数人蛮横的垄断，这种状态在一定的条件下也有科学合理之处。也就是说，如果法律也是一种能够更好实现效率和效果的知识技能，从现实的人的能力和各种错综复杂的条件和社会状态来看，一定的历史条件下，在能力上也并不是人人都能以及在社会成本上也并不是人人有必要掌握，但是这些合理性都是有时空条件的，不管如何，从古至今，不从相对性而从绝对性来看，还是越来越多的人具有了掌握的能力

人所控制和统治的阶段，比如可以划分为文字出现之前、文字出现之后、数字出现之后三个阶段。文字出现之前的能力和知识是天然、自然的强力和能力，体现的是原始神性，在社会行为模式上主要表现为人对信息和指令的遵守；而文字出现后的能力体现为文字、文书、表达、修辞、逻辑、速度等，由此主要是要保证交流、互动、共识和契约合意，体现的是科学理性，体现为人的共建共行规则；数字出现以后的能力体现在快速、信息量大、效率、准确、真实等，主要表现为每个人对信息和指令的多维发出和遵守，规则和行为合一，体现的是科学理性基础上的未来"神性"。

也具有了更多的意识和相关的知识①，但不可否认的是，法律至今仍然是专业的人干的专业的事情。

如此，在大多数人相对不具备这些知识和能力的前提条件下，如果能够实现真正的、有价值的、有效果的法律的公开，那么，不应该是仅仅把法律条文公开出来，老百姓一看就可以了，且不说在一定的条件下老百姓就不会看或看不懂，就算是看懂了也不会应用。依据上文所述的道理，如此怎么能够实现法律运行不同环节上不得不的互动交流，从而最终形成优质的必要的社会交流互动基础上的法律文本，如此怎么能够实现真正的法律的公开。因此，在一定的历史条件下法律知识和信息的专业化以及法律人员的职业化同样是法律得以公开的必要条件和历史选择，因为这些职业化的群体工作可以在不同程度上辅助其他非专业的人进行上述的参与和互动的行为。②

由此，一定技术支撑下的法律条文公布了，法律信息和知识存在了，掌握法律知识的群体也存在了，法律运行的基本环节和工程模块也现实存在了，那么需要的就是在这些条件下，在现有社会各种法则的发展要求法律规则实现公开的程度以及方式需求下，合理地架构工程机制进行法律的生成和社会运行。

第二节　法则信息知识的全球交流与发展

依据上文的技术、法则、知识、行为、信息相互关系和机制的梳理

①　这是人类社会发展的大趋势，代表人的发展进步和解放的大趋势，职业和专业的存在与更多的人知识和能力的提高并不矛盾。

②　这与后文及本书所要论证的目标，即人工智能是要解决职业上的问题并不冲突和矛盾。因为人工智能主要的价值目标是在解决职业产生的统治和异化问题，而不是要消除职业和专业知识本身，但是这已经被很多人误解和误判。

分析，就所要探讨的法律规则信息工程建设与技术发展的关系这一主题而言，实际上在中国的造纸和印刷等相关技术传到了欧洲以后，继续带来的是整个人类社会在这个阶段的事物法则信息的生成、公布、交流和传播，促进了包括自然法则和社会行为法则在内的全方位事物规则信息的生成和传播。下面我们把叙事空间移转到欧洲和西方社会，或者说主要通过西方世界社会发展上的行为和历史事件来对此进行继续的探讨和发掘。具体的历史事实应该是，造纸和印刷[①]技术进入西方社会替代了昂贵的羊皮卷和莎草纸后，极大地促进了以上各种法则的传播、互动和创新发展。如前所述，各种事物法则的创新发展同时也就是整个社会政治、经济、商业、文化等多方面社会生产生活的行为和行动的丰富和繁荣。

一、大学的建立与罗马法的复兴：法则专业知识与职业群体的出现

根据西方社会发展的历史时间顺序，基本可以做出如下的理解。首先是最早的大学博洛尼亚大学的建立和罗马法的复兴。[②] 大学的建立意味

---

① 参见吴军:《全球科技通史》，中信出版社2019年版，第103—114页。

② 参见[美]哈罗德·J.伯尔曼:《法律与革命——西方法律传统的形成》，贺卫方、高鸿钧、张志铭、夏勇译，中国大百科全书出版社1993年版，第147—159页。罗马法的复兴始于11世纪末意大利的博洛尼亚。1088年，博洛尼亚设立了以教习罗马法为主的法律专科学校，即博洛尼亚大学。该校在欧洲广招学生，名噪中古欧洲，直接促成了全欧研究罗马法的热潮。学校创建人伊纳留斯（Trnerius，1085—1125）也是"注释法学派"的创始人。该派以对罗马法的注释为主要工作，力行罗马法的复活。但这一宗旨是由"后注释法学派"即"评论法学派"实现的。后者注重罗马法与现实社会的关系，不拘原文注释，重在评价与分析。这两个学派的研究与争鸣，使得罗马法在意大利重新复活。复活的第一个表现是罗马法学的兴起，第二个表现则是罗马日耳曼法系的形成，罗马法由此逐渐为欧洲和世界所接受。

历史学家们现在已不再接受一个流传已久的看法：罗马法的复兴源于《学说汇纂》的一个手抄本于1135年在阿玛尔菲的发现，比萨人从那里将该抄本带走，一直保存到1406年，随后它又被带到佛罗伦萨，并在那里找到了自己的最终归宿。

着对人类社会既有的事物的自然法则和社会法则相关的信息和知识进行传承、总结研究以及对职业人才的培养；罗马法的复兴典型地代表着一种社会法则意义上的法律规则的继续传播和使用，人类社会这样的活动和行为代表的是相关法则和信息在更广阔的空间、群体和事物上的继续爆炸式地发展传播。那么，大学的建立和罗马法复兴的原因、条件和结果以及后续的影响是什么呢？

从技术发展和信息传播的角度来看，在大学建立和罗马法复兴之前，欧洲中世纪后期，农业、手工业技术开始复苏并发展进步，由此导致了欧洲商业上的繁荣、商人群体的形成和城市经济的兴起。具体来说，传统认识所能看到的是，农业手工业技术的发展肯定是提高了生产力，但是在当时的西欧，由于既有的各种条件，包括传统的商业文化，有利于进行贸易的地理环境等条件，导致了欧洲商业和贸易的兴起和繁荣，由此导致了更多的人和群体经常聚集到一起进行各种信息的交互传播，而不像中国历史上，在重农抑商的现实情况下，这样通过人的行为和活动导致的信息传播和交流没有兴盛到如此以及后来的程度上。显而易见，越是更多信息和法则的交互，就会越是容易进行更多的技术法则以及社会法则创造，也就会生成更多新的物理产品、行为产品以及法律规则产品。①

商业贸易的聚集地形成了最早的城市，城市不仅是货物集散地，实际上也是最早形成的典型的人类社会信息法则交流传播的场所和集散地，当然也是人类社会出现的一些特殊身份、特殊功能的人的聚集地，这些人叫作商人，还有手工业者，以及后来所称的知识分子，他们都不是住在农田

---

① 参见 [美] 哈罗德·J. 伯尔曼：《法律与革命——西方法律传统的形成》，贺卫方、高鸿钧、张志铭、夏勇译，中国大百科全书出版社 1993 年版，第 119—128 页。也就是说，自然法则的交流融合会鼓励创新激活想法生成新的技术以及相关的产品，那么根据前文的阐释论证，以此为基础也会生成新的社会性的法律法则，如此，其实法律法则以及法律规则运行的社会机制和工程同样也是一种社会产品。

附近的农民。① 这些人共同组成了后文所说的"新兴的资产阶级"。如此，以上的这些技术导致的信息的繁荣和新的社会事业场景，导致了两个不适应以及相关的调整，一是既有的法则信息的运行、掌控、研究的机制，即教会机制下的信息传播和生成机制不适应现实发展的需要，在这种情况下，这些新的社会群体形成了共同的需要，就是建立大学，以一种新的方式和方法对三种意义上的法则和信息进行研究，实质上是对抗教会建立社会新的信息生成、公布和传播的机制，包括人、方法、体系等，自此以后，教会和大学、神学和科学血雨腥风对抗了很久。二是"新"规则的生成，罗马法的复兴。简单地说，罗马法实际上就是古罗马帝国的商业法，是一部系统的、丰富的非常适合商业活动需要的法律规则。在法律史的阐释中，繁荣的商业贸易和信息交流所形成的新的社会行为社会关系并不是日耳曼习惯法等法律规范所能够对接适应的，也不是教皇教会神职人员这些法律运行的机制机构所构成的法律生成和运行的工程所能够驾驭的，于是在已经形成的新的自然法则的信息频繁广泛地交融进行新的社会事物生产的时候，一种新的适合需要的社会法则开始出现并发挥功能，即罗马法的复兴。在现实的实践中，大学的开始建立和罗马法的复兴天然地结合到了一起，最早建立的博洛尼亚大学开始就是为教研罗马法专门成立的学校，罗马法的复兴也不是直接对罗马法的沿用，而是通过专业的人员结合现实的情况对罗马法进行注释或者评价，创立新的法律规则的知识，形成新的符合现实需要的法律规则。②

综上，大学的建立和罗马法的复兴看似与历史上其他事件中的知识

---

① 商人和手工业者之所以住在城市，农民之所以住在农田附近，原因都是相同的，交通便利，由此信息传播便利，当然运输成本也会降低。这里面已经说明或者显现出交通技术对于信息传播的重要作用。

② 参见由嵘、胡大展主编：《外国法制史》，北京大学出版社1989年版，第125—129页。

信息的生成和传播的逻辑和现象没有实质上的差别，通常的认识和观点认为这分别是新生群体思想的解放以及新法律规则和新制度生成代替旧规则和制度实现自己的利益的要求，这些理解都是有道理或者说是正确的，但在法则的知识和信息的公开和传播以建立新机制的问题上，这两个事件或者人类的行动，在这个领域中则具有里程碑意义。对此来说，同时发生的大学的建立与罗马法的复兴绝非历史的偶然，特别之处体现在：其一，说明人类的各种法则的知识和信息发展到这个阶段已经达到了相对足够的数量，并结合既有的社会工作的种类和分工，这些信息和知识可以进行一定程度上的区分，有必要需要专门的机构、人员及机制对这些信息和知识进行研究和生产，包括现在本书中所理解的物物、人物以及人人之间的法则，其实也应当是从彼时的认识开始，一脉相承地发展而来的。其二，在法则和信息的性质上，这些法则和信息应该是第一次在人类的历史上具有了科学的属性，在此前，这些法则和信息要么是故事、风俗习惯、神启、神谕、宗教规则，从此有了科学上的数学、物理学、化学、医学、建筑学、工程学、哲学、文学、历史学、神学、艺术学、法学等。包括法律规则信息在内的各种法则开始以科学的态度和方法进行交流、研究和发展。其三，特别显著的现象和后果是，这个很靠近我们通常的观点上的理解，就是这些信息和知识的掌握、驾驭、生成和研究不再被传统上的部落长老、君王、教皇、神职人员等有限的所谓的权威群体进行相对封闭的垄断式的把控，虽然这更加促进了法则知识信息的专业化以及持有应用人的职业化，但是，这毫无疑问是人类信息知识史上的一大进步、飞跃和解放，可以让更多人的，虽然当时主要是相对有能力的商人和手工业者等，有资格和机会去参与这些法则的研究、创造和适用，如此在人类的历史上再一次解放并促进了法则知识信息的"爆炸"和影响力波及。这对接下来的整个欧洲的文艺复兴以及全人类的资产阶级革命、工业革命直到现在的法则知识信息的发展产生了根本性的推动促进作用。

二、法则信息知识的全球传播活动

如前所述，除了专门的用于信息传播的技术对信息的交互和传播产生直接的推动作用，人类的各种有意识规划的以及偶发行为、活动和事件同样是各种信息法则传播和生成的媒介和条件。实际上，这种技术法则信息爆炸式的生成和传播在条件可能的情况下是不受地域限制的，即使有文化、制度、经济、政治等多种条件的限制①，也会或快或慢以不可阻挡的趋势扩大传播的范围，加深传播的程度。历史上，链接东西方的几个重要的历史性事件和人类活动，对于技术或者各种法则信息在东西方甚至全球范围内本能式的传播和生成起到了重要的、关键性的作用。

其一是西罗马帝国灭亡前后，社会动乱导致很多古希腊和罗马的科学技术古典典籍和作品损坏流失，一部分通过东罗马帝国流传到阿拉伯帝国，阿拉伯人认真地对这些作品进行了翻译和研究②，带来数学、哲学、物理学、化学、天文学、医学、建筑学等科学技术知识的繁荣、进步和发展；其二是中国汉代以来开辟了陆上和海上的丝绸之路，后经过繁荣的唐朝以及以后的朝代与阿拉伯帝国等中亚和西亚国家的商贸交流，将中国的四大发明以及其他先进的科学技术传播到了这些地区，当然，这些地区的科技同样也传播到了中国，由此相互促进了彼此科学技术和相关社会事业的发展。其三是西罗马帝国灭亡后，欧洲就进入了中世纪科学技术发展的黑暗时期，古希腊和罗马的科学技术研究和发展在欧洲没落或者衰退了，但是，中世纪后期开始于

---

① 科学研究的对象是第一、二层法则，而文化往往只涉及第三层法则，而且根据基层法则时间的关系，差异性的文化很难阻挡科学的传播。

② 阿拉伯百年翻译运动，参见百度百科（https://baike.baidu.com/item/% E9% 98% BF% E6% 8B% 89% E4% BC% AF% E7% 99% BE% E5% B9% B4% E7% BF% BB% E8% AF% 91% E8% BF% 90% E5% 8A% A8?fromModule=lemma_search-box），最后访问时间：2023 年 2 月 1 日。

11 世纪的近 200 年的十字军东征，又将在这个时间段集聚并获得发展的古希腊罗马的、中国的以及阿拉伯帝国关联地区拥有的科学技术文化以及相关成果带回或者带到了欧洲，开始在欧洲被研究和发展应用。其四是 13 世纪后期，出生于威尼斯商人家庭的马可·波罗于元朝的时候来到中国，开始了他的中国之旅，撰写了一本书叫作《马可·波罗游记》，书中以其在地中海、欧亚大陆及中国等地方的旅行所见所闻，详细记录了包括中国在内的许多国家和地区政治、经济、文化、科技等方面的信息，是当时以及后来很长一段时间西方人了解东方情况的重要信息和知识来源，应该是人类历史上西方人感知东方的一部重要的著作，书中所描述的东方的美好令西方人对东方和中国产生了强烈的向往。其五是全球的大航海以及地理大发现活动。从中国开始的持续的海上丝绸之路探索和贸易交流在明代航线已扩展至全球，进入极盛时期。向西航行的郑和七下西洋，是明朝政府组织的大规模航海活动，曾到达亚洲、非洲 39 个国家和地区；向东航行的"广州—拉丁美洲航线"（1575年），由广州起航，经澳门出海，至菲律宾马尼拉港，穿过海峡进入太平洋，东行至墨西哥西海岸。明代海上丝绸之路贸易形成了空前的全球性大循环贸易，这对后来的开始于葡萄牙、西班牙等国家的达伽马、哥伦布和麦哲伦的大航海和地理大发现都有技术、经验等方面的先导作用。① 毫无疑问，这些航路的开辟和新大陆、新世界的发现，加强了人类对于整个世界的更加全面的认识和理解，促进了全世界范围内的科技、文化、事物、贸易、资源等多种法则和人类文明要素的传播与交流，可以说促进了整个世界的法则知识和信息的进步成果能够全方位、全面地获得认知和理解，增加了对地理、天文等人类整体运行的法则知识和关于人类本质等多方面的知识的认知，并且使人类世界开始走向整体并进行全面的关联。这意味着人类第一次在地球上找到了世界这个空间的边界，具备了或者说意味着把全世界的知识法则聚揽到

---

① 参见吴军：《全球科技通史》，中信出版社 2019 年版，第 152—158 页。

一起沟通、交流和创新生产的现实条件已经初步获得。

三、法则知识生产解放运动与三层法则的认知形成

接下来,在西欧,大致从 14 世纪到 18 世纪,先后交叉又接续,互为条件促发新的发展,发生了近现代历史上具有重大意义的所谓三大思想解放运动,即 14—17 世纪的文艺复兴运动、16—17 世纪的宗教改革运动以及 17—18 世纪的启蒙运动。按照传统的共识性的历史学观点,西欧中世纪后期,主要的社会发展倾向和活动是在政治、经济、思想、文化等方面全方位摆脱教会教皇的控制而获得解放发展,而这里最主要的是或者集中体现在以上这些领域的思想解放方面。也就是说,相关方面的思想一旦获得了解放和打开了,就像打开闸门的洪水,相关领域包括政治、经济、宗教、文化等方面的具体社会实践和机制操作问题也就迎刃而解了。

思想是什么?这里所说的思想不是通俗意义上的人文学说理论观点,而是认知,按照现在的学科分类理解,实际上就是关于所有自然科学、社会科学以及人文学科方面的知识,就是人类对宇宙中的包括天、地和人等万事万物的理解和认识,本书的理解和认识视角下指的就是物物、人物以及人人之间的三层法则的总汇。因此,在此意义上,整个西欧社会这个阶段所发生的思想解放运动,实际上是关于当时所有种类的人类认知知识信息的一次综合性的大发展和大爆炸。当然,这里需要特别强调的是,不仅种类上是所有的,而且这些知识也是来自全人类的最先进的认知。

如前所述,从 11 世纪开始,人类最早的大学开始在教会之外建立,并在接下来的几个世纪中在欧洲大量建立发展。大学建立最重要的特征和价值是专业分科,即分专业进行研究和相关的人才培养,在此基础上形成一种尽量摆脱政治、宗教、社会等力量的干涉和影响,以独立、自由、开放的机制和方式进行科学真理知识的研究和人才培养的方式。因此,如果以化学爆炸

反应机制和过程来进行理解，近现代意义上的大学，就像全人类在这个时期的欧洲设置了一个法则知识和信息的聚变和爆炸的装置，当经过全球的商业贸易、战争、大航海等多方面多方式的传递、输送和融通集合，当时全世界所能掌握的最先进的、所有关于宇宙、地球、生命、人类等的知识信息和法则全部进入这个装置中产生相互间的促生、整合、聚变和大爆炸，由此，首先产生的就是文艺复兴，接下来就发生了宗教改革和启蒙运动。

文艺复兴，就是这次大爆炸的本身或者集中的体现，这些知识短时间汇集到空间有限的欧洲，是人类历史上一次集中的认知、理解和实践上的总结和聚变式的大爆炸，宗教改革和启蒙运动是这次大爆炸的继续以及现实成果转化或者现象。具体来说，这次法则知识和信息的大爆炸对于人类的信息和法则主要有如下几个贡献或者意义：一是以大学为主体或者核心，对于人类到当时为止的最优质的法则和知识信息进行了集中、梳理以及分科成果化研究，使相关的知识内容获得重大的发展和进步；二是形成了人类历史上真正意义的科学，包括科学的态度、理念、精神、方法及内容；三是在人类的历史上，以科学的方式方法对天、地以及人、神、生命等相关的知识进行了科学化的研究以及科学的区分和关联，最重要的，可以说，在人类的历史上，第一次以科学的方式从物质、精神、生命、生理等方面发现了"人"；四是发现了理性、自然法则、规则和真理，在人和理性的关系上，将自然规律和法则与神以及神的指令区分开了，并构建出一种新型的人、理性和神之间的关系，形成了人权的认知和法则，同时将人从神的体系和机制以及法则体系当中解放出来①；五是在"人"和理性

----

① 这里需要特别说明的是，无论是在东方还是西方，近现代的革命都是从皇权或者君权中将人权解放出来，其实，从认知、知识及法则的角度来看，国君或者皇帝实际上是神的法则的代理人，或者说是神的代理人，而近现代有了"人"以后，职业人就是"人"的代理了，这些知识和法则就是"人"的知识和法则了。由此可以看出，神的体系和人的体系以及机制是不同的。

的基础上，人类的法则和知识信息开始围绕着这个"人"的能力打造，将这些知识和法则积累和整合到了一起，形成并通过接下来的持续发展不断地在强化"人"在这个世界中的能力及地位，这也包括职业知识和职业人的体系和群体的扩大，开始构建"人"的体系和人的机制。

综上，结合本书的法律规则的信息机制和信息工程问题，整个人类在近代的欧洲就是在科学基础上形成了物物、人物以及人人之间的法则体系，解构了神、神的法则以及相关的信息知识和相关的社会运行体系、机制和工程。① 无论是以中国为代表的天人合一，还是中世纪欧洲的政教合一，无疑都是以上神的法则、信息知识体系和相关的运行机制。在整个社会演化进程中，随着神的知识信息体系、相关法则在认知上的坍塌瓦解，相关的运行机制也随之开始瓦解，首先是宗教改革运动后的政权从教权中分立出来。但是，这种工程机制的瓦解没有就此停止脚步，接下来便是所谓的国王的人头落地或者被赶下王座或者权力空置和封建国家的灭亡，取而代之出现了资产阶级国家的建立和现代的人较为熟悉的三权分立，以及其他社会形态和国家中，围绕法律规则的生成和运行的多种权力的科学划分与合作，即立法、司法、执法所构成的现代国家和政府。实际上，这个过程就是以科学理性和民主人权为基础的三层法则所构成的人的法则和信息知识取代神的知识体系的过程，形成了近现代从几百年前到现在仍然在有效运行的三权分立或者多权分工② 的机制，这就是人的三层法则和知识体系进行运行的工程机制。

---

① 这体现的是神、君、臣民体系和机制与理性科学自然法则、政府、人民体系和机制的区分。

② 不同的国家制度、文化以及历史发展过程导致的机制和制度并不一样。

第九章　技术基础上的宏观法律工程的
　　　　近现代发展

在科技发展、各种法则的公开以及法律工程运行机制的关系维度上，当人类的资产阶级国家和政府建立以后，实际上可以说，人类以上的相关方面，不断加大加深关于以人为出发点或者从人开始的，或者说就是对人的认知，强化人的主权或者人的地位，增强人的相关能力，构建并运行这些认知法则基础上的、包括或者就是以法律运行为核心的工程运行机制。仍然从技术角度进行切入，在整个人类世界空间和发展历程上，自资产阶级国家和政府建立，按照一定共识性的标准和理解来看，到目前为止一共经历了和正在经历着四种前所未有的技术革命或者技术时代，一是蒸汽机时代，二是电气化时代，三是信息化时代，四是现在正在经历和进行的智能化时代。毫无疑问，以上这些人类的技术探索和努力一方面是为近代以来的法律等社会法则运行工程和机制带来巨大的进步成果[1]；另一方面，这些技术以及相关法则和成果也在支撑赋能和强化这样的运行机制的能力和效力[2]。下面就来具体分析探讨这个过程发生的事实细节和逻辑。

如前所述，技术经历以上的发展演化过程，通过科技发展成果，在人类社会发现了本质上或者本体上"人"的存在，并通过相关的技术手段、

---

[1]　也就是这样的定位和机制保障了多层构成的法则的公开和传播功能的发挥。

[2]　当然这种赋能和强化肯定也包含变革的因素和驱动，只不过在量上还没有达到质变的程度。比如说，自信息化、数字化直至智能化的现在阶段，人的地位和属性正在经历重新的认识，将来在一定的发展阶段上，相关的各个方面非常可能会产生实质性的改变，这在后文将进行探讨。

信息、知识和方法打造了现实中的人。也就是说，近现代是一个从发现或者生出一个"人"到培养、打造或者养大一个"人"的阶段。在这里首先要说明的是，在这个阶段，法则知识信息运行工程的基本机制是以此事的法则信息传播公开技术以及工程内部模块构成和运行机制为基础构建的，那么，在技术相对稳定或者固定的情况下，是怎样通过工程模块构成以及机制上的安排和调整来解决问题的，即要看看在这个阶段，技术作为三权分立的基础条件和理由是怎样的，看看这一阶段法则的构成和公布的公开需求的状态如何，以及看看在这个全方位的革命转换的时刻，整体的法则信息工程模式是怎样运用三权分立的模块和机制来解决问题的。然后，在由此到接下来的几个重要的技术发展阶段，要分析一下，从法则知识信息公开运行的直接和间接的技术支撑来看，在支持法则运行的技术和机制的两个维度上①，这些阶段到底是怎样的法则构成，应该进行怎样的法则知识公开发布和运行，应该运用怎样的工程设计和机制来实现和保障这样的效果，以上这些方面具体经历了怎样的演化过程。

第一节　法律多权分立合作的技术基础与法则公开的实现

一、技术基础与技术条件

在资产阶级革命成功并建立国家和政府机构开始实施三权分立以及多权分工分立的机制时，促成以上机制形成并作为以上法则运行机制的基础和保障条件的技术大概是如下的基本情况：一是作为现实的法则以及法律

---

① 技术和机制是法则工程的基本要素和结构构成关系。

信息公布公开的基础技术虽仍然是纸、笔、印刷术以及以此为基础的书籍等文字材料，但是，此时的纸、笔已经不同于产生之初的状态，首先这些工具本身经过技术完善，能力已经得到了极大的增强，另外在成本价格和操作要求上能够被更多的普通人使用，如此给普通人的书面文字表达提供了工具上的便利和可能。二是印刷术的进步和大量使用，形成大量的书籍和文字材料，使大量的知识和信息得到整理汇集以及长久稳固的保存，更加有利于知识和信息进行更大程度上的跨时空的传播和传承。三是在以上技术基础上，形成了更强的人与人之间的知识信息交流讨论的能力，作为一种技术条件，更加促进了知识和信息的生产、创造和繁荣，极大地增多了知识和信息的数量，提高了知识和信息的内涵和质量。四是信息就是行为，行为就是信息，知识的生产一方面体现了丰富的社会行动，同时更加促进了社会知识和信息的增长，由此提高了普通人的知识水平，使知识和信息更加接近或者被普通的人所掌握和运用，使更多的普通人掌握了一定的知识信息相关的技术能力。五是如前所述，前所未有的大量的不同种类的关于人类所认识的各种信息法则，将自古代以来不加过多区分的整体综合性的社会活动区分为较为细密细致的、不同的职业领域和职业活动，加上具有一定难度专业区分和掌握驾驭能力的独特要求，在人类社会形成专门掌握这些知识信息、具有生产和操作这些知识信息的各种各样的职业人，这样的群体用自己所具有的知识和信息的能力代理这个领域的社会行为或者工作，代表没有能力掌握这个领域专业知识和信息的所有的人。①六是围绕着知识信息的生产和运行，整个人类社会形成了主要由大学、个人、职业生产岗位构成的这样的一个循环运行机制，在这个循环运行的过程中，大学承担的是专业生产和学习知识信息的功能，职业生产岗位承担

---

① 人类社会发展到这个阶段，在社会分工的基础上，在专业知识信息运用的技术能力上，近现代社会上的人实际上是彼此互相代表的。

的是应用知识信息的功能，个人在机会上都有资格去获得或者习练这样的专业知识和信息而从事职业的社会生产。显而易见的是，人的这样的一种知识信息生产和应用机制机构能够较好地保障不断地进行知识信息的生产和传播，而这其中国王、神父及教主在这个结构中显然不再具有结构和功能上的必要性了，或者说，在这样大体量的知识信息和高频的社会行为生活中，神与其代理人君王的机制完全是一种违背知识信息传播规律的障碍。七是人及其代表人以及分工相互代理的机制同样也不是完美的，知识就是力量，也是权力，纸笔和书籍运用的能力相对于没有这种能力或者这种能力较弱的人同样会形成一种代表人所拥有的特权，相互代理的主体间也会形成自己领域以及相关群体的独特权力和利益，神权和君权的结合给人类的最大警示就是独裁或者权力集中，无论从其本身还是从形成的后果上看都是最大的恶果。因此，权力的分散和相互合作制约变成了时下技术基础上的最好的工程机制，这是解决和驾驭代理人、代表人和被代表、被代理的人之间关系的最好的机制，虽然不是最完美的，但是，如此可以最好地实现知识信息的流动和传播。

二、工作能力、任务构成与工程机制

综上，在纸、笔、文章、文件和书籍等相关技术所支撑的近现代社会工程形态中①，在这些能力可以成为大量的普通民众所掌握和运用的能力的情况下，与法律规则和法律运行工程及机制相关的机制和现象是，集中在法律文书上所体现出来的书写和表达能力是法律工作的基本和根本的能

---

① 在信息和知识传播的直接技术方面，蒸汽机和电气化阶段，直接用于传播的主要技术虽然仍然与纸和笔相关，但是在新的技术条件下，能力和效果已经有很大的发展和不同；而到了信息化以至于智能化阶段，虽然纸和笔仍然发挥着重要作用，但是数字和网络以及键盘和硬盘越来越彰显出巨大的作用。

力，在现实中，这种能力构成了用法以及普通人权利变现的基础和保障，同时也构成了各个国家立法、司法、执法等法律运行组织机构生成和运行法律，以及这些机构和职业人权力实现的能力和基础。而相对开放的大学既是包括法律规则、知识和能力在内的各种法则研究和生成的地方，也是具有这样能力的人或者职业群体获得能力培养的地方，由此，在宏观的法律工程运行结构上，这种技术基础和能力的供给，在大学法学院以及立法、司法、执法和用法的机构和主体间，形成了近现代社会循环性的法律生成和运行的以及法律法则公开使用和传播的机制。一言以蔽之，在物理技术和相关能力上，近现代的法律工程机制是围绕着法律文书进行设计和架构的。

那么，具体来说，技术基础上的这种机制需要怎样的技术能力呢？现实当中，所需要的具体技术能力有很多，但是，如前所述，实际上贯穿于整个法律运行机制中的一种通用的核心能力就是纸和笔基础上的法律文书方式的表达和交流能力。也就是说，对于由立法、用法、执法、司法各个部分所构成的整个法律运行的流程和机制而言，实际上这些工作是主要通过法律文书方式的表达和沟通交流实现的。其一，以文书为载体的口头和文字形式上的表达能力，包括文书和语言的格式、内容、修辞、风格等，很多工作内容必须要通过书面或者口头的文字表达和交流；其二，以文书为基础的对法律业务内容所涉及的知识信息的理解、研究、分析、思维和内容构成的能力；其三，以文书为基础、为载体和为凭借的整体运行机制上所要求的不同群体之间的互动沟通机制和合作机制以及相关能力；其四，作为法律相关信息物理载体的文书的制作、传递、送达、保存等多方面的物理条件所要求的能力，涉及是否能够准确、快速且大范围或者长时间地传播信息，以保障法律工程在面对参与的人和业务以及知识信息量与日俱增的情况能够正常运行，这些都会影响法律制度和法律机制设计。综上，以上多方面实际上体现的是法律文书作为物理基础在建构着人的思维模式、法则信息的构成表达模式以及工程不同环节的关系结构，它是作为一种技术对现有的法律机制和制度形成要求或者限定。

因此，如果把整个近现代的法律工程机制也比作一个巨大的人，或者说把立法、用法、执法、司法以及法学院比作五个人，那么可以说，以上各种能力形成了每个人相关的表达、思考和行动的身体组织构成和功能展现。如果说资产阶级革命成功建立了国家的三权分立或者多权分工合作的法律生成和运行的工作机制，也就是初步打造出 1.0 版本的这五个人，那么可以说，自那个时间节点开始，随着整个人类法则知识信息量的增长同步要求广泛的公布和传播，一直到信息革命之前，甚至到现在，法律工程机制就是在不断地运用或者创造新的技术和能力，主要是围绕着以上几项能力的升级和改造，以使整个工程进行能力上的升级，以适应不断发展和增长的法则知识信息传播生长的需要。

第二节　法则信息知识机制新发展

当然，在法则知识与法则知识运行机制的关系上，二者是互为条件的，具体人类社会实践的现实也是这样的发展条件上的需求和供给的关系模式。在整个人类社会从三权分立或者多权分工合作的制度或者工程运行机制建立和运行以后，真正实现了自然科学、人文学科以及包括法律科学在内的整个社会科学领域多层法则的创新发展和知识信息爆炸式的生产和传播，并快速而不断地促进全世界进行现实的社会生产实践，落地并催生这些法则自身的继续发展完善。当然，这其中的形式包含着技术上的革命、一国内部国家革命或者社会制度上的改革，以及大规模的世界范围内的战争和冲突，当然也包括各国之间的全球合作等。而无论是人类主动的还是被动的，这一切都是人类用自身的认知和行为选择在诠释着法则知识信息的发展规律和发展道路，体现着社会法则新的社会运行工程和机制所具有的强大生命力和不可阻挡的发展趋势，以及其在全球范围内的成长和壮大，即在工程机制已经建立的地方继续巩固落实尚有待落实和强化的方面，在地理空间上达到没有达到的空间，在主体人上触及没有触及的更多的人，根据现实的发展需要完善有待完善的工程机制自身，而以上所发生的一切形式，所体现的是工程机制在这个阶段经历的过程和留下的脚印。

一、法则信息知识技术的四次工业革命及其相关效应

法则的知识信息和法则的运行机制在法则运行工程的建设发展上是互为条件和相互促进的，如果以科技研发和发展为切入点、思考线索和研究进路，以英国为例可以看出，主要是资产阶级革命新法则和新机制的建立，导致了技术上的大发展，经过大约一个世纪，整个人类社会历史上一次划时代意义的工业革命从这里开始了。工业革命是以机器取代人力，以大规模工厂化生产取代个体工场手工生产的一场生产与科技革命，也是能源转换的革命。[①] 由于机器的发明及运用成为了这个时代的标志，因此历史学家称这个时代为"机器时代"（the Age of Machines）。从此人类开始了从工场手工业向机器大工业过渡的阶段，直至大约两个世纪后的 19 世纪中期，基本上在全世界实现了机器大工业，由此，可以说人类在世界大范围内完成了第一次工业革命阶段。

紧接着从 19 世纪后半期开始，以美国和德国等资本主义国家为代表，人类进入了第二次工业革命时代，一直到 20 世纪初基本完成，延伸到第二次世界大战结束进入到计算机、自动化以及信息咨询时代达到了顶峰，

---

① 参见［以色列］尤瓦尔·赫拉利：《人类简史——从动物到上帝》，林俊宏译，中信出版社 2017 年版，第 319 页。

这个时期典型的技术代表是电气化和内燃机。进入 20 世纪四五十年代，经历了两次世界大战后，人类社会进入了一个相对和平稳定的时期，在第一、二次工业革命所形成的电子和机械化的技术成果的基础上，开始进入了第三次工业革命，即以计算机技术为基础和作为典型代表的信息技术革命时代，这个时代技术的典型特征是机械的自动化以及人类具有了无线信息传输技术以及信息发布和传播的互联网技术。

众所周知，第三次工业革命可以说一直持续到当下仍在继续发展过程中，人类社会现在接受着这个技术革命的成果给人类的政治、经济、军事、文化、社会等各个方面的生产生活带来的享受，当然也包括问题上的冲击。这里需要特别注意和说明的一个现象是，以计算机技术、互联网信息技术为基础，人工智能技术在第三次工业革命发展过程中，当下已经作为一种独立的全新技术在社会生产生活中开始研发和应用，融合信息技术在人类社会各个领域又一次产生了前所未有的巨大的社会效应，而且方兴未艾，其典型的技术成果和代表就是高级的智能机器和智能体的出现，预示着一个更新的人类新时代、新纪元已经开始。由此，在理论认知和实践经验上，有观点认为，以高级智能体机器人技术为代表的第四次工业革命，即人工智能时代已经开始。①

那么，从工业革命到现在，技术给人类法律规则以及运行整个法律规则的工程带来了怎样的发展变化，本书尝试将其总结为如下几个方面：一是整个世界生成更多新的法则、新的事物、新的法律规则知识信息，简单地说，给法律工程的运行加大了业务量，不断地挑战并促生新的法律工程机制的建设和发展；二是由于技术催生的社会发展成果的刺激、商业交易、竞争和冲击，以及强力对弱势上的资源的掠夺和战争，导致内外条件

---

① 参见［德］克劳斯·施瓦布：《第四次工业革命》，李菁译，中信出版社 2016 年版，第 4—11 页。

交互作用，促使了各国相继开展工业革命并开始探索建立分权工程机制；三是在全球范围内，各种新技术的赋能，包括法律知识和信息在内的各种知识信息的传播和教育，使法律已经是一种意识、习惯和能力，使更多人有能力、有条件开始参与、接触和适用法律，并融入全球范围内有更多和更大程度上趋同的、整个法律规则的生产和运行的工程机制当中，分享共识性的科学、民主、法治维度上的法律技术、法律知识和信息、法律工程机制等法律文化成果；四是法律生成和运行工程在新技术下不断地进行建设升级，整个运行模块和运行机制在新技术条件下不断地得到赋能，并相应地进行机制调整，以求获得功能上的强化，以适应不断增多的知识信息和社会行为关系建设的发展需要，使自身在人类社会的应用中不断成长、发展成熟。具体体现为如下三个方面。

首先，在以文书为载体的信息表达和传播速度上，火车、汽车、电话、电报、网络无线信息传输等作为三次工业革命的技术成果，无疑都加快了信息发布和传播的速度，可以保证整个工程机制更加有效率、精准，由此可以加强以文书信息为载体和媒介的社会行为交互的频率，可以使更多的人参与到机制的运转中，从而使工程机制发挥更大的秩序和治理效力。信息的量和速度的发展关系规律是，信息的传输速度越快，信息的量就会越大，从而信息的传输速度就会要求更快。在这样的逻辑过程中，对于近现代社会所确立的权力分立相互制约配合的运行机制而言，如果没有这样的传输技术的发展作为支撑，一定是不能适应现代社会的发展需要的。其次，从既已确定的权力分立或者权力分工合作的机制来看，几次工业革命新生成的技术成果和相关能力更加强化这种分工分权的必要性并加以巩固和夯实。从法律微观层面的工程机制来看，比如从事实和法律的关系来看，在逐步加速的信息传播和信息数量增大的情况下，无论是个体还是机构之间，现实的情况演化为谁掌握更多的事实和信息进行合理的法律逻辑和技术上的安排论证，谁就有可能在互相"竞争"的局面中获得胜出。

在这种情况下，在仍然需要各个机构各负其责、各行其是的要求下，就更加需要在各个机构之间实现信息掌握的量上和运用能力上的平衡和制约关系，否则就形成了信息掌握者的专权。最后，大量新技术的研发和应用更加导致了包括法律知识和能力的专业化。现实的情况是，新生的信息和知识的广泛传播的确使更多的人可以了解认知法则甚至参与到各种法则的生成过程当中，但是，近现代社会法则生成和运行机制最突出的特征就是分工，也是一种知识上的分权。如此，现代社会的知识信息生成和运行的规律则是，随着知识信息量的增大，人类社会分工则是越来越细，专业也是越来越多，工作的职业化色彩则是越来越重，而且，随着作为一种结果的人口数量的增多，实际上职业化群体的数量也越来越大，职业权力体也越来越大。具体在法律工作领域，如前所述，以现有的技术条件为基础，法律知识内容的构成上，法律在文书的语言表达上，各种规则的逻辑关系建构上，各种机构部门和操作环节的业务任务分配和能力要求上，都与各种现有的技术效能和效果进行紧密的结合相互适应，从而进行法律工程机制的运行和改造。

二、新技术下的法律工程发展情况列举

具体来说，新技术基础上和条件下，法律运行工程和机制有很多方面获得发展的情况，下文举几个例子进行说明。

比如，较多的新生事物所体现的法则知识在法律专业知识发展演化上的体现。更多新生的法律知识和信息，一定会造成法律领域的分工更加细致、知识更加专业，比如除了传统的刑法、民法、行政法、程序法、公法、私法等多方面的划分以外，近几年来很多新出现的事物所包含的法则都可以成为一个新的法律知识领域或者专业，比如知识产权法、电子商务法、信息法、数据法等多种新兴专业和新兴法律专业领域。

　　比如，从司法领域的职权主义诉讼模式和当事人主义诉讼模式的区分以及它们相关职业工作能力的要求和分配以及支撑的技术基础来看，之所以区分职权主义和当事人主义，一方面体现的是两种模式的价值定位色彩，另一方面也体现，甚至更主要的，是把审判工作做好的目标下的任务分担方案，就是在一个制度下，结合具体的文化传统认知和现有技术能力，选择一种更可靠的方式能够真正把工作做好而能达到司法工作的价值追求。说白了，这不是仅以文化为基础的凭空而论，而是以技术能力给文化认知和心理上带来的确信。职权制的理解和认同的可能是，在这种技术能力下，只有具有法学家能力和色彩的职业法官才能做到公允，而当事人主义模式以及论辩制可能认为，它们的律师已经有足够的能力来做好当事人的与事实和证据等相关的工作，于是就选择了当事人主义的论辩式。这种法律工作机制的技术条件作用的发挥在实践中已经得到了印证，近些年来一些采用职权制的国家在律师和当事人的法律技术能力比如调查取证能力越来越强的时候，已经在逐步进行司法模式和制度上的改革，开始逐步吸取当事人主义的论辩式模式的好的经验和做法，当然，也有现象充分显示，司法技术迅速发展和应用应该更加有利于两种模式的优势互补和融合。

　　比如，在法律文书等司法技术方面，虽然经过了上千年的发展和演化，而且进入互联网时代后情况已经有所改变，但是文书仍然是法律工程运行和法律工作主体核心的技术支撑和载体。可以说从古至今，如前所述，在整个法律的运行上，各种法律技术的进步和成果的应用主要体现为写在纸上的内容更充分准确和清楚。如何让文书和文字的内容很好地链接起立法、司法、用法、执法等环节，以此更好地搭建共享、共识性的知识信息平台，形成认知上的最大公约数，从而更加有效率、有效果地传递信息，体现共识和差异，突出问题和解决问题的方向。为此，经过长时间的立法、用法、司法、执法等不同实践环节上的碰撞、交流和互动，基本上形成了不同的工作环节运用不同的、特定的文书和语言表达的内容和形式，这些内容的表达方式和体现形式应当是在整个运行机制上或者职业群体中获得认同的或者说是共识，比如说，从起诉状的内容和结构到判决书的内容和结构之间的关联和链接等。

类似于这样的情况很多，或者如前所述，整个法律工程运行环节和机制就是通过这种系统的语言和文字建构起来的文书工程，不同的文书之间通过关联的内容和结构进行有效的贯穿式链接。经过历史上法律工作长时间的经验的积累、沉淀、总结和改造完善，法律文书的内容、结构、语言表达习惯甚至是修辞风格等，已经相对的格式化，由此来保证职业上的知识信息的真实性、认同性和可信赖性，当然如此也就公约了职业群体间的最大认同，简化掉不必要的重复性的工作，在极大提高了工作效率的情况下保障了职业的安全。而这些方面不断地演化成为一种法律人专有的法律操作知识和操作技能，在大学的法学院中一代又一代地传承和发展。实际上，从大学法学院的课程构成上看，这些相关的内容是职业训练最重要的课程，比如法律研究和法律写作课程，等等。当然，在更广泛的意义上，几百年来工业革命的技术成果对法律工程或者法律文书的作用还有很多方面，比如，包括通过交通、邮政、电报、电话、电子邮件、互联网信息平台等多种技术对文书的送达、传送、文书的阅读处理，在司法庭审等多方面工作中开始发挥着越来越重要的作用，有些是对整个运行工程和机制的高效运行的保证或者促进，有些方面已经开始在大的结构甚至更深的层次上促进着整个工程的改革，这在当下的互联网阶段体现得更加明显，比如在线庭审、线上立案等。

比如，在证据方面，新的科学技术的发展对于证据内容构成、证据的形式、证据的获取和举证的技术性要求，以及举证任务的负担和责任分配等形成了法律运行工程上的机制规则的新规定，并随着技术发展而进行着不断的调整。这其中不仅包括许多新生的事物因为要作为法律上的证据而由此形成的相关的新的证据规则，还包括法律信息传输技术或者机制上的改变所带来旧事物在证据工作方面的新发展和新变化。比如说，传统是通过纸质的信件或者文书进行借款立约，现在互联网技术是通过电子邮件、微信对话等形式进行交流立约，那么，这样的证据应该包括哪些内容，形式是什么，取证和举证的技术的法律要求是什么，以及举证的责任还是原来的那种机制或者制度安排吗，等等。

总之，以上非体系化的几个例子说明，在持续发展的科学技术的赋能下，近现代权力分立分工模式下法律运行工程的一个显著的结果和现象是法律知识更加专业化，法律规则知识信息的生产和操作更加职业化。如果从专业、社会分工和职业的划分这个发展理念和脉络来理解法律的生产和运行，那么当下这个阶段可能是法律专业知识和法律职业发展的最高峰。毫无疑问，这样的专业划分和职业化操作是人类面对现实问题的最有效方案选择，以此代替了君权神授下的君王掌控和运行信息的统治式的法律工程，极大地解放和促进了自然法则与社会法则的公布、传播和爆炸式的大发展。但是，世易时移，以纸和笔表达的职业群体和业务分工以及现代化的流水作业式的工厂生产和管理的运行机制和模式，所形成的一种新的权力群体和权力运行模式天然地也不是最完美的，也是存在权力价值异化的生成条件和发生可能的，随着人类社会不断地发展进步和提出新的需求，这些异化等相关问题也愈发显现出它的不完美，并会被现实的问题放大凸显。于是，这种近现代以来的工程运行机制同样需要解决的仍然是人类各种法则的知识信息不间断的、准确的、正常的交流和传播的状态不能被阻挡的问题①，这些问题的解决也逐步在人类新的技术条件下，比如互联网

----

① 现在的信息爆炸和虚假的信息已经开始困扰社会交流的正常发展，如何解决这些问题也是信息传播大趋势下的问题。可以说，现在的机制对于解决这些问题有些不利，这种职业化的机制可能是出现这种信息混乱的一种条件，或者说已经不适应互联网信息大爆炸每个人都是信息去中心化的信息源的状态，由此已经影响到社会权利和社会秩序。比如，未来可能要解决的问题是如何产生真实、正当的信息，新的法律运行机制

和人工智能等新的技术思维和创新中开始探索，这也是本书在相关章节重点要详细阐释的。

三、技术与宏观法律工程的关系小结

下面基于上文的探讨分析，对科技与法律的关系，尤其是科技对法律的作用进行总结。通过对法律和技术相关联的历史发展过程的梳理和分析，如果将法律和技术作为两种相对独立的事物来看，可以说，法律的发展史，在一定意义上，就是一部技术史，是技术对法律促进赋能史，是技术发展过程中的法律生成和发展史，因此法律史应当是技术史的一部分，技术史也应当是法律史的一种基础和条件线路图。整个法律的发展，从规则内容的确定、价值的定位到整个运行机制的建立，都是直接或者间接地对技术生产出来的事物、行为和关系在社会法律运行规则上的回应。随着技术的发展改变，法律角度理解和认知的这个世界也在改变，由此自身也在不断地发展或者完善。

在人类社会中，为什么需要法律规则？因为法律首先就是一种工具和技术，就是社会信息分享的必要性的机制。原始社会少量的事和人的信息分享和传递是简单的，相对的社会行为规范也是简单的，但是事物和人增长了的后期社会，基于各种事物的人的行为和关系就需要计划、指导、评价、预期、教育、强制，于是社会就应该具有复杂的法律知识信息生产和运行机制。造纸术、印刷术、文字的技术、交通技术、信息技术、智能技术等多方面技术的发展从古至今促进了法律的进一步分工，法律工作能力

应该建立新的模式、新的机制来面对社会秩序的建设，来有效地运行这些多层次上的法则。比如，现在这种分段负责的机制很难保证信息的正确性，这种互相制约甚至相互隔离各管一段的机制可能是这种信息的真实性出问题的源头，等等。解铃还须系铃人，技术上的问题需要用同样或者同水平的技术来解决。

更加专业，工作内容更加丰富，等等。而这一切形成的最显著、最重要的社会效应就是各种社会法则信息更加公开，在相关的社会事物上，包括一般民众在内的更多的人逐步拥有了法律和法则上的知识，运用法律和法则的能力更强，各种法则知识的生产和实践在整个人类社会中更加兴盛，这个法律发展的线路、基调和过程从古代经过近现代一直延续至今。

法律的发展过程是一个信息大爆炸的过程，是从长老到君王组织机构到职业群体再到普罗大众的传播分享以及权力上的分化。技术的发展要么就是在既有的法律工程结构框架中不断地进行完善和打磨，以便于更好地进行这样的爆炸或者对法律规则信息进行传播，而达到一定的程度后，一个新的技术突破就会导致整个法律信息的再爆炸，就会形成或者生成一个新的法律机制或者模式。

从古希腊、古罗马到阿拉伯，再从阿拉伯返回到西欧，中国的丝绸之路，十字军的东征，中国和世界的航海，商品经济和世界贸易，马可·波罗游记等条件和因素①，导致世界一体关联的科技发展和信息爆炸，揭示的是各种技术性的知识和法则是如何促进和助力新的法律规则的公开，并为相关工程机制的建立奠定话语基础。大学的建立具备了"知识爆炸"的条件和空间，接下来一定是要求更大的公开和传播，进行更大爆炸和能量的释放。文艺复兴就是接下来的大爆炸的显现。知识大爆炸后就要建立新的社会法律规则，资产阶级的兴起并通过社会革命建立了人类新的法律工程。接下来的技术上的工业革命促进了这个法律工程不断发展演化，工业革命在交通、电信等信息生产和传输速度方面的提升能够保证信息的快速生产和周转运行。到了信息时代，在数字网络和智能化的传播媒介上，信息知识的生产和传播速度越来越快。

---

① 参见［意］马可·波罗：《马可·波罗游记》，梁生智译，中国文史出版社1998年版，"译者序"第1—16页。

所有的法律知识和信息都包含着物物、人物以及人人之间的三层法则的内容，所有的社会活动都是在实践和传播这些法则。以技术为基础的语言、文字、纸和笔、印刷术、交通工具、信息传输手段等，都是这些法则生成的基础，也是直接传播这些法则的工具或者凭借。比如，纸和文字代表了信息稳固清晰的表达，蒸汽机车代表了信息传输的速度和广度；造纸术促进了知识的繁荣，交通技术和信息技术促进了知识的探讨、交流和互动；文字和文字载体基础上的成文法代表了社会信用的建立，而造纸术、印刷术以及工业革命的技术成果则助力人类社会广泛建立和运行这种社会信用。

当然，还不能由此就说法律就是技术，或者把法律完全混同于技术进行理解，可以从三个层面认识法律和技术的关系：其一是说法律就是技术，这是说法律是关于社会法则的一种技术和能力；其二是说法律是以技术为条件的，这是说法律运行要以其他科学技术为凭借、方法及工具来进行；其三是说法律是以技术为基础的，这是说法律作为一种上层建筑工程，是以物质社会及其生产运行法则，即物物和人物法则为基础生成的人人关系的法则。也就是说，如果把整个世界的所有法则都看作是一种技术，那么法律本身的确是技术，但法律又不同于其他的技术，是因为法律又是以其他技术作为基础、条件和手段工具而进行运行和发展的。

显然，多角度加深法律和技术含义的重新认识和理解，对于合理认识和处理技术和法律的关系，从而发挥技术在法律发展中的作用具有重要的意义。那么，技术在法律的发展中到底应该发挥什么样的以及怎样来发挥其积极价值和作用？或者说技术发挥怎样的以及怎样发挥作用才能符合法律治理事业的发展规律和趋势？理解这个问题，除了要认识和理解技术和法律的关系，还要看清楚这个规律和趋势本身。于此，在漫长的法律发展过程中，具体层面可以看到技术在很多方面和具体的点上对法律的生成和运行发挥作用的现象，而如果将这些分散的现象结合到一起时，在更长的时间和空间维度上，技术对法律的规律性作用便是法律规则和知识信息面对所有社会主体无条件的公开发布和公开运行，当然，如前所述，这也是各种技术自身的生命所在。

因此，在技术促进法律发展的事业和工作中，可以考虑运用技术对法律多方面的工作进行有效的赋能，但是，从根本和至高的价值定位上来说，这种促进和赋能不要与这个根本的和至高的价值定位形成矛盾和冲突，即这种赋能一定是能够促进法律规则和信息向着最广泛的社会主体进行公开、传播和交流互动，否则其价值和功效一定是暂时的、局部的和不合理的。如前所述，一定的现代技术赋能于职业化、分工化、流水线化的法律工程工作时，基于竞争和利益考量，已经导致了职业群体之间以及职业群体和普通社会主体之间关于法律规则、知识信息不能够更加公开传播和交流互动，导致了新的职业群体和机构的权力与社会主体的权利之间的矛盾关系，即价值异化现象，以上技术与法律的关系以及技术对于法律赋能的基本认知，可以对这样的问题的解决具有指导意义。如果说人类社会在启蒙时代是发现三层科学规则，把"人"从神的统治中解放出来的阶段，而接下来的近现代就是打造"人"的时代，公权和私权，三权或多权分立或者各种权力上的分工，同时打造出一个法律职业群体，是通过各种技术发展打造人和强化人的地位以及强化人的能力的阶段，那么，依据同样的逻辑，下一个时代，以人工智能等新的技术为基础，可以大胆地设想，可能就是把"人"进一步从职业中解放出来，在法则生成和运行的意义上，使"人"进入一个新的"自给自足"的阶段。

第 三 篇

法律人工智能发展现状与任务功能

引 言

本篇的内容主要包括两个部分：一是以中国的法律技术实践为基本对象，梳理总结数字信息以及人工智能技术在立法、用法、执法和司法等法律领域中赋能发展的现实状况，具体包括数智技术在各个工作领域发展形势上的认知和规划要求、数智技术在相关领域工作任务和工作能力的现实体现以及现有技术赋能的理念、路径和机制等；二是以技术赋能法律工作领域的现状为基础，同时结合具体法律工作和整个法律工程的基本原理，具体分析探讨技术条件下法律工程的任务和功能的划分以及法律工作领域分工的技术基础、条件和机制的基本原理，最后总结出立法、用法、执法、司法以及企业法务和律师法律服务等法律工作的核心任务和智慧构成。

需要特别说明的是，在行文上，包括本篇，本书在三个部分都较为充分地讨论了数智技术与法律工作领域相结合发展的现状的问题，但是这三个部分的内容各有侧重，对内容介绍的角度和行文目的也有所区分。在人工智能的生产力和生产关系效应的部分，主要是从数智技术给生产力和生产关系相关的构成要素带来的影响的认识上，对现实的数智赋能法律状况进行了总结，这些数智法律发展的状况有些是实然的，有些是理论上、逻辑上应然可能的预判。本书在此对发展现状的介绍则完全从实然的角度出发，对现实已经发生的数智法律的客观情况进行全面梳理总结，为下文对于现实数智法律技术发展问题的发现、分析以及解决方案设计构建事实基础。而本书接下来再次涉及的数智法律发展现状的阐述，是以对象问题的提出为目标，对以上梳理的现状情况进行最后的提炼和总结，进而为数智法律技术研发和发展问题的提出、聚焦和分析在行文上奠定基础。

第十章　智能技术基础上的法律工作发展现状

第一节　立法智能化

一、时下立法智能化的基本形势和要求

"人工智能＋法律"是新一代人工智能产业的一个热点。在一个国家依法治理的社会工程中，立法是基础。当前，建立在互联网、大数据、云计算基础上的新一代人工智能技术，正在与法律的各个环节进行不断的融合，全方位地对法律工作产生巨大的影响，智慧立法也应运而生。这里需要特别说明的是，本书认为，当前正在运行的智慧立法、司法、执法等法律技术活动，是智能法律工作发展的初期阶段，因此，可以把各种形式的智慧法律工作作为智能法律工作的一部分，对此，下文不再赘述。当前所说的智慧立法，即利用大数据分析工具，基于现有专业的法律数据库和知识资源，结合人类现有的立法工作流程，考虑相关政策制度规定和立法工作者具体工作环节的需求，用人工智能技术辅助立法工作，形成智慧化的立法全流程操作系统，提高立法质量和效率，从而助力于科学立法、民主立法、依法立法目标的实现。

（一）国家施政层面的要求

中国法治政府建设实施纲要和施政纲领都明确提出，利用信息化手段推进规范性文件合法性审核机制建设，建设规范性文件合法性审查平台，

完善立法体制机制。坚持科学立法、民主立法、依法立法，完善党委领导、人大主导、政府依托、各方参与的立法工作格局，立改废释并举，不断提高立法质量和效率，等等，以此，从国家政府和执政党的施政方案上对智慧立法工作的未来发展提出了更高的要求。

（二）立法工作的现实需求和实践

当前，在快速的社会发展节奏中，要求立法工作与改革决策衔接和同步化，高质量、高效率要求下的立法工作常态化地表现为任务重、难度大、标准高、节奏快。时下，备案审查制度的重要性日益突出，现实立法工作中备案审查制度要求"有件必备、有备必审、有错必纠"，新的立法工作精神要求将所有规范性文件纳入备案审查。如此情况下，若实现对大量繁杂的法律文件的高效管理和有效审查，亟须借助更优能效的技术手段和工具，对违背法治统一的规范性文件进行及时有效发现和纠正。当前，针对立法工作既已存在的这些工作上的问题，各级立法机构开始借助信息数据技术和新一代人工智能技术，开发相关的辅助性的立法工作系统，全方位提高立法工作效果和效能，具有极强的现实需求和价值功能。①

二、立法智能化的主要能力体现

（一）人工智能助力科学立法

根据当下人工智能技术的应用实践进行总结，人工智能技术可以从如下几个方面为立法行为提供丰富准确的知识资源，增强立法工作人员的

---

① 参见崔亚东主编：《世界人工智能法治蓝皮书（2022）》，上海人民出版社 2022 年版，第 203—213 页。

立法研究和决策能力，助力科学立法。① 具体包括：一是智慧化分析立法背景。具体模式是通过检索等信息技术自动抓取网上与立法相关的背景资料，利用数据技术对相关的信息进行智能收集分析，甚至能够辅助性生成和提供立法背景情况的研究报告。二是精准寻找知识和能力资源。利用数据检索和分析技术，一方面可以精准地找到与立法相关的数据知识资源；另一方面还可以提高所邀请的专家学者参与的精准度，优化立法专家库相关专家的构成。三是智慧化比较借鉴国内外立法经验。具体模式是通过研发和搭建智慧化信息处理系统，自动检索、分类、整合、推送相关领域与本立法草案相关匹配的依据、参考资料，自动比较国内外相关立法的异同并形成文件报告。四是建模预测行为和立法方案后果。通过对拟立定的立法方案进行不同版本的行为模式比对并建立不同的行为模型，通过数据技术对不用行为模型运行形成的后果和相关的成本效益分析和预测，形成候选方案的排序。

（二）人工智能助力民主立法

民主立法是立法公开的又一个重要的原则和要求，较为集中地体现在立法公开征求意见是立法工作的必要环节，要广泛公开征求公众的意见并进行合理的采纳，信息数字智能技术在立法意见的征集和分析方面有着先天的效能优势。比如说，通过人工智能技术的研发和落地转化，公众在智能技术的辅助下，将会更加有能力、即时便捷地提供立法意见和参与立法。另外，对于立法工作者来说，可以通过智能立法系统的开发和应用，有效地收集、整理、分析和采用公众的立法意见，借助人工智能可以利用其语义理解实体／关系识别技术，对数据进行清洗，从而

---

① 参见杨华主编：《人工智能法治应用》，上海人民出版社 2021 年版，第 110—111 页。

梳理出对法律法规草案修改有益的意见信息。① 具体说来，智能立法系统可以通过算法自动汇集管理网上公众对立法的各种意见，并进行有效的自动筛选，生成立法草案公众意见的大数据分析报告供立法人员参考。另外，以此为基础演化出来的、实践中开始应用的立法草案的网上听证程序将会发展成为听取公众意见的高效率、高质量的途径和方式，其同样能够相对自动地收集、整理、统计、分类、分析相关信息性意见并形成大数据分析报告。

（三）人工智能助力依法立法

依法立法是立法工作的内在要求，核心要义是立法工作严格遵守立法权限和立法程序，保证国家法制统一和尊严。时下法律人工智能技术的研发和转化落地发展过程中，人工智能助力依法立法主要体现在人工智能辅助立法审查方面，比如，结合具体立法中的工作任务对规范性法律文件通过智能技术手段进行备案审查，智能化生成规范性与备案文件，实现系统智能报备，报备过程中发现文件冲突性的问题，可以生成规范性文件审查报告，进行相应的智能性提示。另外，还可以借助多种针对性研发的智能立法辅助工作系统，智能进行法规清理，及时发现越权立法，以及自动进行规范性文件追溯审查提示工作。

（四）人工智能助力完善立法流程性工作管理

立法工作内容包括立法计划、征求意见、文本起草、文本审议、文本实施、立法后评估等多项任务和活动构成的系统性工程。依托法律人工智能的底层技术，完成智能立法的总体任务和具体工作，需要具备的能力包

---

① 高绍林、张宜云：《人工智能在立法领域的应用与展望》，《地方立法研究》2019 年第 1 期。

括：立法项目管理能力、智能起草立法文件能力、立法草案征集意见分析能力、文件管理能力、备案审查能力、文件清理能力、立法后评估能力、大数据分析能力和立法决策支持能力，从而涵盖智慧立法的主要工作环节。[①] 人工智能立法技术的一个很重要的方面就体现在这些流程性工作管理上的赋能，具体包括如下几个方面。

1. 立法计划管理

立法计划又称立法规划，是对一定时期内立法的具体内容、项目、工作任务和步骤所做出的方案和计划。人工智能立法技术可以辅助立法工作人员智能汇集梳理立法项目建议，智能收集整理立法项目相关舆情，立法计划项目论证管理，自动汇集整理论证意见，自动生成立法计划草案、说明、请示等格式文件，等等。

2. 草案起草管理

当前立法机构迅速增加，但是立法工作人员力量不足，通过人工智能辅助起草法规草案可以有效解决地方普遍存在的立法力量不足的问题。在基于全量数据分析和人工智能的辅助下，立法草案的条文会以可视化的数据来向立法相关的主体和参与人展现其中的根据与内容效果分析。人工智能运用机器深度学习技术，学习法律法规等各种立法知识资源。用线索发现、法律逻辑推理等技术，为立法工作者提出可供进一步研究修改的法律法规草案初稿。

3. 法规审议管理

人工智能技术可以运用多元数据融合与对比技术，对法律法规草案影响因子、依赖关系、权重、可信度进行科学对比，为立法工作者提供一个快速审查工具，辅助进行立法决策。为此，人工智能可以对接立法会议管

---

① 参见杨华主编：《人工智能法治应用》，上海人民出版社 2021 年版，第 114—120 页。

理系统，伴随会议进程全面汇集整理立法机构的审议意见；对照法规草案修改稿，智能生成立法工作人员的意见采纳反馈函，并自动生成法规审议阶段各种格式文件。

4.法规表决报批管理

人工智能运用多元数据融合与对比技术，对法律法规可能产生的各种社会影响进行量化预评估，从中提出优选方案顺序，供立法工作者在多方案中优选立法成本最小、社会效益最高的法律法规草案，为立法工作者的最后表决提供辅助和参考。另外，通过运用人工智能技术对接立法会议管理系统。系统可以通过记录立法会议表决法规草案结果，自动生成公布法规的立法会议公告稿、法规通过文本与法规备案格式文件；并通过对接备案审查系统，上报相关立法机构备案，记录各级立法机构审查批准相关的法规情况及批准表决结果，并实现结果自动反馈。

5.法规实施和立法后评估管理

当前，与立法工作备案审查工作相关的规范性文件，每年要产生数万件，在法规实施过程中，如何落实"有件必备，有备必审，有错必纠"，对备案审查工作而言是个艰巨的任务。人工智能可以深度运用语义理解、实体/关系识别技术、动态增量更新技术，准确识别不同表述方法的法律实质意义，对所有的规范性文件进行实时审查、动态审查、追溯审查，使备案审查工作在动态过程中不断更新，以确保国家法制统一和尊严。[①] 立法社会风险评估是科学立法的重要方法。人工智能可以利用智能立法系统对接智慧执法、智慧审判、智慧检察、立法执法检查监督等系统，自动汇集整理相关环节法律适用的具体情况，根据各种数据信息和报告智能辅助性生成法规草案修改建议；还可以运用大数据技术，快速、全面、精准地

[①] 高绍林、张宜云：《人工智能在立法领域的应用与展望》，《地方立法研究》2019 年第 1 期。

分析法律法规在实践中的实现程度，从而得出初步评估意见，供立法工作者进一步深入细化研究。

第二节　司法智能化

一、时下司法智能化的基本形势和要求

（一）智慧法院

法律人工智能在司法领域的应用主要是智慧法院。2017 年，最高人民法院印发了《关于加快建设智慧法院的意见》，其中对智慧法院的定位为："人民法院充分利用先进信息化系统，支持全业务网上办理、全流程依法公开、全方位智能服务，实现公正司法、司法为民的组织、建设和运行形态。"

该意见的内容包括基础支撑层、应用层、便民服务层、服务层的建设。其中基础支撑层包括：全要素集约化信息网络体系、全业务全流程融合应用体系、全方位信息资源及服务体系。应用层为：流程再造，促进审判高效有序进行；信息化，破解执行难题；立案信访，上下联动内外贯通，推进司法改革。

该意见还指出大数据和人工智能技术的专门应用方向，分别为：支持办案人员最大限度减轻非审判性事务负担、为人民群众提供更加智能的诉讼和普法服务、支持管理者确保权力正当有序进行、支持法院管理者提高司法决策科学性、支持党和政府部门促进国家治理体系和治理能力现代化。

当前，司法智能化较为普遍地成为世界各地司法机构的技术研发和实践活动，并产生了良好的社会效应，当前中国的智慧法院正在有条不紊地

展开。① 最高人民法院在 2018 年年初印发的《人民法院司法改革案例选编（五）》中，遴选了北京市通州区人民法院的副中心智慧法院快车道，包括：网上立案、智能化速裁办公平台、思维导图、语音同步生成系统、裁判文书生成系统等。2018 年 9 月，最高人民法院网络安全和信息化领导小组的会议，通过了《最高人民法院网络安全和信息化 2018 年上半年工作总结及下半年工作要点》《全国法院电子卷宗随案同步生成和深度应用工作情况汇报》《2019 年信息化建设需求》《最高人民法院智慧法院重点实验室管理办法》《最高人民法院智慧法院技术创新中心暂行管理办法》以及 15 项法院信息化标准。

（二）智慧检务

除了法院的智能化，还有检察院工作同样正在进行智能化，对应的概念是智慧检务。智慧检务是从检察工作的信息化和数字化开始的。

整体而言，我国检察机关过去近 30 年的信息化应用发展历程可以划分为四个阶段，即从数字检务、网络检务、信息检务，到今天的智慧检务。② 随着互联网、物联网、大数据、区块链等新技术的发展，新一代信

---

① 参见蒋佳妮、徐阳、萨楚拉:《智慧法院》，科学技术文献出版社 2020 年版，第 6—9、16—25 页。

② 孙谦:《推进检察工作与新科技深度融合，有效提升办案质量效率和司法公信力》，《人民检察》2017 年第 19 期。

相关的说法还有:（1）智慧检务演化经历了检察办公自动化（1990—1999）、检察机关网络化（2000—2007）、检察业务信息化（2008—2014）、检察工作智慧化（2015 年至今）四个阶段。（2）检察信息化经历了 1.0 版本的数字检务、2.0 版本的网络检务、3.0 版本的应用检务三个阶段，如今正式迈入了检察信息化 4.0 版本的智慧检务新篇章。

对检察信息化的四个阶段可以做如下简单理解:（1）数字检务（检察信息化 1.0）解决的是从无到有的问题，重心是设备建设。20 世纪 80 年代末 90 年代初，检察机关开始探索数字化，落实国家办公自动化计划，采购计算机设备和办公软件，初步实现信息输入由纸质手写向数字化录入的重要转变。（2）网络检务（检察信息化 2.0）解决的是从

息技术赋能检察信息化的发展也是发展的必然趋势。

　　智慧检务的工作在中国是有顶层设计的。最早是 2015 年 12 月 2 日时任检察长曹建明同志在全国检察机关检务保障工作会议上提出"智慧检务保障"概念。"智慧检务"在中央层面明确提出则是在 2016 年，曹建明在十二届全国人大五次会议第三次全体会议上作最高人民检察院工作报告时表示，2017 年检察机关将强化大数据战略思维，深化"智慧检务"建设，实现四级检察机关司法办案、检务公开等"六大平台"全覆盖。① 此后，最高人民检察院发布了《"十三五"时期检察工作发展规划纲要》，强调要坚持科技引领、信息支撑，加快建立智慧检务五大体系，促进现代科技与检察工作深度融合，推进检察工作现代化。构建"感、传、知、用、管"五维一体的智慧检务应用体系也被写入最高人民检察院发布的《"十三五"时期检察工作发展规划纲要》。至此，智慧检务的规划体系已经形成。2019 年 2 月，最高人民检察院发布《2018—2022 年检察改革工作规划》，

点到面的问题，重心是网络建设。从 2000 年开始，以建设覆盖四级检察机关的检察专线网、局域网为主要任务，相继启动了一级专线网改造工程、"213 工程"、"151 工程"、"1521 工程"等，初步实现全国检察机关网络层面的互联互通。到 2007 年年末，全国 2981 个检察机关联入专线网，3095 个检察机关建成计算机局域网，基本实现了预期目标。(3) 信息检务（检察信息化 3.0）解决的是从建到用的问题，重心是应用建设。2009 年 8 月起，最高人民检察院提出"全力推进检察信息化应用""坚持建用并举、更加突出应用"，2014 年通过全国四级检察机关全面部署统一业务应用系统、案件信息公开系统"两个系统"，基本实现了全国检察机关办案、办公信息化，实现了案件信息在全国检察系统内高质、高速、高效流转。(4) 智慧检务（检察信息化 4.0）是在检察数字化、网络化、信息化基础上的一次重大跃升，重心是应用大数据、人工智能等新兴科技，全面提升检察工作的智慧化水平。智慧检务是以人为本，以需求为主导的，特别是聚焦检察办案工作中的难点、"痛点"。智慧检务建设应用中一定会产生法律人工智能，一定会出现机器人辅助检察官做出司法判断的更多场景。

　　① 参见《深化"智慧检务"》，最高人民检察院网站，2016 年 3 月 13 日（http://www.spp.gov.cn/ztk/2017/gzbg/BGYDZY/201703/t20170311_185254.shtml），最后访问时间：2023 年 2 月 2 日。

推出包括智慧检务工程在内的 46 项重要改革举措。其中明确，深化检察改革与现代科技的结合，推进智慧检务工程，全面构建应用层、支撑层、数据层有机结合的新时代智慧检察生态，构建融检察服务、检务公开、检察宣传、监督评议于一体的检察服务公共平台，在提高办案效能的同时，为人民群众提供更加便捷的服务。这一系列文件是中国智慧检务的整体顶层设计和规划。

另外，覆盖全国四级检察机关的统一业务应用系统、检察办公系统、移动检务办公平台、检务保障信息系统、队伍信息管理系统、检察决策支持系统、案件信息系统、案件信息公开微平台等智慧检务六大平台于 2018 年下半年陆续建成并投入使用。最高人民检察院作为全国智慧检务工作实施的主导机构，强调智慧检务建设要聚焦科学化、智能化、人性化，为新时代检察工作发展贡献智慧力量，引领科学发展。

二、司法智能化的主要能力体现

（一）智慧法院的工作能力体现

1. 提高司法公正

智慧司法有助于提升司法的公正性，这是因为智慧司法工作方式方法和信息知识分享机制导致司法工作本身信息的透明性，另外，电子化司法具有显著的客观性和容易复盘核查性，因此会大大压缩主观上故意枉法的机会和空间，从而更容易使司法获得民众的理解和信赖，彰显司法的公正性和公信力。这个作用的另一方面的效用体现在人工智能技术增强了司法监督工作的效果，以上的透明性和工作数据留痕特征，使司法的可监督性或可问责性的制度体系得以全面更新和优化。实践证明，通过智能化法庭审案，法院的服判息诉率、自觉履行率、调解率等有所提升，二审改判发回率、申诉率、再审率等有所下降，司法公正得到明显强化。①

2.提升司法效率

根据实践的工作总结，当前，信息化、大数据和人工智能技术的使用，已经使法院审理案件、执行案件等案件运行所需要的平均时间大大减少。法院的"当前存案工作量"也发生了锐减效果，旨在提升效率的简易程序在适用率上有所提升，每案的平均审理天数也大大减少，等等，这些现象的形成虽然是由很多因素综合发生作用导致的，但是，不可否认的是，人工智能技术所形成的智慧司法模式对司法效率的提升起到了重要的全面的作用。

3.法院相关能力工作情况列举

四川省高级人民法院进行护航数据安全，司法数据可与政府机关、各企事业单位和社会各界的数据共享利用，实施安全保护下的数据流动和数据安全分级管理策略、优化的数据安全流程制度；上海市高级人民法院实施诉讼智能化，构建网上审判质效评估和案件的权重指数，开展诉讼服务智能化建设，包含六项功能的诉讼服务中心、法院诉讼平台、入驻一网通办政府平台；北京互联网法院建设电子诉讼平台，实施支持全流程的电子诉讼平台，运行"天平链"，开展语音识别和二维码应用，实施集成排名短信、普通短信和区块链；江西省南昌市中级人民法院实施司法权力智能监督，建设"一网三中心四平台"信息化工作体系，运行司法风险动态防控系统，对立案、审判、执行等司法权力各运行环节全程全员自动监督；广东省广州市白云区人民法院建设"六智一中心"智慧法院，实施由智检、智诉、智审、智执、智达、智保组成的"六智"，建设由审判执行辅助性事务外包中心组成的"一中心"；中国电子科技集团建设服务终端减轻司

---

① 参见崔亚东主编：《世界人工智能法治蓝皮书（2022）》，上海人民出版社2022年版，第214—220页。

法人员负担，运行智慧法院顶层设计的业务系统，包含行政立法、行政执法、刑事执行、全面依法治国、统筹规划、决策部署、督察、综合保障、政务，通过服务终端提升数据采集效率和准确性，运用模型进行智能预测和预警，等等。

（二）智慧检务的工作能力体现

1.电子检务工程及其核心平台

电子检务工程是检察机关智慧检务建设的抓手。2017 年，最高人民检察院印发实施的《"十三五"时期科技强检规划纲要》中就提出，要建成覆盖全国四级检察机关，涵盖司法办案、检察办公、队伍管理、检务保障、检察决策支持、检务公开和服务等在内的电子检务工程"六大平台"，积极探索推广大数据应用；到 2020 年底，建成国家检察大数据中心，全国检察机关主要工作都在"六大平台"运行。[①] 这其中最为核心的平台是统一业务应用系统，该系统自 2014 年起在全国检察机关推行，是集办案、管理、统计于一体的综合性信息系统，可以自动实现检察业务数据由办案活动自动记录、实时生成，各级检察院数据自动同步汇聚到最高人民检察院。在数据使用上，以按需定制、定向投放方式，不同岗位检察人员所需数据可随时查询获取。每个办案部门、每位检察官的办案数据可关联到具体案件，随时了解办理进程、节点和法律文书，实现信息互通关联，人、案、数一体。系统还提供业务分析自动生成和个性化、便捷化、可视化查询使用服务。统一业务应用系统在规范司法行为、提高办案质量、强化内部监督、提高管理决策水平等方面发挥了巨大作用，有力推动了检察机关司法理念转变和办案模式优化。

---

① 参见《"智慧检务"提速，2020 年底将建成国家检察大数据中心》，最高人民检察院网站，2017 年 4 月 7 日（http://www.spp.gov.cn/zdgz/201704/t20170407_187344.shtml），最后访问时间：2023 年 2 月 2 日。

2.司法大数据运用

司法大数据在检察工作中的运用主要集中在司法办案和管理决策两个方面。在司法办案方面,通过嵌入统一业务系统的司法办案知识库,实现类案推送、风险评估等功能,把检察官从编制阅卷笔录等烦琐的书写工作中解放出来,解决"案多人少"的突出矛盾。各地检察机关已普遍应用办案智能辅助系统,辅助开展定罪、量刑等工作,通过类似案件综合分析,对偏离度过大的案件启动评查机制,分析具体原因,解决标准不一、司法任意性等问题。在管理决策方面,主要是依托全国检察机关统一业务应用系统,把海量的检察办案信息数据进行汇聚,利用大数据技术构建立体的司法办案评价体系,进而加强对执法办案的监督,促进司法公正。同时,也可以为检察官考核工作提供案件信息参考数据和评查的依据。目前最高人民检察院已经建立国家检察大数据中心,各省建立了分中心,在数据可视化方面取得了较大突破。

3.信息感知体系

《"十三五"时期检察工作发展规划纲要》指出,要建立检察信息感知体系,进一步提升检察机关信息收集利用能力,整合各类信息资源,逐步实现检察机关与其他政法部门、行政管理部门信息资源交换共享。其中,建设数据标准体系和内外部数据共享平台,目的是逐步实现与政法部门信息交换、业务协同,推进侦查和诉讼活动网上监督,完善职务犯罪侦查与预防信息系统。提升检察科技装备管理智能化水平,建立检察机关音视频资源智能调度中心,开展绿色数据中心机房试点建设。① 因此,全国检察机关以统一业务应用系统为基础,依托电子检务工程,整合各类信息资源。当前,统一业务应用系统已经汇集了大量的案件数据,检务保障、队

---

① 参见《"十三五"时期检察工作发展规划纲要》,最高人民检察院网站,2016年9月1日（https://www.spp.gov.cn/ztk/2016/sswjcgzghfzgy/index.shtml）,最后访问时间：2023年2月2日。

伍管理、检察办公等信息数据库也逐步形成。四级互联互通的远程视频接访讯问系统也已建成，视频资源得到进一步整合。另外，各级检察机关通过建设"两法衔接"信息共享平台、侦查信息平台等，推进了与其他部门的信息共享。

4. 网络传输体系

《"十三五"时期检察工作发展规划纲要》要求构建高效网络传输体系。强化基础网络建设，优化网络结构，提升网络传输质量，在网络层面实现上下贯通和内外交换。目前检察内网已覆盖全国四级检察院，分支网络已覆盖大部分驻监狱、看守所检察室。同时，依托电子检务工程，各级检察机关积极开展基础网络建设和改造，网络传输速率、质量正在持续提升。

5. 运行管理体系

《"十三五"时期检察工作发展规划纲要》提出优化科技强检管理体系。建立检察科技部门与业务部门协同机制，将检察技术工作全面纳入司法办案流程。加强信息技术支撑体系建设，构建"前期预警、中期处理、后期反馈"的三段式运维保障模式。设立科技强检工作专家咨询委员会，建设开放的检察科研基地和科技人才专家库，建立检察信息化自主研发和运维团队。建立检察技术信息化标准规范体系，制定完善相关标准和规范。实践中，全国检察机关通过持续开展"科技强检示范院"创建活动，以先进示范院的典型作用，带动科技强检工作的整体发展。同时，大力推进检察机关智能运维管理平台建设，实现检察机关信息化运行管理的规范化、精细化和智能化。检察机关将以电子检务工程为抓手，进一步加强组织领导、强化队伍建设、保障资金投入、强化监督检查，逐步推进"感、传、知、用、管"五维一体智慧检务体系的建设完善。

6. 司法信息公开体系

2014 年，人民检察院案件信息公开网上线运行，通过"案件程序性信息查询""辩护与代理""重要案件信息发布""法律文书公开"四大平台公开案件信息,推进司法公开。自人民检察院案件信息公开网运行以来,截至 2016 年 12 月 31 日,全国各级检察机关共发布案件程序性信息 4494548 条、重要案件信息 204738 条、法律文书 1587940 份。通过公开工作的不断深化,检务公开实现了三个转变:一是从侧重一般事务性的公开向案件信息的公开转变;二是从针对当事人等特定主体的小范围、局部公开向面向社会公众的大范围、全面公开转变;三是从各地检察机关的分散公开向全国集中的公开转变。在不断推进人民检察院案件信息公开网升级完善和功能拓展的同时,检察机关也在不断丰富公开形式,加强新媒体公开平台建设,开通案件信息公开微信服务,推动案件信息公开更加高效、更加具有针对性,也更加方便、快捷,确保该公开的一律公开,真正实现"看得见的正义"。

第三节　执法智能化

一、时下执法智能化的基本形势和要求

2019 年,《中共中央关于坚持和完善中国特色社会主义制度、推进国家治理体系和治理能力现代化若干重大问题的决定》(以下简称《决定》)指出,"建立健全运用互联网、大数据、人工智能等技术手段进行行政管理的制度规则",揭示了智能行政执法发展应用与实践是数字政府建设中的重要内容,对政府治理模式与流程改革具有指引性意义。《法治政府建设实施纲要(2021—2025)》明确指出,"积极推进智慧执法,加强信息化技术、装备的配置和应用",智能行政执法的应用范围日益广泛,已成为实现政府治理信息化与法治化深度融合的重要形式之一,对提升行政效率

和保障执法精准有显著意义。①

二、智慧城市综合执法工作能力体现

下面，本书以智慧城市综合执法工作为例，梳理阐述一下智慧执法方面的工作能力。当前，城市综合执法成为城市管理的重要手段。然而，当前，由于现实问题的复杂性和执法能力不足，导致建立"精简、统一、效能"的城市行政执法体制，促进政府职能转变的改革目标难以达到。《关于深入推进城市执法体制改革改进城市管理工作的指导意见》指出："要积极推进城市管理数字化、精细化、智慧化，综合运用物联网、云计算、大数据等现代信息技术，推动城市综合执法改革。"在新技术尤其是信息技术和人工智能技术快速发展的当下，如何通过智能技术赋能城市执法工作，是回应公民公共需求、创建服务型政府的重要命题。②

总体来说，依托法律人工智能的底层技术，完成智慧执法的总体任务和具体工作，需要具备的能力包括：城市执法大数据的获取能力、海量数据的管理和分析能力、政府部门间的数据整合能力、行政执法流程的数字化能力、人工智能算法能力、知识图谱能力等，涵盖智慧执法的主要工作环节。

（一）建立和运行统一执法数据平台

在城市智能执法过程中，智能执法系统充分利用大数据技术，围绕各种执法领域，建立数据统一平台，通过信息采集体系完成信息采集，利

---

① 参见冯子轩：《智能行政执法的过程机理及其冲突调试》，《行政法学研究》2022年第6期。

② 参见李金龙、陈芳：《智慧治理：城市综合执法创新的路径选择》，《江西社会科学》2018年第6期。

用通信网、互联网、物联网等建立数据传输体系，所有数据导入综合执法信息共享平台，做好数据管理和相关技术分析处理之后，通过综合执法统一办案系统和移动执法系统，将执法决策权下沉到基层一线，最大限度地减少既有执法分工机制的运行距离和成本，提高运行效率，智能技术赋能"大综合执法"模式运行。

（二）技术赋能执法基层

智能城市执法通过技术手段，变末端执法为源头治理，及时发现和解决城市管理中出现的各种问题，从源头上预防，从而提高综合执法效能。比如，目前智慧城市执法采用爬虫（Python）、神经网络、历史的 MBR 分析、机器学习等网络技术，通过历史梳理和现实热点分析，判断出城市管理高发、频发的问题，预判可能发生的"问题"，及时有效定位执法"痛点"，从救火式执法转化为预防式执法，尽早及时地解决城市公共管理和运行问题。

（三）建构运行有效互动数字信息执法机制

城市行政执法的最终目的是实现有效运行和管理，服务市民公共生产生活。智能执法通过相关技术，可以了解和明晰市民们在微博、微信、BBS 等互联网平台上普遍反映的城市公共问题，从而主动为公众服务；可以通过搭建数字信息平台，方便公众参与城市治理，提供公共问题相关信息，实现执法工作上的良性互动，实现执法的服务化转型；还可以通过对执法对象相关数据的分析和研判，细致地掌握现实情况，有效地开展城市综合执法工作，减少执法阻力。

（四）赋能执法行为监督

为了重塑城市执法权威和形象，为使执法行为规范标准落到实处来完善执法形象和维护执法权威，关键在于使执法全过程能够进行信息留痕，有据可查。通过执法记录仪、GIS（地理信息系统）、城市监控、GPS 定位、移动终端等技术智慧治理较为全面地记录执法全过程。通过记录留存、数据留痕，既监督了执法者的执法行为，又有助于在执法纠纷中取得证据，方便对行政执法行为进行监督，从而使得行政执法行为日益规范，维护了执法权威。

（五）智能建模预判运行和治理问题

在信息数据发展的脉络上，城市运行和管理中的很多问题具有规律性的发展态势，有据可循。通过对以往历史数据的分析，和对全部执法案件或事项内容和构成要素的分析和归纳，结合社会行为和关系相关的变量条件，可以通过数据建模和智能化预演，分析预测城市公共管理和运行问题可能发生的时间、地点、性质、走向态势等，以此为基础，在微观方面和具体事件上，可以调集人力、物力等资源，做好相关的预案，从而促进执法效率的提高，改善执法的效果，在宏观社会运行上促进整个社会活动实现良性运行循环。

第四节　守法、用法和法律服务智能化

一、时下用法智能化的状况

当前，在守法、用法以及相关法律服务工作领域，智能技术的赋能主要体现在两个方面：一是赋能于非法律专业的一般社会公众的技术系统，包括各种软件系统、微信小程序等，可以把这种概括成为以法律知识提供和问题咨询解答为主的公共法律服务，便于社会公众掌握和运用法律来解决问题；二是专门为律师或者其他法律服务工作者研发的用于其工作中的智能法律工作系统或者工具，用以改善法律服务工作者的工作质量和效率。

推进智能公共法律服务是主动顺应信息时代新发展的必然要求。从智能城市以及整个智能社会运行的角度来说，高效率的智能社会运行同样需要社会主体具备同样能力水准的法律运行，智能公共法律服务是其必备的条件，以此保障和助推城市经济社会的发展。

智能公共法律服务旨在实现互联网、云计算、大数据、人工智能等新技术与公共法律服务具体工作任务流程相结合，实现法律服务工作的信息知识资源整合，工程机制完善再造，运行工作新模式，实现工作高效能。其实质是在智能化技术的基础上，探索新型法律服务供给模式，一是解决传统人力数量的不足和能力的不均；二是赋能法律涉事主体自身，实现更优质少异化的法律工作效果。比如在实践中通过"法律咨询智能问答""法律服务智能导航""案例资料智能推送""法律风险智能检测"等工具的应用，使社会公众能够获得更加普惠均等、优质高效的法律服务，让群众有更多的获得感。①

当前，法律人工智能技术的研发成果同样在赋能商业律师的法律服务工作，概括来说，只要能够服务于公共法律服务或者一般社会主体的智能法律服务技术，一定同样也适用于商业律师的法律服务工作。

近年来律师事务所管理运行和具体的律师服务工作中，已经开始广泛采用智能法律检索、合同起草、智能翻译等多种智能工作，以此提高自身的工作效率和效能，降低工作成本。传统律师业在享受其带来的便利，人工智能正在改变传统律师的执业方式和律师行业的生态，许多律师从中看

---

① 参见刘益良、袁勇、孙志中：《新时代智慧公共法律服务体系建设的实践与思考》，《中国司法》2019 年第 3 期。

到新的行业发展模式和发展机遇。①

　　智能法律服务的主要工作任务模块、工作流程、运行机制以及技术和任务相结合的模式与智能立法、执法和司法等都很相似，主要包括：一是智能管理和运行，就是在既有的信息化、数字化的信息制作和流传共享的基础上，高效准确地实现工作任务的分配和工作成果的整合，充分发挥管理运行技术的平面化和即时性功能，降低不同层级、部门之间传统信息工程界线和壁垒，实现即时性沟通、互补式协作和平面化管理，提升运行效率；二是智能决策和服务，就是通过信息和数据及时实现信息和知识资源的收集、整理、分析和助力结论判断，实现决策的科学化。

二、用法智能化的能力体现

（一）智能公共法律服务

1.智能法律咨询系统

　　现实中的法律服务资源本身就是不足的，或者是昂贵的，而随着经济社会的发展和智能技术所产生的赋能的可能性，越来越多的社会公众民众选择通过互联网、智能系统等渠道来寻求专业法律知识支持和咨询法律问题，于是，智能化的法律问答咨询系统已经开始在实践中出现并应用。

　　目前，法律咨询问答服务系统可以分为这样几种形式，最先产生的一种是为用户和律师等法律工作者搭建互联网式问答平台，让用户和律师在网上通过即时通信、留言的形式进行法律咨询。后来随着智能技术的能力增强，又发展生成了自动化、智能化的法律咨询问答系统，即通常的技术方案都是将法律咨询的问题和答案预先储存在数据库中，为用户提供检

---

① 参见崔亚东主编：《世界人工智能法治蓝皮书（2022）》，上海人民出版社2022年版，第241—256页。

索系统，当用户在检索系统中提问后，在数据库中为用户匹配最相似的法律问题以及相应的答案。但是，这样的法律咨询问答系统只能回答较为简单的法律问题，不足以解决复杂的法律问题和法律关系，应用范围较为局限。后来又出现了以上两种合成的，也是当下能够看到的一种模式，就是先通过机器系统尽量进行智能化问答服务，机器服务能力不足的情况下就以第一种用户和人类律师在互联网上即时通信和问题留言回答的形式进行，这种情况下，也可看作第一种法律服务平台的智能化升级。

2. **智能法律调解与谈判辅助工作系统**

现实的实践中有一种在线化智能调解系统和工作方式。系统的研发支撑将当事人、行政、司法、社会等多方参与主体接入，提供现场调解、远程视频调解、微信调解等多种形式。这种方式还能够与智能司法工作机制相衔接，实现"在线调解 + 司法确认"工作模式，解决了传统线下司法确认方式的时空局限性问题。对于当事人达成调解协议的，可以提供微信、远程视频、线下等多种司法确认方式。另外，还可以搭建和应用智能在线化调解、谈判以及其他 ADR 形式的法律工作系统，从而在这些工作模式下，充分发挥智能化法律的技术优势，实现各种工作任务上的赋能。比如，借助海量的裁判文书、法律法规和历史案例，从诉讼成本、时间、执行率、到位率等方面出具"诉讼风险评估报告"，引导当事人根据纠纷特性和个人诉求选择便捷、快速的纠纷解决方式；借助人工智能算法，进一步可实现调解案件的法条推荐、类案推荐、调解文书自动生成等智能辅助，促进提高调解成功率和调解效率；还可以将所有调解员信息纳入调解员智库，根据类案处理经验，分析调解员所属单位、个人专长、既往调解案例等因素，可向当事人推荐最合适的调解员，减少当事人时间及金钱成本。

3. **复合性的公共法律服务系统和工具**

除此之外，实际上在广义的智能法律服务工作体系中，还可以看到在行政管理和执法、司法等机构中设置的公共性智能法律服务系统和设备设施，如常常看到的行政管理工作部门的法律业务智能办理，或者公共法律服务系统构建与行政机构互联互通的智能法律服务模块，支持预约办理、提交材料等功能，实现线上线下全覆盖的法律服务平台；同样在这些平台上经常运用智能法律检索工具，方便非工作人员查询办事指南、法律服务机构人员信息、法律服务地图、法规案例文书等，全方位打造"老百姓身边的法律顾问"，使法律服务"触手可及"。

（二）智能"律师"

1. 人工智能技术应用于诉讼业务

诉讼业务是律师和法律服务工作者一项常见的传统业务，工作任务上概括地说包括法律事实的确定、法律适用以及二者关联融合三个部分。当下的人工智能技术仅能在诉讼业务中起到法律检索的作用，比如法条法规匹配、相关案例分析、同类案例胜诉率分析、关联企业情况、案件结果预测等，通过简单的规律对相关大数据进行统计处理，从而辅助律师进行工作，缩短律师处理文件的时间，使律师在规定期限内有更多时间及精力处理需要思考及执行的其他事宜。

2. 人工智能技术应用于非诉业务

律师的非诉讼业务主要由咨询、合同起草、文书撰写等代书服务、专项法律服务和法律顾问服务及其他服务组成。①

（1）合同审查和起草

在律师的基础工作中，信息化、数字化时代，人工智能技术能在合同流程化管理上提供很多助力。到了智能化阶段，在初期，人工智能仅能在

---

① 参见王莹编著：《人工智能法律基础》，西安交通大学出版社2021年版，第75—80页。

基础性的错别字识别、批量修改、用词等方面提供审查意见。现如今，结合知识图谱、事实抽取以及智能推理新技术的研发和应用，智能合同审查已经能够对合同中的关键信息和具体细节进行实质性的内容审查，与此技术能力同步协调生成和发展，人工智能技术已经在合同起草、合同管理和运行等方面展现出新的智能技术优势。

（2）电子阅卷

当下，在信息化和数字技术基础上演化发展来的智能系统已经能完全按照设定的标准和任务工程框架，在一定的算法下辅助律师阅卷，其效率和质量远超过人类律师的阅卷效果；基于其强大的储存系统和算力，还可以对卷宗进行综合分析，不会出现主观上的问题遗漏和忽视；结合智能文件生成技术，还可以在梳理分析后生成可视化报告，并存储填充数据库以供新一轮的信息交换。但是，传统的人工智能电子阅卷系统主要依赖自然语言处理技术，机器学习技术的能力和效果还未完全展开，由此导致智能机器在开展过程中时常显得不够智慧，在内容量过大和复杂的情况下，相关工作最后仍然需要律师人工地进行大量的工作复核。新近的自然语言结合深度学习技术以及知识图谱技术的融合运用，对此已经大大改善，机器的阅读能力越来越精准，人的力量投入越来越少，越来越省心。

第五节　企业法务智能化

一、时下企业法务智能化的状况

（一）智慧法务含义

智慧法务出现的动因是，在企业进行数字化、智能化转型的时代，传统的法务工作模式已经无法满足企业不断创新的业务和规模发展需要，于是，伴随企业全方位数字化智能化的发展节奏以及整体规划和协调发展，当前企业法务也在通过数智技术，与传统的企业法律业务内容以及工作模式和机制相对接融合，不断对相关的工作进行赋能以降低工作成本，提高工作能效。

在技术层面，智慧法务借助自然语言处理、机器学习和人工智能等智能技术，充分利用法律大数据资源，来推动企业法务工作的智能化转型，从而提升企业法务部门的工作效率和企业整体运行效率，节约企业内部成本。在法律层面，智慧法务是对传统法务的工作进行变革。传统法务工作的内容主要包括合同管理、诉讼管理、企业合规、知识产权等多个方面。对于不同行业、产业、规模的企业，其法务工作的重点和难点又有所不同。因此，针对不同企业，智慧法务的内容也有相通和相异之处。总体而言，智慧法务将传统法务工作进行智能化升级，通常包括合同管理、诉讼管理、企业合规等常见的企业法务工作内容。

当然，智慧法务不仅是将以上工作数智化，还可以将不同方面的工作、数据、能力、知识和资源整合起来，建立"数据＋智能＋管理"的智慧法务平台，重新定义传统法务工作。智慧法务还可以放入更大的企业数字化进程中考虑，在这一背景下，企业智能法务的发展随着数字化的不断加深，可以分为信息化、数字化与智能化三个阶段。由此，在这些智能系统和工程运行上，企业法务在当下已经发挥出显著的企业商业运行、商业管理等多方面的综合价值，当然，数字化和智能化提高工作效率、改善工作质量、降低工作成本同样使企业法务工作受益。除此，比如可以综合和整体地运用企业多方面的大量的信息和知识资源进行高效和高质量的决策，由此利于整体上有效应对现实中的业务需求，提高竞争力。另外，借助规则的普惠，数智化赋能的确能够提升企业中的法律业务，使其很好地融入企业整体的业务当中，极大地有助于企业法务工作在公司整体运行和管理上的价值，比如在风控、合规以及合同管理等方面，因为数智化的能力，促使企业法务更好地参与、融入和统驾企业整体的决策工作。[①]

二、智慧法务赋能

当前，可以说，智慧法务涉及整个企业业务的全方面，当然主要集中在合同管理、诉讼管理、企业合规、尽职调查和知识产权等多个方面的企业法律业务，具体如下。

（一）合同管理和运行

当前，在合同管理和运行方面，智慧法务可以对合同起草、审批、履行、监控、归档、查询、统计等工作进行全生命周期赋能管理。具体来说，通过梳理合同的全业务流程，将合规、风控、法务工作与管理工作融合对接，对合同实施全流程的智能履行监控，将风险防范、内控手段作为系统性装置配置到信息系统中，同时可以进行多维度智能统计和查询，一方面能够保证管理流程畅通高效，另一方面能够系统性整合实现复合性的监管、统计、履行、风控等多种功能和效应，从而不仅实现了合同的有效管理，而且整合了其他的相关工作任务，产生了极大的附加值。

以上的合同智能管理和运行主要是基于合同的信息提取技术和能力、合同的智能管理能力、合同的智能生成以及审核等能力。合同信息提取算法，能够提取通用场景的合同文本中的核心要素，便于用户快速了解合同的核心内容、确认核心内容是否准确。相关的要素包括名称、类型、各方主体、金额信息、签约日期、签约地点、有效期、争议解决方式。当前，可以针对企业常用、高频的合同类型以及审批所需提取的要素进行定制化

---

① 参见王莹编著：《人工智能法律基础》，西安交通大学出版社 2021 年版，第 161—166 页。

开发，对于企业的不同复杂程度的个性化需求，可通过不同的方式进行处理。比如，对于简单提取任务，配置正则表达式进行提取，配置完成即可立即生效；对于复杂的提取任务，可以使用机器学习方法，标注数据开发基于语义的要素提取功能。合同智能审核能力主要体现在能从合同中匹配出存在的风险条款或缺失的关键条款，并提供修改意见。合同智能生成能力体现在通过建构交互问答式的合同智能生成模型，准确修改文本中所有设置好的相关内容，以此能够使用合同智能模板批量生成文件。合同智能管理能力则包括合同版本的模板开发、智能起草修改、存贮对比等功能，基于自然语言语义理解和关键信息抽取的合同履约日期自动提醒功能，以及根据不同的合同识别要素形成的合同自动分类和数据统计功能，等等，并在这些功能的基础上实现智能合同的管理和运行。

（二）诉讼管理

企业法务的诉讼和争议解决事务的日常工作很多，包含分析案件事实、准备证据、查找类案、检索法律知识、撰写法律文书等，这些工作因为量大以及资源和能力供给的不精准性，在现实中有诸多困难。

当下的智能诉讼管理系统进行以上相关业务功能的针对性的开发以后，可以根据业务需求，通过智能算法高效检索文书和法律法规以及智能推送类案，解决诉讼相关业务对法律信息和知识的精准获取；通过数据建模进行案件信息智能化的多维剖析，提供案件司法结果的预判等；智能化辅助自动撰写诉讼相关文书可以提高工作效率；通过智能知识资源和律师资源平台的搭建，能够智能推荐和获取擅长该领域的外部律师支持。

（三）企业合规

随着企业数字化转型战略的快速推进，人工智能技术赋能企业合规工作也是智能法务工作的一个重要场景。智能企业合规工作即是运用大数据、知识图谱、机器学习等人工智能技术手段，搭建智能化的企业合规工作机制和模式，实现法律合规工作的数智化转型。在现有的工作实践中，在满足基本管理流程及大数据共享的基础之上，合规工作会搭建统一的知识中心平台，整合企业相关的法律法规、内部政策等相关数据资源，形成企业合规工作的智能系统。系统运行过程汇总通常将法律法规等法律知识资源通过知识图谱等智能技术与整个工作流程任务中的合规要点进行关联融合，同时根据关联关系进行算法的设计和开发，进而在工作运行过程中，结合具体的工作环节、任务和场景，对相关的合规要点实施情况进行智能化的监控、预警和信息反馈。

（四）智能尽调

尽调工作是企业公司进行并购时的一个耗时耗力、庞杂量大的工作。而随着政务、法务、商务以及社会各种业务的信息数字化，人工智能技术赋能企业的尽调工作有了现实的发展空间和发展的现实条件。实践中，企业通过智能尽调系统和技术工具，可以智能化精准地收集工商、税务、经营管理、法律纠纷、银行信用等多方面的信息，进而对相关的信息进行全方位、多角度、多标准参数下的数据分析，通过模板智能化生成尽调报告、预支并购等工作的产出和风险情况，如此使企业尽调业务工作高效高质，同时又减少了人力成本和时间成本。

第十一章 智能化目标下法律工作的
任务与智慧能力构成

本章行文的主要目的在于阐述法律智能化视角和目标下法律工作的各种工作任务和业务构成，进而总结各种法律业务类型的相似性和关联关系，比如律师诉讼法律事务与检察官的业务、律师的非诉合同等业务与公司企业法律合同业务，就有很大的相似性和紧密的关联，等等。通过这些相似性和关联之处，一方面揭示和展现整体法律工程各个环节本质性和共同、共通、核心的功能性任务内容以及核心的智慧构成；另一方面阐释和揭示通用法律智能任务的存在和相关技术实施的空间，进而说明在技术层面，只有运用通用的法律智能技术，才能把这些环节打通贯穿，而这项通用的法律智能技术就是三段论式的逻辑推理问答技术。

第一节 法律工作中任务和
功能的基本认识

前文已经从整个法律工程的宏观结构关系的角度介绍和阐述了立法、用法、执法以及司法的工作功能和任务，接下来本书在现有技术即数字前技术、数字技术以及时下正在兴起的智能技术的基础上，深入分析和探讨法律生成和运行环节各自分工的任务构成和工程结构。

一、法律认知和行为的智能化

以法院的司法工作为例，就司法工作或者活动而言，从最广泛的意义上来讲，不同的国家和法律制度下，包含的工作领域情况有所不同，就我国而言，主要包括人民法院的审判工作以及人民检察院、公民或法人等组织因诉讼和纠纷解决而参与到国家司法工作中的行为和活动。本书在此，主要从智能认知和行为的构成和关系、一定任务体系下智能行为的结构关系以及行为智能化的角度来梳理、阐述和介绍人民法院的工作和活动，人民检察院、公民和法人的相关活动会在下文的智能检务、用法和法律服务等相关环节再进行介绍。这里所说的智能认知和行为的构成和关系，意指一定的工作领域中智能认知的对象、内容以及以此为基础的行为构成模式；一定的任务体系下智能行为的结构关系指的就是在一定的技术工作能力基础上所形成的一定工作领域中的一系列不同层级、不同功能的智能行为分工和结构构成；行为智能化的角度指的主要是如何将这些独立具体的以及关联整体的各种任务行为更加智能化，以同时汲取人类智能和机器智能的各自优势，从而获得相关工作任务和活动的最优价值和效益。

二、法院的核心工作任务和智慧构成

（一）核心本质性任务和智慧构成

人民法院的工作虽然种类繁多，除了审判工作外，还包括法治教育、宣传、维护安全稳定等多方面，而其根本上指的是司法工作，主要的、核心的、本质性的任务和活动就是诉讼案件的审判，以此来解决各种法律纠纷和争议，从而实现社会秩序意义上的定分止争，保障社会运行有序。如前所述，在人类的发展史上，在法律和规则的运行机制发展演化的过程中，司法审判工作从整个法律生成运行机制上分立独立出来是基于一定的信息技术条件和信息机制的，这样的信息技术条件和相关机制同样也造就了整个法律司法审判任务的任务分工构成以及工作流程，比如，以我国人民法院审判工作的情况来看，整个审判工作可以说由立案、开庭审理以及判决执行几个重要的工作任务和相互关联的环节构成。首先，我们应当如何来看待这些作为组成部分工作的任务属性及其智能属性呢？从这些工作的人类社会任务属性来说，其本质性、核心的属性就是案件的审理和判决。人民法院工作的庭审工作任务的审判属性毋庸赘言，而从自身在整个体系和环节上的价值和功能或者独立性来看，立案工作仅是案件的受理或者不受理，是为接下来的庭审工作提供或者排除掉工作对象，判决执行工作则仅是已经形成的判决内容在现实利益和价值上的落实和兑现。但是，当从这些工作的整体和关联关系来看，实际上，在社会活动或者工作的任务属性上，无论是立案还是执行工作，其实质上都是司法审判工作。立案工作实际上是对相关纠纷和案件的初步审理和判断的工作，就当下的司法工作现实情况而言，虽然立案工作环节不对案件本身最终要判定的结果做出结论，但是一定是运用与庭审相同和一致的认知来审核判断这样的案子是否属于法定的纠纷并需要通过司法审理来进行解决；执行工作实际上是对审理判决工作认知上认定的行动和实践上的变现，可以说，如果没有对司法判决的实际执行和变现，那么这种审判工作实际上就等于没有发生、没有完成或者说是没有任何存在意义的，比如，从完整的社会行为和社会意义来说，通常的社会认知上的理解，人们说某某案子已经判了，自然就是已经将立案、庭审以及执行的任务和任务完成的结果都包含其中了。

（二）辅助性任务的分出与意义

因此，从司法社会行为的完整认知来看，以上的立案、执行和庭审工作一样，它们的社会任务属性无他而都是司法审判，但可以说它们是核心的审判任务的辅助性的工作任务。而现在状态下的这样具体的任务区分实质是把一个完整性的解决社会纠纷的司法审判社会活动和行为进行了分割细化处理，一方面在正式的法庭开庭审理之前设置了一个独立的立案环节，其主要的结构性的功能是实现司法受理案件的界分，将法定的不受司法管辖的案件或者事务排除在司法审理或者处理之外，让法院能够集中有限的人力、物力以及财力等资源处理相对有限数量的案件纠纷和社会问题；另一方面在法庭审理判决之后，又附加延伸了一个独立的裁判执行环节，以使司法裁判能够从观念认知变成行动和现实，如此可以让办案或者庭审法官有足够的注意力和精力来进行案件的审理。当然，客观上，立案、审判和执行在整个审判工作工程机制中，三项功能的区分也能实现相互权力上制约的积极价值。

（三）司法审判社会分工的基本因素

在人民法院的法官构成上，常常听说有立法法官、庭审法官和执行法官的区别，为什么会形成这样的区分呢？如前所述，这同样体现的是社会职业分工的理念和实践，体现的是一定技术发展阶段和基础上人民法院司法工作最佳效果实现方式的选择，体现的是人类社会司法审判工作为了实现最佳的效果，在这块工作上能力上的"能"与"不能"，以及两个方面边界的界定和动态发展调整。所谓的"不能"，指的是无论在价值合理性①还是在一定的操作能力上所形成的成本上，现实中不应该也不可能将所有人类社会中的纠纷都交由法院来审判。一方面，可能是很多纠纷在现实的合理认知下，不应该由人民法院的司法上来审理决定；另一方面，就算是应该由法院处理，限于现有的人力、物力和财力，法院的法官们也处理不过来这么多的纠纷。因此，一定历史阶段和技术条件下人民法院和法官的工作必须集中力量处理那些所谓重要的纠纷和案件。在同样的原则和

---

① 实际上，如前所述，这种合理性也是由技术决定的或者是以技术为条件的。

思路下，为了能够更加"多快好省"地实现这样的社会价值和功能，在人民法院的工作机制的内部设计和建设上，就更加细致地在核心的庭审业务前面加了一个立案的环节，在后面加了一个执行的环节，应该说这样的任务区分与人员分工和结合的机制是现有司法审判能力最大化和效果最优化的模式选择，而这也就是现有的技术条件所形成的人民法院司法审判工作"能"的具体表现。与以前技术时代司法工作的能力比较而言，在司法工作本身的发展路程上，这是一种司法能力上的发展和进步，无论从效率和效果来说都是社会发展进步的表现，比如与第一次工业革命时代以前的司法工作比较而言，无疑当下工作则是更加文明和有效。

三、法律工作分工的技术基础、条件和机制

（一）法律工作技术机制概述

如此，应当如何来理解这种"不能"与"能"之间的界定与相互关系呢？实际上，这种关系的阐述主要涉及的就是应当如何来看待人民法院司法案件管辖范围的确定、司法工作内的分工以及分工的技术条件和技术基础，也就是相关的事物和现象的技术成因。如前所述，立法、执法、用法以及司法的分工和工程机制以上工作领域中的内部分工和机制，实际上都是一种社会和时代技术基础上的法律技术机制。关于立法、司法、执法、用法之间的任务区分和分工，与现在所要讨论的话题紧密相关的司法业务范围的界定，以及说现有司法工作上的"不能"等话题，在前文我们已经做了相关的阐述，后文在宏观上的法律工程智能性整合时我们再进行接续探讨，这里我们主要从人民法院司法系统工程的内部分工上来梳理分析一下这种司法能力"能"的技术基础、技术条件、技术方式和技术机制。

如上文所述，现有人民法院的工作任务构成和分工结合的机制是为了

保障人民法院司法审判工作的生产力最佳，而这种机制本身就是一种司法技术机制，即基于所有工作主体进行相关的工作所得以凭借的技术而产生的工作能力方案。那么，这到底是一种什么样的技术机制呢？如何会产生这样的技术机制呢？这样的机制的合理性是怎样的？下面进行具体的阐释和分析。

（二）法律工作机制的技术构成

如前所述，这是一种司法行为人的认知、行为和关系上的信息与知识生成和运行的技术机制。依据信息技术的构成，就现阶段的人民法院司法工作的技术要素和技术构成内容来看，与认知、行为和行为关系相关这个技术在机制上主要包括信息的获取和表达外化技术、信息的存贮技术、信息的传输技术以及信息的加工生产技术。信息知识的获取和表达外化技术，是指司法行为主体对相关案件业务的内容认识理解、提出行为指令要求，以及对与外界信息信号进行互动和表达所借助的手段和方式，这是制作和生成有用的可交互信息的重要前提条件，这种手段和方式发展到现在，最主要的形式和方式就是话语声音符号、文字等。信息的存贮技术，也可以称之为信息载体技术，就是信息在表达和传输过程中，固化和承载信息的相关手段、措施和方式方法，由此可以使信息能够稳定不变，并保持长久地在主体间进行广泛的和反复的应用，这是信息公开和得以传播的重要基础和条件。现在主要是纸张、图像以及各种电子屏幕。信息的传输技术，是指信息在社会主体之间的传播方法、方式和机制，是一定领域中的社会主体能够进行社会群体生产生活等行为的重要条件，决定着社会群体的形成、社会行为的范围、社会行为以及行动的效率和效果，现在主要有声音、人的各种行动方式下的信息载体以及公文邮件的送达、电话、电子邮件、电子信息等各种传输方式等。信息的生产和加工技术，是指社会主体为了实现一定的目标或者达到一定的目的，通过了解掌握、分析理解既有的各种信息和知识，从而形成自己的认知并将这种认知作为一种信息表达和外化出来的行为。相关的技术指的就是信息生产和加工的科学技术的方法、机制和模式。现在的法律信息生产和加工的技术主要包括人对书籍等文字资料的查找、电子信息检索、数据统计和数据分析、数据信息的算法推荐、各种信息的自动呈现和获取、文字报告等文件的自动生成等，这些技术和措施都是与人类主体进行紧密的融合，或者说是辅助人类的大脑和思想进行信息的生产和加工。

（三）法律工程技术化成因与过程：以司法工作为例

1.技术生成任务和完成任务的能力共生

概括来说，如前面所述，以文字以及文字载体的技术产品的发明和应用为基础，法律这种信息的功能在社会运行和治理中的作用得到了极大的发挥，这其中根本的原因在于更多的人开始能够了解、掌握和运用法律，并进入法律这个社会运行工程机制中来，因此，法律的社会功能的发挥意味着国家与社会有更多的法律事务和法律工作需要来处理。"解铃还须系铃人"，科学技术从来都会不偏不倚地恩及社会中的各种事物，也就是说这样的技术产品造成了大量的法律业务和工作，同样也能和会造就处理这些业务和工作的方法和能力。如前所述，近现代以来人们所看到的，无论是整体上法律的立法、司法、执法、守法的工作分工和工程架构，还是这些部门工作领域的内部工作分工和机制，实际上也都是对技术积极应用的人类行为结果，或者说，这些事物也都是以这些技术为基础和条件生成的。

2.法律分工与工程机制的存在条件

用这个认识来理解人民法院现有立案、庭审和执行的工作任务工程机制的成因、功能以及技术机制等，其基本的情况是这样的：首先，文字、纸、笔等信息表达生成和存贮技术的发明和应用，导致文字的应用以及文字表达功能的发挥，由此，相比于传统的技术机制，比如口头表达声音等，使司法工作的信息具有了社会工作群体间的准确性、稳定性、可回溯性、可复制性、可传播性。试想一下，如果在现在的人民法院的工作场景中，没有文字、相关的纸笔附随的技术产品以及更加先进的电子信息技术产品，只留下了人和人之间的口头声音形式的话语，那么，人类会怎样来开展眼前的工作，多种可能实在是无法让人想象，但是有一点是明确的，就是无法形成更多人之间的、跨时空的工作分工和相互配合了，因为空气中声音的传播信号弱、消失快，理解行为的时空有限，容易失真，在群体间话传话的形式会产生较大的原意偏差。可想而知，在这种情况下，如果一个案件或者多个案件进入人民法院的司法工作空间中之后，无法再形成现有状态下的立案、审理以及执行的分工工作机制的有效性。因此，如果想实现纠纷解决和案件审判工作的有效性，在信息机制上，一定是现在的立案法官、庭审法官以及执行法官工作上在认知判断上始终处在一个共同的工作时空中，或者说从立案经过庭审到执行自始至终都是由一个法官或者一个小组的工作人员操作完毕，否则，工作上一定会出现偏差和错误。实际上，在这种情况下，当下所运行的分工的工作机制的功能已经不复存在了，因为各项分工的实质部分已经在操作人员之间和时空上完全混同了。①

3.三位一体的人民法院工作技术赋能机制

显而易见，如果现实中真的出现了这样的情况而不能改变，那么就意味着现有人民法院的司法工作能力将迅速下降而无法应对现实中各种纠纷案件的处理。因此，应当如何来看待眼下的这些科学技术给人民法院的这样三项工作以及整个工作机制进行赋能的呢？如前所述，立案和执行在工作的任务

---

① 这种情况下，立案法官和执行法官在工作上实际上已经不能相对独立于庭审法官了。

属性上，实际上都是庭审，即案件的审理和裁判。法院核心的社会法律功能就是审判，如果人民法院的工作在社会法律整体的工程架构中能够胜任，那么它的审判工作或者庭审工作必须是强大的。而毋庸置疑的是，实际上所有的司法科学技术以及以此为基础的社会分工，其关键是使核心的司法审判行为具有更加强大的生产能力。反观上面假设的例子但具有现实可能性和意义的场景可以看出，文字、纸和笔等信息表达和存贮技术扩大了核心庭审行为的时空范围和参与主体的工作能力，实际上在整个工程环节和流程上，将庭审的部分工作能力前置到初步审查的环节，变成立案的工作形式相对独立地剥离出来，并在整个工作流程上进行前置，如此使整个庭审工作集中于案件的实质性内容的判断，而不再费尽心思考虑是不是法律和法院以及本院本岗受理的范围。以此为目的，同样也将庭审的部分工作能力后移到最终审查的环节，变成执行工作的形式相对独立地剥离出来，此时此段也不再审查案件的实质性的公正与否的核心判断，主要是考虑审理这样公正意义上的裁判结构如何与具体情况相结合变现即可。

4.三位一体机制的技术发展和能力强化

如此，当一种能力的应用和运行能够被一种技术手段和方案分配到更大的不同的时空中，这种能力也因此能够被更多的人运用，那么这便意味着这种能力在整个工作体系中得到了增强。由此，这种技术基础在价值上也使分工成为必要的社会群体行为方式，当然，如此分工也便具有了现实的可能，显然当下的立案、庭审和执法三位一体的分工就是这些技术基础上和条件下的"尽其所能"，人民法院的司法工作才随着技术的不断发展进步，实现司法审判工作社会能力的扩大而减少曾经的"不能"，既包括数量上的，也包括属性上的。近些年来随着司法工作的电子计算机技术、互联网技术、数字技术以及智能技术的应用，包括智慧法院的建立和落地工作，以上的发展变化的状态和现象就更加明显，相关的具体情况后文将详细梳理阐述。

第二节　检察工作的核心任务和智慧构成

一、人民检察院的任务功能概况

（一）核心任务功能

我国法律规定：人民检察院是国家的法律监督机关。人民检察院依法独立行使检察权，不受行政机关、社会团体和个人的干涉。

如果从整体法律工程的组成部分与结构功能关系来看，根据以上的相关法律和制度规定，人民检察院的任务功能便是法律适用的监督，也就是说，在法律制定出来以后，如何保证法律的准确、正当恰当的实施，需要一种国家的权力机关来对各种主体相关的法律实施或者适用行为进行监督来保障法律效用的落实实现，这种监督便是人民检察院的法律监督职能和相关的工作。

（二）具体任务构成

工程意义上人民检察院的这种法律监督功能在法律制度上的权力基础是人民检察院所独立享有的"检察权"，而这种法律监督功能的发挥也是通过检察权基础上的一系列具体工作任务的完成来实现的。这些工作任务在不同的属性标准和不同位阶上可以分为很多种，按照通常的业务分类，可以分为刑事检察、民事检察、行政检察、公益诉讼检察、未成年人检察、控告申诉检察；刑事检察还可以分为普通刑事犯罪检察、重大刑事犯罪检察、职务犯罪检察、经济犯罪检察、监狱看守所执行刑罚活动刑事执行检察、侦查工作检察等。

二、法律监督检察权的行使方式和措施

(一) 参与和支持司法审判

在这些具体的工作任务中，相关的检察权的行使是通过检察机关对以上各个工作领域中人的行为、业务内容、方式方法等多方面的合法性和正当性进行依法检察并依法采取相应的措施来实现的。虽然以上工作任务涉及的领域和内容较多，但是主要涉及的内容是对各种社会主体危害到国家社会公共利益的犯罪活动以及各种从事国家公务活动的人的各种违法行为和活动进行责任追究的工作事务。而人民检察院行使检察权所采取措施的具体路径不是立法制定规则的方式，也不是执法执行规则的方式，当然也不是社会主体适用法律的一般权利行使方式，而主体上是通过参与人民法院的司法裁判活动来实现的。因此，在社会法律工程的整体架构和结构关系中，通常实际上也是把人民检察院的法律监督检察工作作为整体上的司法工作的一部分或者一定的环节来认识和对待的。也就是说，由此，在理论和实践上，在广义上，人民检察院的法律监督检察工作属性上属于司法工作而不是其他。

(二) 具体措施

以上多种多重的检察业务工作中，相关的检察权的行使措施也有多种样态，但是结合整个司法审判工作整体上的部分构成、结构关系和运行机制来看，提炼出各种具体业务领域中的共同行动方式和工作模式，可以将人民检察院的核心的司法工作举措化约为如下几种紧密相关的、核心的工作内容或者行为形式：一是提起诉讼，二是接受申诉控告，三是抗诉，四是支持或者进行诉讼。四个方面紧密相关形成了检察业务重要的工程架构，也使检察业务构成了整个司法工作的重要工程机制。

提起诉讼,主要是指人民检察院对于侦查后的案件、民事、行政公益诉讼领域来源的案件等,经过依法审查后决定是否代表国家向法院进行诉讼以维护国家的合法正当利益的活动;接受申诉控告,主要是指人民检察院接收非案件利益相关的一般社会公民、组织以及案件当事人或者利益相关人对于各种属于检察权管辖范围内的违法和犯罪行为进行相关情况申述意见或者揭露,要求依法进行处理或者重新处理的行为;抗诉,主要是指人民检察院对于生效和尚未生效的各种案件的判决,发现确有错误,依法向相关的人民法院提起诉讼,要求人民法院进行重新审理予以纠正的活动;支持或者进行诉讼,指的是人民检察院在因为行使检察权而向人民法院提起诉请的案件审理过程中,通过出庭等司法行为与对方当事人形成审判工作中的两造,代表国家进行案件的事实和法律等问题分析,提出案件中问题处理的相关法律意见和主张等诉讼活动以保护国家权益的行为。

三、人民检察院的核心工作任务和智慧构成

(一) 措施性任务的结构关系

在以上四项工作内容的结构关系中,接受申诉控告是重要的"案源",提起诉讼和抗诉既是"案源",也是开始参与进入司法审判活动的起点机制。比如,接受申诉控告后,经审查,如果申诉控告理由和事实成立,那么案件就会通过提起诉讼或者抗诉的方式进入司法审判活动,支持或者进行诉讼,则是参与司法活动并最终行使和实现检察权的保障,以上前三者价值的实现最终实际上都是通过支持和参加诉讼来实现的。[1] 三者关联实

---

① 这个内容构成和结构与后文的律师服务工作是非常相似的,只不过检察院的业务是以国家公权力为基础的。

时运行，环环相扣，体现的是人民检察院行使法律检察权以监督法律实施功能的启动、介入和保障落实的完整的工程机制。

（二）核心的智慧思维

那么，在这个完整的工程机制和系统化的任务当中，核心的智慧思维是什么呢？下面可以通过几个具有信息属性的案件处理过程的总结来对此进行阐释和说明。具体来说，检察机关接收受理审查申诉控告的业务内容就是审查相关主体提供的案件事实是否构成违法或者犯罪。如果认为不构成违法犯罪，就会对相关的法律依据做出说明然后终止这个业务活动；如果认为构成了违法犯罪，同样会做出法律上的判断和说明，然后将这样的信息或者工作指令通过向人民法院提起诉讼或者抗诉等检察监督的形式传递或者对接进入司法审判系统工程系统环节当中。然后在人民法院接受了这样的起诉和抗诉立案后，人民检察院就相应地根据人民法院司法审判的机制运行节奏和相关安排，开始启动针对这个案件的公诉活动，即对这个案件当中相关主体的行为、事实情节是否违法或者犯罪、相关法律关系的状态以及对这样的情况依法如何进行处理进行法律上的分析、论证和主张的工作。由此可以看出，从检察机关对于案件的接收告申，到审查判定不诉和诉，再到支持公诉，几项工作任务和几个环节的构成中，核心的任务和思维智慧即是对这个案件的事实进行认定，对相关的法律进行分析确定，从而最终完成对于整个案件是否构成违法和犯罪以及相关的事项最终如何处理作出最后的推理判定。当然，这里所说的是核心的思维和智慧，在具体的告申处理、起诉、抗诉以及公诉阶段，每项工作的目标方向和功能定位在既定的工程机制上是有所不同的，这些差异性的目标和功能也决定了以上每一个环节的工作在运行上有着不同的思维和智慧，但是由这些不同的目标方向和功能所决定产生的差异性的智慧实际上是使这项工作得以有效运行的智慧，是由这个核心的思维和智慧所决定和衍生出来的。①

第三节　立法工作的核心任务和智慧构成

一、立法工作的任务功能概况

在整个法律工程上，立法工作的功能是制定社会法律规则，立法机构的工作是由制定法律规则的各种相关的活动构成。按照时下的法律规定，立法机构的工作通常由法律案的提出、法律草案的形成、法律案的审议、法律案的表决、法律的公布等几个重要的环节性活动和工序构成。法律案

---

① 从这里的分析也能看到的是，在一个社会法律工程中，每一个工程的任务环节或者功能模块都有其核心的思维智慧和运行智慧的区分。比如，相对于整个法律工程而言，立法、司法、执法、用法各有其核心的思维智慧，但是也有其自身的运行智慧以使自身分别发挥出立法、司法、执法和用法的功能。这种功能就相当于所说的"能"，由此也区分出了什么是"智"、什么是"能"，以及"智"与"能"的关系。因此，在现在的信息数据技术情况下，常常看到某一个环节已经很智能了，意思说的就是这个环节的"智"和它的"能"之间没有更多的社会分工和环节以及需要借助人的力量参与或辅助自身就能实现了，而说核心思维所决定的法律判断的环节还不够智能，所说的就是这些核心的智慧还需要更多的人工和人类的参与才能实现。显而易见，这个认知微缩到检察监督工程机制中同样是适用的。同样，这也说明了，在整个法律工程机制中，什么才是真正的通用的、核心的智慧，其是指在整个法律工程机制中，从整个工程机制最大的功能模块到最小的原子要素都统一适用的、起到决定性作用的智慧，而使这样的智慧都能直接发挥出功能效果的能力就是通用的能力，由此，这样的智慧不是再依靠人类社会分工环节来进行实现了。或者说，分工形成的不同工作的这些差异性的智慧和功能实际上是整体核心的智慧和功能的具体展现形式。如果以一棵大树来做比喻，这个核心智慧就是这棵树贯通根、茎、叶的脉络体系，而不同的模块则类似于根、茎、叶，根、茎、叶虽然在树的存活和成长中有着不同的功能，但它们实际上有着共同一致的基因、脉络和组织体系。这时的根、茎、叶也可以说是整个脉络组织体系在不同的环节外化出来的功能和具体存在形式。

的提出，指的是依法享有立法提案权的组织、机构或者群体、个人向立法机关提出关于制定、修改、废止某项法律法规的议案，是立法工作的启动活动。法律草案的形成，指的是进行立法立项，作出立法决策，其工作环节包括：初步明确制定该法律的必要性、可行性和立法目的，立法应当把握的主要原则和要解决的主要问题；建立法律草案的起草班子；进行立法调查研究；形成法律草案框架和对主要问题的意见；起草法律条文；就条文的内容征求听取各个方面的意见；形成送审稿并对送审稿进行审查；最后由提案机关讨论决定并形成正式的法律草案。法律案的审议，指的是相关的立法机构部门通过会议听取了提案人所作关于法律草案的说明之后，组织相关人员对制定该法律的必要性、可行性、科学性、合理性、合法性以及立法的指导思想和基本原则以及法律草案的主要内容进行审查交流讨论，提出审议结果的报告，并可以根据必要情况提出法律草案修改稿的工作和立法活动环节。法律案的表决，指的是立法机构组织相关有权人员，根据法定的条件、机制和程序，对经过审议已经形成并提交的法律草案决定是否最终能够通过的工作环节。法律的公布，实质是对经过表决通过的法律，载明该法律的制定机关、通过和施行日期，根据法定的形式和程序予以公布，是立法的最后一道工序，是法律生效的必要条件。

二、法律案形成的工程任务构成和机制

在以上体系化的工作环节和工作任务构成上，如果从整个工作的工程机制来看，对于整个法律法规的出台生效来说，每一项工作内容都是必要的和不可替代的，但是，无论是从机器智能化赋能对象，还是从整个工作的内容基础性、业务种类综合性、业务主体性、工作量的体现等角度来看，法律草案的形成则是整个立法工作核心的、最主要的组成部分。具体来说，首先从这个环节与其他环节的关系来看，根据立法法的规定，提出

法律案应当同时提出法律草案文本及其说明以及必要的资料，法律案的提出就要具备了法律草案，同时意味着法律草案的形成。法律草案的形成无疑是法律案审议、表决和通过的对象和前提基础，后面几项工作虽然对于法律法规的出台生效至关重要，但是，相对于法律案的形成来说，这些工作更多的内容都是人作为主体本身可以被机器辅助但是不能够被机器替代的工作部分，另外其复杂程度和量上也远不如草案形成工作。另外，从工作内容、方式和种类来说，法律案的形成的具体工作包括立法决策、建立起草班子、立法调研、形成草案框架和主要问题意见、起草法律条文、征求意见、形成送审稿进行审查、讨论决定并形成正式草案。实际上，虽然所处的工作环节不同，这些内容、种类和方式已经涵盖审议环节对法律草案进行必要的修改、广泛征求听取各方面意见、提出法律草案建议表决稿等核心重点工作；或者说，从工程性工作的形式和种类以及技术能力来说，审议环节的工作种类和能力已经在草案形成环节都涉及了。如上文所述，后两个工作环节更多体现的是人作为主体的程序性工作，不是立法机器智能化的重点价值释放之处，这里不做讨论。

三、起草法律条文是立法工作的核心任务和智慧体现

依据同样的角度，继续沿着这个路径向下走会发现，在整个法律草案起草的工作环节中，虽然工作种类和形式也很丰富，但是究其根本和实质，核心的工作内容和工作种类就是一种，即起草法律条文。可以看出，起草法律条文工作所链接、贯穿和衍生或者派生的不仅是法律草案起草这个环节的立法决策、调研、征求意见、形成送审稿审查和提出草案表决稿的所有工作，还包括接下来的审议、表决和公布的所有环节工作。因此，完全可以说，立法工作的实质的核心任务无疑就是法律条文的起草工作。

核心的工作任务所体现的思维模式和内容也便构成了整个立法工作的

核心的智慧模式和内容，这个模式在形态上，同样是有大前提规则和小前提事实以及三段论逻辑推理结构所形成的结论。而在内容上，大前提的规则就是这个社会中现存的所有相关的价值规范；小前提则是现实中需要规制的现实行为和社会关系，即行为模式；而结论则是这种行为和关系是否需要法律进行规范，即肯定或者否定性的评价，以及如何进行规范，即法律后果。显而易见，这个智慧模式和内容同样适用于立法决策、调研、征求意见、形成送审稿审查和提出草案表决稿，以及后来的审议和表决的所有工作环节和工作活动。因此，在这种意义上，或者基于这样的理由，可以说法律条文起草的智慧构成了立法工作的核心智慧。

第四节　执法工作的核心任务和智慧构成

一、行政执法任务功能概况

在整个法律生成和运行的工程上，行政执法就是指代表国家的有权机构和组织，通常指的是有行政执法权的国家行政机关、组织或者机构为保证已经制定的法律在社会运行和管理中能够发挥出既定的效果，在整个社会主体行为和关系层面对法律予以实施的工作活动。按照法学专业的说法，行政执法是指具有行政执法主体资格的行政部门或者组织，在执法依据赋予的职权范围内，直接针对行政管理相对人实施的影响其权利义务的具体行政行为。行政执法主要包括两个方面的内容：一是制定行政规范性文件的抽象行政行为；二是依法采取直接影响行政相对人权利义务的具体行政行为，具体有：制定规范性文件、行政检查、行政许可、行政确认、行政征收、征用和收费、行政给付、行政命令、行政强制、行政处罚、行政补偿、行政奖励、行政监督、行政指导、行政调解和行政裁决、行政复议、行政合同、行政计划和行政规划等方面的内容。

二、行政执法工作的核心任务构成

在以上种类多样、内容极为庞杂和丰富的行政执法行为和活动中，实际上在纯粹的行政管理性和执法性的坐标系或者维度上，抽象性的制定规范性文件、行政计划、行政规划的立法性质行为，具有司法性质的调解和行政裁决、行政复议行为，以及具有用法性质的行政合同行为，也可以说不属于典型性的、主体意义上的以及核心的行政执法行为，相关的工程任务属性和智能模式与我们阐述说明的立法、用法以及司法是相同的，可参照相关的内容进行理解，这里不再另述。无论是在法学专业知识认知上，还是在智能法律工程意义上，行政执法工作的主体、核心的任务主要包括行政检查、行政许可、行政确认、行政征收、征用和收费、行政给付、行政命令、行政强制、行政处罚、行政补偿、行政奖励、行政监督、行政指导等工作行为。在现实实践和未来发展上，以上各项工作应该是执法智能化的主要工作目标和对象。①

三、行政执法工作任务的核心智慧构成

以上诸多行政执法工作的具体任务涉及不同的工作领域、工作方式、具体工作目标指向，内容无疑存在很大的差别，但是它们作为行政执法行为都有着共同的行为模式，就是在行政主体和相对人之间，行政执法主体根据不同的法律适用场景和情况，针对相对人的具体行为事实，适用执行

---

① 参见杨华主编：《人工智能法治应用》，上海人民出版社2021年版，第130—144页。

相关的法律，使法律能够作用于对象行为和社会关系上并产生既定的价值和效果。整个执法工作的共同任务是查清并确定执法场景中法定事实的情况情节，确认并确定相关适用的法律法规，并对相对人的行为和法律关系作出行政执法意义上的结论认定和具体处理。而在整个执法工程机制上，在智能机器赋能的思考进路上和视角下，这个共同的行为模式所具有的思维模式就是整个行政执法通用的智慧构成，就是把相关的法律法规的内容规定作为逻辑推理的大前提，把具体的执法所面对的事实作为小前提，然后作出大小前提下的逻辑推理，得出相关执法案件的判断结论。

第五节　社会守法活动的核心任务和智慧构成

一、社会守法活动概述

（一）法律工程意义上的守法

本书行文上，这里将守法和社会用法作为等同的概念来进行运用。从整个法律工程的角度来看，立法的目的就是让所有的社会行为都能够遵守，立法是工程的基础，执法和司法则是保障，而守法就是关键。在这个意义上，守法是指一切社会法律主体，包括国家机关及其工作人员、政党、社会团体、企事业单位和全体公民，使自己的行为和相关社会关系的建立和运行能够遵守法律的规定、法律的内容要求，从而使法律得以实现并发挥出既定的社会运行和治理的效益。可以说，在整个法律工程上，在一定的法律工程化的维度和标准上，如果更加极致地简化认识和理解，守法则是法律运行和实现唯一的、基本的或者说是根本的形式。从最广泛的意义上来说，可以说国家机关的司法、执法等行为或者工作也是守法行为，也是作为一种主体使自身的行为和社会关系符合法律的规范和制度要求的活动。

当然，通常狭义上所说的守法行为指的是作为一般社会权利主体，而非国家机关等权力主体遵守法律的行为，这样的广狭义上的认识和区分对于法律工程的整体建设和搭建具有独特的认知意义，后文将会具体阐述。

（二）守法的属性和内容构成

现实的社会生活中，守法是法律运行的一种状态和场景，不是一种社会工作，也没有特定的工作主体，无论从主体上，还是从社会行为和关系的种类上看，守法的行为、任务或者活动在数量上是与社会生产生活同量级的，与立法、司法、执法等工作任务构成相比较而言，由于其不具有工作属性，每个社会守法行为和事实都是同量级的，没有整个工作属性和工作体系中核心的和关键的任务上的区分。按照学理上的认识，通常将守法区分为权利的正确行使、积极义务的履行和禁令的遵守等。

二、守法的核心任务构成

（一）守法与用法的关系

当然，没有核心的和关键的工作任务上的界定，不等于守法活动没有核心通用的行为模式和智慧模式，一般社会主体意义上的守法虽然不属于工作意义上的社会行为，但是在整个法律工程机制上，作为一个重要环节的守法活动，也可以与立法、司法、执法等环节相关联和链接，构成守法活动的不同方面，形成不同的活动场景、活动任务和行为模式。另外，通过"守法"的话语形式来表达和认知这种社会法律行为和现象，也只是从法律的"立"就要"守"的角度来界定和阐述的，所有的守法活动都是一般社会主体与法律规则一个方面的关系的理解，从立法和社会秩序的建构和社会治理的角度来说，法律是要遵守的；而从另一个方面的关系来理解，实际上从社会主体的社会行为的主观能动性的角度来看，法律是要能够"用的"，用来解决主体在社会生活中所遇到的一切问题，并能够带来相关的社会效益，在这个层面上，所有的"守法"的形态实际上都是一般社会主体的"用法"。

（二）守法的任务形式与核心智慧

与整个法律工程活动相关联和衔接，以在整体机制上运行整个法律工程来发挥社会效用，一般社会主体用法上主要可以分为这样几个方面来认识：一是一般日常用法，即社会主体一般常规社会生产生活中的经济、商业、文化、政治等多种运用法律和遵守法律规则从事社会活动的情况，我们可以将其理解为无争议无诉讼状态下的适用法律的行为；二是参与违法、犯罪以及其他形式纠纷的解决等司法活动行为，运用法律来维护自己的权益或者保护其他利益的行为；三是参与行政执法行为活动，在行为和关系中与行政执法机构一体执行国家法律的行为；四是参与国家立法活动，运用法律和规则来理解和判断相关立法的问题和解决方案，通过提出立法建议等方式参与到立法活动的行为。从这种角度和这些方面的划分可以看出，无论现实社会生活中的一般守法和用法行为有多少，这些方面应当完全覆盖了守法行为任务的模式类别。如前所述，从智能机器赋能法律行为的角度来说，行为任务的模式决定行为本身的智慧构成，社会主体的一般用法行为的模式不仅在逻辑上一定是与以上各个领域的核心智慧模式对接的、一致的，在现实上，这种行为的核心智慧仍然是以所用法律和相关事实分别作为大小前提的逻辑推理模式。当前的公共法律服务智能法律咨询系统的研发体现的就是对这种任务和智慧的反应。

三、律师法律服务工作的任务与智慧

这里需要补充说明的是律师法律服务工作在整个法律工程机制上的任

务属性和功能以及相关的智慧构成和心态。根据现行律师法的规定，律师可以从事下列业务：（1）接受自然人、法人或者其他组织的委托，担任法律顾问；（2）接受民事案件、行政案件当事人的委托，担任代理人，参加诉讼；（3）接受刑事案件犯罪嫌疑人、被告人的委托或者依法接受法律援助机构的指派，担任辩护人，接受自诉案件自诉人、公诉案件被害人或者其近亲属的委托，担任代理人，参加诉讼；（4）接受委托，代理各类诉讼案件的申诉；（5）接受委托，参加调解、仲裁活动；（6）接受委托，提供非诉讼法律服务；（7）解答有关法律的询问、代写诉讼文书和有关法律事务的其他文书。通过这个规定可以看出，虽然律师法律服务工作在现有的社会法律工程中有着非常重要的功能和社会价值，但是在整个法律工程运行机制上，律师法律服务工作是辅助一般社会主体的守法用法来参与到整个法律工程运行机制当中，因此，无论在逻辑上还是在现实经验性的功能上，律师法律服务工作的任务属性和思维属性以及智慧形态和构成与其所附属和辅助的相关行为和工作业务应当是完全一致的。通俗地说，就是由于相关的守法用法主体不具备这样的专业知识和专业能力，才聘请专业的律师来提供这样的辅助性服务，因此，律师从事的服务工作其实就是守法用法主体的行为本身。因此，虽然现实中对于律师法律服务工作的赋能技术研发很多，实际上这样的技术赋能作用的对象最终指向的，仍然是守法用法主体自身的行为。

第六节　法务工作的核心任务和智慧构成

一、企事业组织法务工作概况

（一）工作细分种类

当下，企业和非企业类社会组织的法律事务工作也是法律人工智能的重要发展领域。这些企业和组织法务工作的任务构成有哪些呢？企业和社会组织的法务工作也是内容丰富、种类繁多，有多种分类构成形式。比如说，按照企业合规的视角看，这样的任务构成包括企业合规、风险防控、内控体系以及传统狭义的企业法律业务。按照具体事务来分，可以包括：负责公司合同文本的制定、修改，参与公司重大合同的谈判、签订，对各类合同的履行进行监督，负责对公司合同档案的管理；负责处理与公司相关的各类，包括仲裁、争议谈判、诉讼与纠纷处理，参与企业的企业法律风险管理，通过处理有关法律事务参与企业合并、分立、破产、投资、租赁、资产转让、抵押担保、招投标等重要经济活动，对企业重大经营决策提出法律意见；负责证照登记与变更，办理企业工商登记，负责公司知识产权的申请、维护以及商标、专利、商业秘密保护等有关法律事务等知识产权管理工作；参与企业执行国家法律、法规，参与起草、审核企业重要的规章制度的工作；为公司管理层和各个部门及其工作人员提供法律咨询，就相关法律事务发表法律意见；等等。①

（二）工程意义上的任务结构关系和行为模式

从法律工程意义上，应当如何来认识这些具体的任务属性和行为工作模式呢？实际上，在整个法律工程构造机制上，首先，无论企业组织的法律业务工作有多么纷繁复杂，在工程的结构功能和机制环节上，在本质属性上，这些任务在实质上仍然都是企业组织作为一般社会主体的用法行为活动。其次，应当看到的是，企业组织的这种一般用法活动又不同于公民这样的一般社会主体的行为，主要是因为它自身相对复杂的群体行为和组织活动，在这种情况下，一个企业的内部管理和运行在法

---

① 参见熊定中：《公司法务：定位、方法与操作》，中国民主法制出版社 2021 年版，第 23—41 页。

律业务上，实际上是从内到外的维度，更像一个微缩的社会和国家。因此，在这样的视角下，一个企业组织在不同程度上，在法律等规则的运行机制和构造上，更像一个国家和社会的微缩法律工程，有准立法意义上的规范制定、准执法意义上的规范执行、准司法意义上的争议解决以及组织成员对规范的运用和遵守。再次，在一个企业组织用法上的外部交易私行为和活动上，实际上是从外到内的维度上，更多体现的是合约行为和互动，同样，企业组织的这种行为和活动即合约行为在实施上会转化为企业内部的生产等企业运营行为和任务，无论在时间和空间上，在行为所涉及的人员数量上，要远比一般公民个体的市场私行为复杂得多。因此，这样的用法行为和活动已经形成了一种相对独特的有组织的群体工作活动，也在用法领域中，超越一般用法上的任务，构成了机器智能赋能的独特目标和对象。

二、工作任务的智慧属性、构成和机制

（一）任务的本质属性概说

那么，在以上的认知基础上，如何来解构性认识这些任务的本质属性，进而认知它们的智慧属性、模式和机制呢？在社会主体一般守法意义上来看，以上分类中的很多业务从工程本质上与公民主体进行守法和用法活动没有实质上的差别，比如涉及纠纷解决的用法行为、行政执法和管理业务中的用法行为，以及以一个社会主体的身份依法参与到相关的国家法律法规的制定活动等，虽然是企业作为组织而不是单独的自然人，因此涉及企业内部更多的成员来从事相关的工作，但是从这些任务和行为的本质属性、智慧属性以及模式和机制也没有工程意义上的区分。因此以上的法务工作分类中负责处理与公司相关的各类，包括仲裁、争议谈判、诉讼与纠纷处理，负责证照登记与变更，办理企业工商登记，负责公司知识产权

的申请、维护以及商标、专利、商业秘密保护等有关法律事务等知识产权管理工作，参与企业执行国家法律、法规，参与企业的企业法律风险管理，通过处理有关法律事务参与企业合并、分立、破产、投资、租赁、资产转让、抵押担保、招投标等重要经济活动，对企业重大经营决策提出法律意见等工作，就属于这类的守法用法行为。

（二）内部法律运行工程任务与智慧属性

在企业组织作为一个微缩的国家和社会单位的层面上，实际上企业内部准立法意义上的规范制定、准执法意义上的规范执行、准司法意义上的争议解决以及组织成员对规范的运用和遵守已经形成了一个微缩的、内部运行的"法律工程"，这个法律工程的核心功能在于对国家和社会中的法律和规范的运行和遵守。就是说，企业组织的这些"准"法律工作必须要合乎国家与社会的法律和规范的要求。因此，实际上，企业法律行为是国家社会法律工程的有机构成部分，是工程在用法环节上的一个内部机制。如此，在这些行为工作的本质属性、智慧属性以及相关的机制和模式上，在工程意义上，与国家法律工程以及相关联的环节的情况也是相同的。以上的参与起草、审核企业重要的规章制度的工作就相当于"立法"工作，为公司管理层和各个部门及其工作人员提供法律咨询、就相关法律事务发表法律意见等，就属于企业内部的规范运行管理行为。

（三）外部合同行为的任务与智慧属性

如何看待企业社会组织的外部合约与内部实施的行为和任务呢？毫无疑问，对于企业的外部合约在本质上仍然是交易的企业间守法用法行为，而实质上是在法律和规范允许的空间和自由度上，通过双方的合意建立了约定，然后这个约定再进入各自企业的内部转化为企业组织的社会行为。在社会行为和社会规范的关系维度上，企业间的合约实际上在本质上在工程意义上仍然是准立法性质的规范制定行为，实质上等于主体双方就一定的交易内容的实现建立有限时空范围的行为规范，约束双方在各自的企业组织内部进行遵守和实施。因此，当这种准立法意义上的协议已经达成之后，相当于双方主体在自己的行为空间中都生成了一个新的行为规范，然后必须要在企业组织的内部进行准执法、准司法、准用法意义上的工程运行。因此，可以说，在这种意义上，在行为模式和智能属性和机制上，实质上企业组织的合同行为仍然是立法、司法、执法、守法等工程意义上的模式。以上的包括合同起草、修改与审核，负责公司的合同文本的制定、修改，参与公司重大合同的谈判、签订，对各类合同的履行进行监督，负责对公司合同档案的管理等工作就是这类行为。

综上，通过以上的梳理、阐释、分析和总结，我们发现作为用法环节上的企业行为虽然在工程结构和机制上要比一般公民主体的用法守法行为复杂得多，但是其本质的任务属性、思维模式和智慧属性与以上我们分析总结的各种情况没有实质性的差别，仍然都是以相关的事实情况和法律规范分别作为大小前提的逻辑推理认知活动。虽然如此，但是在工程机制和工程构造上，对于企业组织如何将以上几个维度上的法律业务在机器智能赋能的目标上打通、链接、整合起来，应该是一个较为复杂的任务。下文本书将对此阐述说明。

第 四 篇

智能法律工程的技术、构造与未来发展

引　言

　　本书内容的主要目标和行文思路指向是探讨法律通用智能技术基础上的智能法律工程的基本理念和基本构造，由此，本篇作为全书的最后一篇，通过五章的内容，对法律人工智能技术研发和应用的问题进行了总结提出、梳理分析、探讨解决，并以此对微观和宏观的法律工程上的法律通用智能技术应用、智能法律工程的构造以及未来法律智能的发展进行了探讨和构想。

　　在具体内容上，首先，在前文内容的基础上，对当下法律人工智能的研发和应用的理念和实践的问题进行了总结，确定并聚焦了相关的具体问题；然后，以这些问题的解决为目标方向，分析了问题的成因和条件，提出了解决问题的方案，即法律智能核心通用技术的研究和应用；接下来以问答咨询为场景，对智能法律核心通用技术的理念、原则、模式和机制进行了理论上的探讨，并在任务、能力和技术构成上，对智能法律问题咨询系统和法律通用核心智能技术进行了尝试性的探索和搭建研究；最后，以法律通用核心智能技术理念和具体技术构造为基础，从整个智能法律工程的视角，探讨分析了智能法律工程建设的宏观路线：工程的立法、司法、执法、用法等各个环节独立智能化的 1.0 阶段建设理念和方案，工程以上各个独立环节和模块的智能化整合以及一体联动智能法律系统的 2.0 阶段建设理念和方案，以及法律智能体的生成到智能法律与万物整合的智能法律工程 3.0 阶段建设理念和方案。

第十二章　当下法律人工智能的基本问题

本章的基本研究内容和思路是，基于前文对于法律人工智能在生产力和生产关系上的作用以及在现实工作中的任务和应用状况，对法律人工智能的实践成效和理论认知进行综合性的梳理总结，由此，在面向法律工作的现实需求的维度和未来发展趋势的背景上，总结出现实法律人工智能发展过程中遇到实践和理论上的问题，进而为未来的法律人工智能技术研究确定问题对象和解决问题的方向，即智能法律系统研究和发展有很多问题，而其中核心的问题和任务是通用核心智能法律技术研发问题的解决。

第一节　智能法律活动的理论与实践综述

如前所述，随着新一代人工智能技术①的深入研发和广泛应用，为满足社会现实的需要，在科技与法律的结合发展道路上法律人工智能技术的研发又被关注、重视并给予力量投入，并在生产生活中以新的物理形态、结构形式、社会行为关系和模式展现出来，也相应产生了一些显著的社会效果。

---

① 参见［美］卢克·多梅尔：《人工智能——改变世界，重建未来》，赛迪研究院专家组译，中信出版社 2016 年版，第 57—60 页。

一、应用场景

从具体的应用场景来说，人工智能技术在不同程度上开始应用于立法、执法、司法和用法以及法学教育和法学研究等法律全生成和运行的环节。从具体的职业群体的功能来说，既涉及国家政府公共权力运行中的法律运行工作，也涉及社会生产生活中公司企事业单位、社会组织和团体的法律业务以及律师事务所的法律服务工作，也涉及社会公民个人和群体的学习法律、研究法律以及适用用法等法律知识的生产和实践活动。因此，在这样的角度和视域下，可以说，人工智能技术与法律的结合已经在整体上全面覆盖到法律相关社会活动领域，从工作的业务内容上看，不同程度地牵涉每一个工作环节，比较广泛地触及法律全流程业务的各种工作能力，而从职业功能和价值定位上看，也必然会涉及不同价值和功能定位下的职业群体的独特的工作主张、立场和价值要求。

二、技术研发的坐标系：能力维度和价值维度

从这种意义上说，面对法律的应用场景，人工智能技术的研发和应用是在具体的法律工作所得以形成的能力维度和价值功能维度空间中展开的，或者说实际上，价值功能定位和能力效果形成了人工智能技术在法律空间领域研发的基本坐标系，如果再加上时间的维度，二者在数字、信息和智能三个阶段呈现的状态也是不同的，对此后文会具体阐述。

（一）能力形式

智能法律技术所需要释放的能力与场景领域紧密相关。总结梳理上文的相关内容，就迄今为止所有的智能技术在法律工作和相关的活动领域所涉及的工作通用性质的能力而言，在现实中主要呈现出如下几种形式：法

律自动化办公系统、法律法规和案例等检索、法律知识、信息以及法律和案件的推荐、法律文书或者文件的撰写和生成、文书或者文件的比对与纠错、法律文本翻译、法律问答与法律咨询、法律判断辅助等。

这些具体的能力是多种多样的，按照传统的法律工作能力分类来说，或者这些能力在传统的法律工作基础能力渊源上，概括地说，主要涉及法律研究工作，即法律事实、法律规则的确定以及关联法律推理工作；法律沟通表达工作，即法律口头语言的输出表达沟通以及法律文书的写作沟通表达工作；法律信息和知识的生成、制作和传输的工作，即法律自动化办公的工作；以及对于结论做出的法律推理和法律判断工作。当然，在具体的职业领域，虽然以上这些能力具有普适性和通用性，但是就具体的职业群体而言，结合现实的具体的场景和工作需求，这些能力或者说价值功能也有内在的差异和外在的不同的形式体现。

（二）职业功能

从技术涉及的价值和从具体的职业功能来说，如前所述，在当下，在现实的法律职业工作中，可以说信息智能技术已经不同程度地运用到立法、司法、行政执法、社会主体用法、法律服务、法律研究等各种职业工作中。在立法上，时下常见的技术功能主要有法律文件检索、法律文件比对、备案审查、立法意见征求反馈、法律研究、法律法规起草和生成、立法评估等；在司法上，主要有法律法规和案例智能检索、类案推送、裁判文书生成、智能审理、智能判案和裁决、智能量刑、智慧法庭等；在行政执法上，主要有智能执法装备、智慧城市（区域）、智能监管和行政处罚、智能行政审批、智能税收、智能政务系统等；在法律服务和社会主体用法方面，主要有法律法规检索、案例查询、法律研究、智能合同审查、智能合同生成、智能合约、智能取证和存证、智能法律问答、智能法律文件翻译、智能法律咨询系统等。显而意见，这样的职业功能也是多种多样的，这里也无法穷尽枚举，在各自的工作系统中，它们的功能和任务的横向比较是有差异的，但毫无疑问，它们有一个相似的技术研发动力和目标，就是给各自系统和领域中的任务实现方式和手段赋予新技术的优势能力。

（三）当前法律人工智能技术的种类和构成

1.技术种类

那么，当下，与法律工作紧密相关的人工智能技术是什么或者有哪些呢？智能技术应用的领域与该业务领域或者场景中的行为模式、工作方式方法等因素紧密相关。法律工作和活动领域相对于其他社会生产生活领域的工作方式和活动模式也是独特的，主要是法律生成、运行和使用环节所涉及的语言和文字的处理工作[①]，即通过语言来对现实中的法律的主体、客体、法律关系进行界定和描述，并通过语言建构这些对象之间的关系从而形成一种语言上的事物关系并通过实际社会行为运行这种关系的活动。这种独特性在法律语言或者文字表达上，体现为法律词语所描述的事物的内容明确、稳定、特定，词语所描述的事物之间的关系构成是特定的而且具有很稳定的结构性，词语所指代的事物之间关系的关联和严谨具有特定的条件和严格的逻辑关系等特征。

基于此，从当前技术研发和技术应用的实然情况来看，从具体的技术构成来说，人工智能领域的数据挖掘与分析、自然语言处理、机器学习、深度学习、神经网络、知识谱图、认知推理等技术是以上各种法律人工智能技术的能力和功能的主要技术基础和技术来源。[②] 当然，这主要是在时下比较兴盛的法律人工智能的技术路径上所能看到的技术构成，而如果从

[①]　这种语言和文字的处理工作实际上分为两个环节，一是如果把普遍事物纳入法律语言中，二是运行这些关系。

[②]　参见［美］西蒙·斯特恩：《人工智能、技术与法律》，唐旭、骆紫月译，赵万一、侯东德主编：《法律的人工智能时代》，法律出版社2020年版，第232—242页。

广义宽泛的意义上来说，法律人工智能技术研发是一项复杂的工作，可以说在一定的技术时代和发展阶段，如上一样的某几种技术可能会形成这个时代或者说是带有这个阶段的法律人工智能的思维、路径、模式以及相关的功能，但这不等于说这种一定阶段主流行的技术构成和模式就能解决或者已经解决了法律人工智能所要面对的所有问题。由此，也就不能说，这个阶段这个模式所采用的人工智能技术就是法律人工智能的主流技术甚至是全部，而准确地说，无论是从现实中纷繁复杂的问题的有效解决上，还是从面向未来的发展上，法律人工智能技术的构成应当也是宽泛的、没有边界的，应该说，凡是能够解决现实问题的技术都可以称作法律人工智能技术。

2.技术构成

可以说以上这些技术构成，在一定的领域中往往既具有时间上的演化关联，又有着空间意义上的结构功能关系，而且在一定的技术水平阶段，在一定的工作系统上、构成上又有主要核心技术和辅助技术的区分。因此，以上这些法律工作和任务的实现，肯定要结合技术在信息、数字以及智能的三个时间发展阶段，将具体的法律任务结合具体的技术功能属性和技术发展阶段进行关联分析和研发。这样的关联分析肯定会在具体的时间（即发展阶段）、空间（即具体领域），以及在未来的发展趋势背景下显现出优势、不足以及面对具体的法律任务和目标的实现所呈现出来的问题，从而在技术的研发和应用上广开思路，扬长避短，有效进行技术的选择和系统工程的搭建。后面在通用法律技术研发的介绍时对此会具体介绍。

第二节　当下法律人工智能发展中的问题分析

通过以上法律人工智能的场景应用以及相关能力、功能和技术构成的描述性介绍和总结可以看出，法律人工智能理论研究和现实应用都取得了阶段性的发展和成果，但是，毫无疑问，在时间维度上，无论是面对现实还是着眼于长远，人工智能在法律工作领域的赋能和发展仍有许多问题和瓶颈需要解决和突破，为此，有必要在任务、价值功能和技术能力的关联关系上，在信息、数字与智能是三个技术发展的阶段上，对既有法律人工智能的理论和实践做些理性的问题探索和分析。

一、当下法律人工智能研发和应用的基本理念和进路

（一）基本理念

1.自觉的赋能和整体的自发

首先来看既有法律人工智能研发和发展的基本理念和现实应用的进路。从发生机制和事实来看，在社会竞争和各种现实利益的驱动下，从技术到法律以及从法律到技术，在一种双向的选择结合中，在自觉与不自觉地走一条为工作或者行为赋能的道路。自觉的意识和行动主要体现在具体局部微观的工作任务和相关技术的结合，比如案件的法律法规智能检索和推荐、智能量刑等，都是相关领域的工作人员想有意识主动地通过智能技术手段强化自身相关工作的能力、效率和行动效果表现；但是，从整个法律领域和宏观的视角来看，在整个法律工作和相关的社会行为领域，这些局部具体的智能法律行动在认知上则表现得有些相对局部的、盲目的、实践行为较为散乱并缺乏整体联系的，因此整体上的智能技术研发和应用又表现为一种不自觉或者自发的状态。

2.规律性和科学性的体现

在经验层面上，这种宏观整体上的不自觉和微观局部上的自觉状况是符合社会新生事物发生和发展规律的，当然也具有其科学性。符合客观规律性体现在来自社会系统内部的变化往往是从局部开始的，发展的过程表

现为通过阶段性的、局部的改变推动整体的、最终的改变，当然这种规律性和下面的科学性不排除主观上已经认识到这种局限性而要在更大的范围或者整体上进行架构和推动发展。科学性合理性则体现在，对于包括法律智能在内的任何一个新生事物而言，无论是在人的认知上，还是在人力、物力、财力和技术条件上，初始的形成和发展的条件是非常有限的，现实上也只能局限于某个有认识、有条件和敢于探索的领域和相关主体，如此才既能保证法律智能能力得以尝试和体现，也避免盲目大量投出带来社会成本上的风险。

（二）具体进路

在如上客观的发展进路和状态下，在理念认识和社会行动的维度上，形成了作为最重要条件性因素的主体人推动这些社会行动或者工作的基本的主观性理念。这种理念是双向的，或者说至少可以从两个方面进行理解认识，一个是从技术到法律工作能力的赋予与技术能力惯性泛化，另一个是从法律到技术的法律对技术能力的借助与法律能力的自我强化。

1. 从技术到法律的能力泛化

首先来看从技术到法律的能力泛化的理念脉络和行为指向，就时下与智能法律紧密相关的技术而言，无论是自然语言处理和机器学习以及其他，研发者之所以有意将这些技术应用到法律领域，在逻辑上一定是首先看到了法律领域的语言运用具有自然语言技术在所有领域具有的普遍特征和超强优势，比如强结构化的语言构成、重复性种类化的语言形式、相对可量化的语言表达内容以及严密的逻辑化的语言表达关系等，让自然语言和机器学习的研发者看到了当下的自然语言技术可以在法律领域直接泛化应用的可能，一下子心明眼亮，因为这完全符合技术开发者的初始价值追求，加上逐步脱离现实的想象力和另有动机的社会舆论的放大和怂恿壮胆，技术研发者断定在法律领域这些能力泛化完全可以直接复制实现，因此，一场智能技术主导的在法律领域的泛化工作和行动便开展起来，现实中的感觉是来得有些突然，甚至让很多法律人觉得有些恐慌和不知所措。

2. 法律自我能力强化的需求

接下来，再看看从法律到技术的理念脉络和行为倾向，如上文客观现实的法律智能化的进路所展现出来的，时下法律智能化工作的领域，如智慧司法、法律服务、执法以及立法等，都是在局部的场景下，在智能技术逐步运用于其他社会生产生活领域并提高了工作的能力，改善了工作的效果后，希望通过借助相关智能技术，同样提高本领域工作的效果和效率，同时可以凸显并实现自身在横向和纵向的工作成果竞争中的能力优势，以使自身的工作在竞争结构关系中处于显著的业绩优势。因此，在这样的目标定位和导引下，法律智能化工作的理念是一定工作场景下的一定工作任务的模块化和产品化思维，即通过相关特定场景工作关系的建模和相关的数据训练，以使特定工作任务或者环节通过智能系统操作完成。

二、带来的效益和相关问题

（一）智能法律的现实效益

以上，概括地说，在这一波人工智能技术推动下，法律与人工智能技术结合发展所带来的职业工作效益以及社会效益是显著的。

1. 工作效益和社会效益

首先在局部的具体的工作领域中，量身定制的智能系统和产品分别给法院、检察院、政府执法机构、立法机构、律师事务所等法律服务机构整体以及工作人员进行了有效的赋能，相比于传统的工作模式和工作能力而言，工作能力和工作效益的增长是显著的。同时，局部工作效益的增长也导致了整体社会效益和成果增长，这不仅体现为相关工作自身人力物力成本的减少以及工作产出加大和质量的提高，由此及时解决了案件量的压力以及能够及时回应社会需求等这些方面，而且，还较深地触及社会分工背景下的法律职业整体的社会工作的价值实现效果，以及法律职业群体与公众和其他社会主体的关系问题，比如，如前所述，智能化的法律工作系统在一定程度上实现了职业群体和机构与社会公众间即时、平面化的信息和知识分享功能，面向公众的公开和便利的效果的确是在一定程度上改变了传统的法律机构以及职业群体与社会工作时间的工作关系模式和行为方式，消除了传统工作模式和方式导致的不必要的人为因素的负面效果和职业价值的异化，极大地促进了法律工作本身本质规定性的社会价值的实现。

2. 新的法律社会需求和文化现象

另外，智能法律运行，作为一种相对独立的社会能力和行为方式，在提供新的法律运行的社会可能的同时，也在制造和促生着新的社会需求，比如，如果法律信息和知识以及案件审理过程和结果更加透明和公正了，那么社会公众就会更多地运用法律和消费法律，同时，智能法律运行作为一种社会文化现象，与这种需求相伴生，整个社会主体以这样的一种方式进行法律的相关社会活动也便成为一种与时俱进的社会文化和行为模式，在扬弃传统价值和理念的同时，也在进行一种新的相关价值和理念的塑造和表达，进而实现法律制度和文化的渐进式改变。

3. 价值的失效与问题出现

显而易见，无论是在主观期待上，还是在客观的发展态势上，以上法律人工智能的研发和应用效应都比较充分地展现了人工智能新科技给法律工作和事业发展带来的极大的可能性和现实，然而，也可以说，这些发展和相关成果也是阶段性的、局部的和暂时的，面对技术应该有的发展流向和法律工作场景的现实需求，面向更长时间的发展维度，这些能力的实现和发展远远是不够的，同时也可以看出来，时下既有的阶段性的实现路径和相关理念，在面向未来的发展中，已经显现出束缚性瓶颈，体现为相关的技术研发和应用不但无法实现人工智能技术进行不同领域泛化的本身的属性和价值要求，而且也无法实现法律本身借助智能技术所要实现的本质性的价值目标，即现阶段的法律人工智能技术的研发和应用在带来显著积极的社会效果和价值的同时，也出现了很多发展需要解决的问题，本身为自身的发展设置了障碍，堵死了通向未来的道路。具体下文详述。

（二）智能法律研发和应用的问题

1. 囿于既有的法律工作任务和思维模式

在从技术到法律的引进和借力使用上，如前所述，囿于传统立法、司法、执法和用法以及法律服务的条块和相对独立的分工，采用的是特定场景和任务的模块化和相对独立产品化的思维和进路，在这样的理念下，通常应用的数据和信息的来源都是来自本领域和工作空间的生产，数据本身信息和知识的内容和特点便具有了相对的局限性。就模块的搭建而言，其主要体现的是本空间中既有的工作任务和行为关系结构，比如立法和司法以及执法等方面的结构是有着很大的不同的；因此也就使算法的设计和应用也一定要适应特定空间既有的工作内容产出模式，即信息的输入和输出一定要迁就或者适应既定的传统的工作理念和行为模式的认同等等。如此造成技术赋能的对象与技术所要改变的对象即社会分工机制上出现了冲突和矛盾。

2. 孤岛效应与强化异化

如前所述，一定时间或者短时间内，智能技术在局部特定领域和场景中的这种增能增效是显著的，由此也的确彰显了智能技术的诱人、强大、毋庸置疑的魅力，然而，这种分条分块式的自留地式的建设和发展实际上强化了数据和信息的局部利用，甚至是形成了所谓的封闭的数据孤岛和烟囱现象，同时也强化了传统既有的立法、司法、执法、用法及其内部的社会分工和行为结构关系。因此，这种方式在增强局部能力的同时，实际上是人为地造墙和设置障碍，成为智能技术在整个法律生成和运行领域大显身手的消极因素，这种相对封闭的鸽子笼式的空间构建和装点相对于智能技术应有的效果还是远远不够的，无法助力人工智能技术在法律领域实现更加长远的社会效益。从综合的技术赋能法律的社会效益来说，如此，从逻辑上讲，人工智能技术的应用可能不但没有改变既有社会分工上的法律职业异化问题，反而又强化了这种异化。

3. 根本性赋能无法实现

由于技术到法律任务的简单泛化的研发理念和意识，就会导致技术应用简单、直接、表层和粗暴，看不到技术的不可能和具体场景的复杂程度。具体来说，从技术赋能到法律应用场景工作的角度来看，由具体法律应用领域和职业需求导向的技术应用空间相对狭小，技术缺乏对法律行业整体和深度上的理解和想象力，无法在更大的整体的综合的法律工作场景和空间中发挥作用；加之对专业知识的理解能力和条件不具备，无法把握法律工作深层的实质性的机理和机制，缺乏对法律专业知识和应用的准确认识，由此导致了技术的应用过于单向化。即更多地体现为技术对法律的强势影响，赋能的效果往往更大程度上体现的是既有技术在法律领域的简单直接应用，也只能基于相关法律工作的表层，缺乏依据法律专业知识形成的应用需求对技术反向的改造，技术研发上严重缺乏根据法律工作场景和任务进行必要的创新和工程搭建。由此，也就无法使智能技术深入法律工作场景和任务中，实现对法律工作根本性的赋能。

按照经验性的认识，如果赋能于一项工作和任务的技术在应用过程中自身没有得到发展和改造，那么，从逻辑上可以说，这种技术尚没有甚至可能无法对这项工作和任务的实现发挥根本性作用。现阶段人工智能与法律的结合可以说就是处于这个阶段或者说符合这个现象显现的特征。

第十三章　法律智能核心通用技术的提出

综上，时下法律人工智能发展所出现的问题以及问题的形成因素有很多，而核心问题和关键因素在于智能技术对于法律工作赋能的零散局部和表层化，不是在整个法律工程上通盘考虑、系统规划以及深度彻底进行智能赋能，在技术研发理念和方向上没有朝向核心通用的智能法律技术的研发，因此，如果要解决以上诸多问题，有必要对法律智能核心通用技术进行思考和研究。

第一节　法律人工智能的发展形势

一、法律对于智能技术的需求

（一）法律价值的实现对技术的需求

法律作为一种社会治理工程和社会秩序机制，其基本的功能实现机制和策略就是通过确定社会主体间相对明确的、可预期的权利义务划分规则和制度，并通过这样的规则和制度的实施来实现社会有秩序的良性运行，显而易见，公开、透明、民主、参与、平等、公平、公正等多方面是法律天然的内在的规定性，甚至可以说这些概念与法律在很大程度上应当具有等量含义和价值规定。然而法律的运行以及这样内在的规定的实现不是天然就是现实的，这些功能和价值的实现是需要现实社会条件的，比如，科学技术形成的物理社会条件就是法律这些规定和价值实现的必要条件。可以说，法律的发明和存在注定是要实现这些属性和价值的，但是从开始的那一时刻起，法律的这些功能和价值的实现就完全仰赖于这些技术所形成的条件。比如，如前所述，古代科技条件的具备可以使法律以文字的形式刻写在物理载体上促进了法律不再神秘而是公开了，从而使更多人参与和知道而收到了很好的社会效果。再比如现在仍然有效立法、司法、执法和用法的社会分工和职业划分以实现法律功能的机制和策略，也就是建立在近现代工业革命后技术成果所形成的社会条件基础上的人类的发明和选择。显而易见，如前所述，不可否认的规律是，每次划时代的技术的进步，都会导致整个法律制度、法律运行机制的根本性的改变或者颠覆性的变革，法律通过技术条件，消解掉既有实现方式和方法的不足，排除掉应当而且可以排除掉的异化，直接或者间接地更加充分地实现了以上所谈及的天然的内在的规定和本质性价值。

（二）法律运用人工智能技术的必然趋势

以互联网、大数据、算法和算力为基础的新一代人工智能技术在已经应用的社会生产生活领域的赋能已经显现出平面化、自动化、即时性、参与性、自主性、广泛性等多方面的能力和效果特征，在相关的行业和领域中已经对主体的行为模式、结构关系、事物价值以及相关的规则和制度产生了全新的认知和颠覆性的改变。以上这些技术属性和特征，使这种技术与法律的结合具有天然的兼容性，新一代人工智能技术的这些功能和效应能够促使法律信息和知识的更大传播和分享，便于更多的人能够主动参与到法律的制定和执行过程之中而不是被动适用和遵守法律，法律的操作和运行不是少数人的垄断强化或者局限于某一个职业群体中。因此，如果说新一代的人工智能技术是一种全新的划时代技术革命，那么，按照这个规律进行推理得出的结论就是：法律也应该并可能借助于这种技术，在实现机制和运行方式上发生更大的甚至是划时代的变革，其中要解决的问题就是现实中法律的生成和运行机制中所存在的知识的相对垄断、不透明、权力寻租和异化等多方面的既有现实问题。①

二、智能技术能力的普遍社会泛化

（一）智能技术发展的逻辑过程和必然趋势

当然，在单纯从技术的研发生成到成长成熟的发展线路上，结合现实现象的发展趋势回过头来看，时下的人工智能技术开始于互联网应用后形成的各种事物的数字信息化阶段，发展于当下大数据和信息工程下的生产生活智慧化阶段，以及已经开始并接下来会逐步进入的智能化阶段。从三个阶段的发展过程和基础条件关系来看，互联网、数字和信息数据技术是时下和未来人工智能的基础，在一定程度上规定了人工智能的发展方向，为人工智能的诞生奠定了理论和逻辑的想象力，同时在社会应用和需求的促生和激励下会不断产生人工智能技术。具体来说，就是在信息化和数字化的发展过程中，包括法律领域在内的整个社会生产生活中产生了大量的信息和知识，这些信息和知识是在信息和数字技术基础上生成的，在具体的社会生产生活的行为场景中，这些信息和知识具有种类丰富、数量巨大、汇集迅速、平面普惠的特征。对于具体的工作或者社会行为而言，这样的信息和知识的特征的有利之处在于，有助于全方面理解现实的问题，并能够获得更好的解决问题的方案；而不利之处则在于，自然人类的个体和群体人力在短时间内很难驾驭、消化和利用这些信息和知识，现实中往往不但不能有效运用而且还会带来信息和知识的困扰和焦虑而不利于问题

---

① 法律的技术革命，指的是通过技术运用、改造和发展实现的法律发展和进步。也就是在技术的发展维度上可以发现，很多法律的知识是建立在既往的技术基础上的，在新的技术能力下，原有的法律信息和知识显得专业化和异化同在，不具有普惠效应，反而不利于法律治理效用的充分发挥。

的解决。因此，这些问题亟待实现智能技术的研发落地，对人类的认知和推理判断进行赋能，以解决这些信息和知识的泛滥所造成的现实问题。因此，以认知推理的任务实现为内容的智能法律技术的研发和发展，是整个信息和数字发展的逻辑上的必然趋势，相关内容本书其他章节有详细的说明阐述，这里就不再赘言。

（二）智能技术能力普惠的趋势和过程机制

与现有的人工智能技术的应用局部赋能、空间相对封闭，独立或者说是单一价值功能的产品化，以及使社会的信息和知识的流通相对阻隔形成对比的是，技术的进步对于法律的促进发展方向一定是要使整个法律的运行机制和职业体系得到相对普遍的赋能，使不同环节和部门的功能和价值实现科学有效融合和利益共享；也一定要拆除因为局部利益划分和追求人为所建立的界墙，这些界墙在新的技术应用下，显然对于整体功能的实现不但没有任何正向作用，反而是反向的妨碍和阻隔。通过这样的阻隔打通从而实现知识和信息的互通畅享，普遍均匀地赋能于整个系统的最小的主体颗粒，形成新的法律系统的结构和功能，进而相对于传统的工程情况，形成新技术可能带来的整体的法律系统的颠覆，顺应和实现社会进步。

相对于法律本身的公开、公正、公平等价值属性在历史发展进步中的逐步实现，如上所述，在理论和现实上，新一代人工智能技术相关特点显现出其对法律发展极大助益的可能性。当然，具备这样的一定属性、特征和功能的人工智能技术，在从实验室到具体的应用领域和应用场景，以至于泛化到多数或者整个社会的生产生活中，也有一个生成和成长的经历过程。显然，这种过程不可能单向地从实验室到具体应用场景，也就是说一旦实验成功就可以一劳永逸地在所有领域进行简单的复制和泛化。与其说技术的成长和完善是从实验的成果到在社会领域中进行赋能应用，不如说技术的形成和成长是结合一个个场景的特殊任务、价值和目标进行搭建形成的完整的拼图，只不过这个拼图的各个组成部分不是机械生硬的结合和拼凑，而是有着紧密关联的基础脉络和通用建构工程机制，但是不同的部门一定有着具体建构模式和方法。智能法律工程一定是边建边拆的过程，因为这其中涉及新旧法律工程机制的矛盾、个体和群体以及局部和整体的利益和价值上的矛盾，以及人机关系的矛盾转化和处理，对此后文具体叙述。

第二节　当下法律人工智能发展问题的成因和条件

对于上文所梳理总结的法律人工智能发展所出现的问题而言，应该进行这样的理解和认识。结合法律人工智能的研发和应用来讲，时下的法律人工智能技术即处于从互联网下的数字信息化、数据化、智慧化到智能化[①]的发展和演化。以上谈到的法律人工智能发展的问题和不足之处，实际上在互联网数字化和智慧化的发展阶段的相关标准衡量下，倒是一个相对科学合理的理念和技术安排，并且是一个巨大的技术下的社会进步现象，而本书所述的不合理和不足，主要是相对于现在以及未来智能社会中的法律或者智能化的法律而形成的问题。显然，这些问题是全部智能化背景和标准下出现的或者所能看到的问题。或者说是在智能法律未来应然的状态下所看到和折射出来的问题。相关问题的成因和条件有如下几个方面。

一、对技术应用的社会分工基础认识不足

在思想和行为的维度上，在个体和群体行为工作任务分工关系维度

---

① 参见许建峰、孙福辉、陈奇伟：《智慧法院体系工程概论》，人民法院出版社2021年版，第17—24、66—72页。

上，信息是重要的媒介和机制要素。当下想通过智能技术给现有的法律工作进行赋能，主要目的是提高效率，改善效果，提高自身工作的竞争力。但是这样的打算肯定是在以上这两个维度上进行的，涉及和牵连以上两个维度的各个要素、相互关系和机制。

（一）关于对技术是社会分工的基础的认识

在个体到群体社会分工的维度上，现有的工作，即所要赋能的对象是一种社会分工的结果，概括地说，工作的分工一方面是法律业务与其他所有业务的区分，另一方面是法律业务自身的区分。那么，工作和业务进行区分的基础是什么呢？在思想知识和行为的关系维度上，这个基础是信息以及相关的专业知识，即人关于一定状态下的事物的性质、特征、关系、规律等方面的认知成果和相关考量，比如可能是商业利润，也可能是其他价值。进一步说，为什么要进行这样的区分或者说区分的理由动机是什么呢？是因为这样区分才能把事做强、做大、做好。而是什么造成了这样的区分和社会分工呢？那就是既是因素又是条件的科技，是信息科技的机制和能力。

（二）关于对新旧技术以及技术机制的矛盾认识

如此出现的境况就是，法律业务相对于非法律业务的分工所形成的工作，以及法律业务自身内部的工作区分所形成的工作，都是基于传统的、既有的信息技术和机制形成的。如此，如果要运用一种足够新的、实质属性和功能有所改变的信息技术和机制来赋能既有的工作和任务，那么，其要涉及的核心问题一定是新技术、新机制与旧技术、旧机制的关系问题，即如何处理新旧技术和机制的矛盾问题。技术上的矛盾相对好处理，可以抛弃了不用了，但新旧机制的关系则难以处理，因为旧机制涉及的是人的关系，是相对于作为基础的技术的能力新的发展和改变已经多少异化了的人的利益和价值的关系。当然，实际上以上所说的一定技术条件下的分工和任务的工作关系就是这种信息机制和关系的本身。

因此，技术赋能于具体的工作时，如果想实现赋能的预期目的，肯定要在下面这两个方面做好相关的考虑和设计：一是所谓纯粹技术上的能力的实现；二是技术能力在既有分工形成的工作环节和岗位上进行泛化应用时形成的工程关系的处理，新技术价值和能力的实现一定要求形成新的分工和工作关系，与既有的分工和工作关系或多或少会形成模式上的冲突。二者对于整个技术赋能的目标实现结合起来，都具有关键的决定意义。很多情况下，不是技术本身不行，是分工形成的整体的结构关系影响了技术能力的发挥；有的时候也的确是技术本身不行，但也是没有解放整体分工上的结构关系而影响了技术研发的定位、理念和思路，从而导致所谓的技术不能，比如前文所说的产品化的思维意识。

(三) 问题成因与问题出路分析

因此，前文所述的几个问题的产生都是与此相关的，没有看到这种新技术落地机制上的矛盾，没有认识和足够地考虑新的分工机制和分工关系，以至于要在旧的机制和关系结构中赋能，便形成了以上的隔离、孤岛、强化异化和效能不佳等问题。比如，智慧法律，当前的做法就是现有法律工作的智能化，而不是智能技术基础和意义上的法律业务分工，而未来的智能法律工作应当一定就是另外一种意义上的法律工作，超越现在所能看到的法律工作的分工样态。未来相关领域类人的法律智能应该是什么样的情况和状态？可能不只是要仿照人制造一个立案机器人，再造一个审理案件的机器人，再造一个执行案件的机器人，而是应该对此种状态进行超越。理想中的法律智能应当是什么样的呢？其智能化的程度不应该仅局限于某个环节，而当下的数字技术主要还是体现的局部的赋能，不是朝着理想应然的整体的智能方向前进的。

因此，当下进行法律工作的智能技术赋能时，在考虑技术本身的能力的同时，一定要考虑技术所应用到的具体工作岗位之间的机制和关系，可以说，技术是基础性、目标性要素，而机制和关系则是关键性、条件性要素。在现实的技术研发和应用过程中，很多情况下，遇到困难的时候就说人工智能技术相关目标实现上的"不能"，但是没有说清楚到底是技术上的"不能"，还是条件机制上的"不能"①，以及"不能"主要来源于哪个方面。

二、对个体赋能与群体赋能的关系问题认识不足

（一）个体到整体改变的过程和模式

以上分工是一定技术基础上的分工，技术发生改变后，以上的分工和机制关系也就会相应地改变。那么，应当如何理解和认知这样的改变呢？理解的基本的原点还在个体，在个体的思想认知和行为的关系上，也就是说如果个体的信息处理、知识应用以及行为的能力和效果发生了改变，那么整体群体的关系结构一定会发生改变。社会分工以及工作和行为关系的建立是为了合作，合作是为了弥补个体的不足，从而增加整体的力量。如前所述，社会分工在某种程度上可以说是"次优方案"，当然这也是异化产生的机制和可能。因此，当个体的一定的技术能力加强时，无论是在成本上，还是在价值效果上，可能就会使很多原来的分工合作没有了必要。关键的条件和因素在于，技术的基础突破在于个体，关键突破在于整体，社会分工作为整体的存在和改变都是因为个体的能力发生了改变。

---

① 机制上的问题就不属于技术科学本身的问题，应当指的是工程落地的问题，应该是社会科学所要研究的生产关系和上层建筑上的问题。

（二）个体赋能和整体赋能的关系

就个体赋能和整体赋能而言，直接整体赋能是不存在的现象或者说是一种假象。整体赋能也是通过个体赋能产生的，比如整体赋能导致产量增加了，没有直接降低成本，但是成果增大了也就相对降低了成本，而实际上，这一切是通过个体赋能实现的，个体才是赋能的基础性、原子细胞性的对象。因此，智能法律工作赋能技术的研发、发展和改变的正确方向在于为原子级别的个体进行赋能实现，而在整体结构上要为这种赋能解放思想开辟道路和创造条件。如此才能实现真正意义上的技术研发和落地赋能，才能实现从个体到群体到整个行业的技术和业务的关系机制优化，从生产力到生产关系的颠覆性的革命，而不是局限于某个环节，为了某个群体有限利益的筑墙式的、有限时空中的产品化思维所形成的群体性赋能。

（三）问题的成因和出路分析

群体性赋能通常的着眼点或者开始的地方是制造一个群体性共同应用的信息传输、分享、加工和使用的系统，生产成果往往体现为信息的大量生产，而无法实现信息和知识的智能性的使用和消化，群体性赋能和产品化思维成果可以形成一定工作上的短时间的局部效应，但是如果不及时迭代和调整思路以及进行整体上的架构就会增加成本、耗能，形成智障以及信息和知识泛滥的现象，在技术上可能就会走入死胡同。前文所述的当下的问题是，在个体思想到行动的赋能上，以及在个体与整体的行为关系上，没有考虑清楚技术落脚点、线路和模式，没有对个体的认知和行为能力的改变和增强给予足够的重视，更多的情况下是在有限的、局部的时空里进行感性和本能上的技术研发和应用的反映。比如：智慧技术对于法院、检务、法务等业务工作的赋能，是通过新技术对旧有的关系和机制进行了赋能，在强化旧有的机制和关系，从长远来看，这样的技术理念和发展的效应不会长久，慢慢就会走入死胡同。因此，以后在技术研发和产品转化落地上，要更多地考虑增强个人能力的技术和具有整体性、系统性的产品的开发应用，为技术的未来发展和迭代留下足够的整体性空间和系统性出口。

如此，什么才是真正的个体式的赋能与以此为基础的整体关系的构建？这涉及如下几个问题：一是个体在哪里找，其一定是在具体的基层工作层面，即直接的业务生产层上来寻找确定；二是个体应该具备什么样的能力，即相关信息和知识的极尽；三是个体能力增强与整体能力增强的联动机制应当是同向、同步、同效果的，技术赋能的效果不是把一个个体的相关的工作转移给了别人；四是起点一定是在既有社会分工机制上考虑以上因素，但是也随之很快可能就会改变这样的机制而重新再考虑这样的因素，比如说，在具体的企业法务工作赋能上，开始可以考虑普遍赋能于总裁、首席合规官、合规专员、业务工作人员、法律的以及非法律的工作人员，但是随着个体能力的掌握和增强，未来的运行机制上，以上个体所在的岗位、智能以及个体本身都会因为在整体工程上缺乏存在的必要而取消。因此，赋能模式可能是在既有分工岗位上通过新技术筑墙，然后可能又要拆墙，实现不断的变换和迭代。技术是工程机制的搭建者也是破坏者，这就是所说的技术赋能对整体关系和机制的改变以及二者的相互作用。

三、对智能法律的经济基础和上层建筑关系模式认识不足

（一）关于"替代"的认识不清

生产力和生产关系、经济基础和上层建筑关系维度上智能技术开发的理念、思路和模式的探索，主要解决工程落地社会科学上的问题，而不只是自然科学或者技术科学上的问题。在这个关系维度上，替代是一个怎样的命题？如前所述，可以说智能系统和机器替代人了也没有替代，因为

哪一个人不都是还存在的；又可以说没有替代也替代了，因为一些岗位上的确是机器开始干着人的活了。替代一般意义上的人是一个伪命题，替代一个现实的具体的工作的人是一个真的命题；替代人的本体上的价值定位是一个伪命题，替代人的工作是一个真的命题。如果"替代"不是一个很友好的词，那就可以说是"改变"，是人改变了技术和机器，而由此改变了自身，而不是机器完全替代甚至是消灭了人。从经验层面来看，在时间上，机器替代人不是一种具体的人就地蒸发，在空间和领域上也不是机器迅速占据了所有的位置。而在人与机器的属性上，在工具理性意义上，人不断地释放和让渡更大的工具性空间给机器，在生产力意义上实现机器的赋能，尽量减少和避免自身的价值异化，实现人的解放；而在价值理性意义上，人是目的和价值的本身，机器与人的关系仍然是一种辅助性的社会活动和社会工作关系，而不是替代关系。以上这些人与机器的相互作用，是机器与人的共同发展演化关系的体现，也就是人类与自身所生产的工具以及其他作为生存环境条件的社会事物伴生演化的现象。

（二）关于未来人机的"生产关系"认识不足

由此，在智能技术的生产关系、经济基础和上层建筑的关系维度上，随着智能技术的发展进步，在人机相伴演化的进路上，人机能力混合模式的关系以及以此为基础的人与人之间的生产关系得以形成，而核心要解决的还是人机分工以及以此为基础的人人之间的分工问题。一方面，在个体的智力和行为的关系层面上，以及由此衍生的人机关系层面上，未来的场景中一定是机器的"智力"和人的智力、机器的"行为"和人的行为的混合模式，是一种混合智能和混合行为。这句话本身并不显得陌生，但是既有的法律智能的研发思路在"人机混合"状态的考虑上还不是很充分、很自觉、很精细。由于对"智"和"能"的误解，要么就是充分期待、强调和依赖机器的"智"和"能"，而小觑了人的"智"和忽视了人的"能"，而把机器的"能"作为了"智",产生了对机器的"智"的误解；要么就只是"混"而没有"合",即混而不合,机器和人在"智"和"能"的方面没有形成优势互补的合力。另一方面,在个体和群体工作行为和任务分工方面,造机器也是造就一种人的关系,在人与人的关系的层面上,尤其是整体的关系和机制上面,随着新的机器能力的释放以及人与机器关系的形成,一定会形成一种新的工作岗位区分、工作流程与工作机制,由此会形成一种新的工作规则和制度安排,即形成一种新的人与人之间的社会生产或者行为关系,比如平面化、即时性、去中心化、公断化等为特征的人人社会关系。① 如上所说,这种新的机制、关系和规则制度安排既是对新的技术能力的一种释放或者生产力意义上的解放,当然也是一种重要的条件和保障。然而在现实的智能法律技术研发中,这种解放和释放以及保障方面做得还不是很充分和到位。因此,未来技术研发的指向一是要重新建立这种关系和机制,二是要对这种关系和机制进行整体上的打通赋能,避免时下的个体和局部,机器和人之间的"能而不通"的状态。

(三) 问题的成因综述与出路分析

因此,在以上的这种生产力和生产关系基础上,智能技术开发是以机器作为工具,以人作为目的的合作互助的结果,虽然人同时也作为工具,但其是在发展演进的过程中不断地释放工具能力空间给机器。技术的开发是机器的智能和行为与人的智能和行为交互的结果,也是个体赋能技术上

---

① 本书在这里所提的"公断化"指的是在智能法律技术的赋能下,更多非专业的人具备了法律问题的理解和判断的能力所形成的社会效果,虽然互联网的应用已经形成了一种人人社会的效应,即将不同专业阶层的能力转移到公众的手中,但是,这种情况下,公众仍然不具有判断的能力,仍然更多的都是人类的意见领袖和专家的观点和判断的社会影响观念和行为来进行影响和主导,而智能法律判断的社会实现,将对此形成实质的改变和发展。参见 [美] 克莱·舍基:《人人时代:无组织的组织力量》(经典版),胡泳、沈满琳译,浙江人民出版社 2015 年版,第 15—17 页。

的开发与群体工作上的分工和合作机制相互作用和互动交流的结果。技术研发不是单方面因素的行动和努力，应当是机器和人以及人的个体和群体的相互协作和互相成就。

当下的智能技术首要是运用机器人和人的各自优势来解决工作上的问题，而现有的智能技术的方向目标和相关的能力开发的基本原则往往是与这个方向相背离的，包括没有遵循人类和机器优势的结合以及这个维度上分工的考虑。既往的技术研发仍然处在或者局限于技术单方面的能力泛化，而没有更多地考虑人的任务本身以及人的能力补充；更多地考虑在局部进行能力的释放，而没有充分考虑作为环境条件上的、整体上的、人机以及人人关系上的调整和改变。因此，打通所有既有法律分工和任务通用的法律智能模式，以及以法律的任务为导向而非单方面技术能力泛化为导向的技术研发和发展阶段应该开始了。

四、研发的学科专业主观认知和态度上的问题

（一）学科和专业对技术理解和态度的偏差

以上三个方面，分析阐述了法律人工智能发展过程中现实出现一些问题在具体认知和实践上的成因。除此之外，这些问题的出现也与智能和法学两个学科专业在整体上对于法律智能技术研发情况的理解、判断和态度有很大的关系。过去一段时间的探索，法律与人工智能的结合发展除了在治理和赋能这两条线路上推进外，在赋能即法律的智能化上，实际上形成了两种推进方向和感受，对此可以总结为技术方面的盲目自大和法律方面的一厢情愿。技术方面的盲目自大，即以为通过既有相关技术能力的泛化就完全可以解决法律的智能化问题。而实际上，几年下来，除了在传统的检索技术基础上更加智能化了一下，没有做到实质可以被传统法律专业接受的智能化成果。在很大程度上，智能技术只是解决较为局部的、相对眼

前性的、个性化的任务，而且也只涉及法律工作的表层，无论是科技工作的产品和具体司法、执法等法律场景下的研发，相关成果都是相对眼下、短效和表层的，使智能技术无法深入和展开，那种自信显得有些盲目而正在消失；而在另一端，法律人以为自己的传统工作肯定可以靠现有的智能技术完全解决，以为现有的智能技术已经足以实现这样一厢情愿的期待。由于专业知识的相互严重缺乏，法律人面对技术是往往张不开嘴的，技术面对法律是谁都可以张开嘴来讲话的，但是说的往往是不到位的甚至是错误的，这种盲目自信和一厢情愿导致无法形成两种专业之间的有效对话，因此也无助于交叉学科专业下的交叉性的智能法律知识的生产和技术研发。

（二）智能法律技术研发的学术和学科思维模式

综上所述，事实上，过去的智能法律技术的研发探索，受阶段性的条件和认识所限，面对法律人工智能化的任务，对既有人工智能技术的形成过程和机制的认识存在误区，或者是有偏差的。可以说，正当合理的认识应当是，既有的人工智能技术相对于法律任务来说不是现成的，它只是毛坯和一种理论可能，智能技术也不是一个单一的技术构成，实际上是由智能技术整个发展演化进程道路上生成的所有技术的集合而构成的结合体或者工具包，这些技术只能在面对法律任务的实现和智能法律工程系统的搭建获得有效应用后，才能在法律领域中走完"最后一公里"并真正落地，即实现了一般意义上的智能技术到智能法律技术的转变，从而生成了智能法律技术。因此，智能法律技术的研发，必须结合法律的专业知识特征、思维模式、运行方式、场景价值和行为模式等多方面的知识和信息模式，在既有的所有智能技术集合体中，选择合适的相关技术进行重新的技术要素组合、搭建甚至是创新，法律在这里相对于技术而言，不是被动地吃等食和消极地应用技术，而是要与已有的技术要素联合起来进行技术创新。因此，法律智能技术上不是一般智能技术简单搬过来的应用，而是通过具体的法律任务需求和法律本身的属性和机制，结合一般智能技术进行相对具体的技术创新应用。法律人工智能研发就是结合法律这一场景中特别的价值定位、功能、目标、任务和机制，以开放的结构、解放的理念和意识、不拘一格地广泛采用以上的技术工具和创新方法进行的一种智能技术搭建，既是交叉知识理论的探讨、实验室的创新技术的研发，也是广泛而深入的社会实践。

第三节　法律智能核心通用技术的提出

一、法律智能的基本构造

（一）技术发展对既有法律工作分工的改变

如上文所述，在整个法律工程工作中，一种工作分工基础上的工程架构是以一定阶段的技术为条件和基础的，很多现实的情况说明，如果从消极或者反面的角度来看，没有相应技术为基础和条件的分工一是没有必要的，二是分工的意义也是无法实现的；而如果从积极正面的角度来看，随着技术的发展进步，依据同样的逻辑和道理，是不是既有的分工和工程机制也会需要重新调整，或者说没有存在的必要了呢？

1.分工的发生

首先来回答这样几个问题，一是为什么要分工，仍然以人民法院的司法活动为例，即核心业务功能的庭审业务为什么要把立案和执行的工作分离出去呢？前文的角度将此解释为提高工作效率应对更多的业务需求。具体来说，从历史发展过程的经验而非逻辑来看，原来这些工作都是围绕或者说与庭审工作合在一起的，后来面对庞大的纠纷业务，如果庭审工作还想把所有相关的工作做到质量上的保证，在技术允许的情况下，那么就有必要将这样的一些可以归为某一类别的集中分类出来的业务功能区分出来交给专门的群体和工作岗位来完成，否则原来的庭审法官实在是无法或者不能在承担庭审工作的同时还承担与立案以及执行相关的工作和业务。在这种情况和逻辑下，如前所述，社会分工往往体现的是一种"次优方案"，有些不得已而只好如此的感觉。也就是说，在一定阶段的既有的技术条件下，面对现实的价值和任务量上的综合需求，司法工作无法通过庭审工作的包揽和唯一操作就能达到司法的功能，而现实中要想实现自身的相关功能，就得依靠现有的技术条件进行任务区分，运行分工合作的技术工程机制。

2. 分工的扬弃

而接下来的问题便是，如果立案、庭审和执行的分工形成的逻辑在于，因为业务量的加大导致不进行分工而"不能"实现工作的目标，因此要"能"的话就有必要分工，也就是说不得不采用这样的"次优方案"，那么，未来随着技术的发展进步，在一定的司法技术支撑赋能的情况下，如果以上三合一的司法庭审工作的模式和能力由"不能"变为"能"了，是不是就可以不要这样的分工了呢？本书认为，这种"扬弃"过程的发生和趋势在理论上是成立的。依据一定的逻辑，如果说以上的技术条件同时成就了立案、执行和庭审三种分工价值的必要性和能力的可能性，那么，当现实中的技术条件发生了改变或者升级，比如说一种新的技术条件已经使庭审工作再次能够整合案件审判的立案和执行的功能，那么无论是从能力效率还是从价值效果等多重价值追求实现上，人民法院的司法工作一定会采用这种新技术条件下的新的司法工作任务界定和新的技术工程机制。

（二）完整的法律智能

1. 完整的法律智能构成

下面对完整的法律任务与完整的法律智能构成进行分析说明。实际上，从社会工作任务属性来看，人民法院的纠纷解决与案件审判工作是一个完整独立成体的工作，而从智能与人的行为关系的角度来看，在智能属性上，这个独立成体的工作也是一个独立完整的智能活动或者智能过程。这个过程和活动就是对现有纠纷案件的事实情节情况进行确认，并运用现有的法律规范对案件是否违法以及如何违法，进行法律上的解决和处理的思维判断认知，以及由认知结论指导现实结果实现，将思维结论变现的行为活动。相对时下司法活动的社会分工而言，这种智能行为活动实际上可以说是将一个整体的、同一形式和内容的大前提法律、小前提事实相结合的逻辑推理思维活动分解为更多的环节和一系列区分开来的任务上。当然这些任务指的是上文所说工作流程上的立案、庭审和执行的工作任务，而这个一体完整的智能活动的任务则是由确定这个逻辑推理活动的法律规范的大前提和关于案件本身的事实的小前提以及作出逻辑判断、形成或者作出纠纷案件的最终结论这样的三种活动结合完成的。

2."智"与"能"的区分和关联：智能构成上的三种活动关系

如何来看待以上这三种活动？这三种活动的关系如何？为什么会形成这样的三种活动？以上三种智能构成活动，本书在这里将其概括为现实中的智慧思维上的任务和行动能力上的任务，即"智"的任务和"能"的任务。智慧思维上的任务就是以上所介绍阐述的认知思维推理活动，行动能力上的任务指的是为实现、促成和完成这样的认知推理活动而形成和外化出来的各种直接和间接的具体事务和工作。由此可以看出，像在人民法院等社会工作的场景中，相关的智慧思维上的任务是概括抽象观念上的任务，而行动能力上的任务则是具体具象行为上的任务。两种任务的关系是，智慧思维上的任务是内在的、根本的、本质上的任务，而行动能力上的任务则是外在的、枝节的、现象上的任务，前者决定后者，后者实现前者。因此，如前所述，在人民法院的业务工作活动中，无论从外在的现象和形式上看有多少种，这些活动和行为实际上都是从法律的运用、事实的确认以及结论的确定和变现这几个根本性的活动或者任务派生出来的。

（三）法律智能结构和智能形式

1. 技术决定法律的智能结构和智能形式

那么，为什么会形成"智"和"能"这样两种任务体系或者这样的任务体系关联方式？本书认为，这主要是由一定的时间阶段上，像司法审判这样的社会工作中的智慧思维和行动能力各自的水平以及相互之间的关系状态造成的。可以说，在一定的工作场景任务下，作为整体工作场景结构中的"智"的任务和"能"的任务作为两种体系的存在是一种常态，但与此项社会工作相关的一定历史时期和人类发展阶段的技术发展水平，以及形成的能力，的确是决定着这两种任务的关联方式和关系状态，决定着这个阶段社会生产生活中的智能结构和智能形式。①

比如说，通过时下的计算机、数据以及智能技术的应用可以看出，技术决定着社会从个体到整体的算力以及相关智慧得以实现的能力，随着时下技术的算力能力的逐步加大提供，人类社会当下的智慧所体现出的能力和效益得到空前的增长，形成了当下数字时代的空前发展和智能时代的开始出现，而之前由于人类社会的算力能力不够，都是人类个体的行为和相应的算力能力，而不是当下已经出现的智能机器量级的算力。因此，一个整体的智慧只能采取分工群体工作的形式，区分成不同其他的"智"和"能"

---

① 这里所说的智能结构和形式不是从技术和心理学的角度而主要是从社会学的角度来界定的，即在一定的社会群体社会分工中智能体在智能合作和分工上的结构关系。社会生活中的智能结构和智能形式以及"智"与"能"的问题，一定社会发展阶段的社会智能发展状态、智能结构、智能机制等是一个非常有意义的、值得深入研究和探讨的主题。比如曾经是群体的人类智能，发展到未来的机器与人的混合智能等等。参见 https://baike.baidu.com/item/%E6%99%BA%E8%83%BD%E7%BB%93%E6%9E%84/7986507?fr=aladdin#reference-[1]-5386982-wrap，最后访问时间：2023 年 2 月 2 日。

来实现这个本质整体的"智"，通过附着于人类个体的"智"和"能"，分工组合形成人类的群智和群能，以完成一项社会工程任务的整体的"智"和"能"。①

2.法律"智"和"能"的分工与整合

如前文对社会任务分工的分析所述，这种法律整体的"智"和"能"的分工实现方式也是人类社会一定阶段技术发展的产物。而人类社会的科技一定是在向前发展进步的，在面向未来的技术发展参照系上，如此的智能机制也一定会成为人类社会智能形式和机制上的"次优方案"。比如说，随着技术的发展进步，就人民法院的司法审判工作而言，随着现在的数字数据智能技术的研发迭代，如果现实真的能够研发一套机器智能机制或者人机混合的智能机制，如此能够将整体的司法审判通过这样的机制得以更加高效率和高质量实现的话，那么，人类也就在这个领域实现了智能形式和机制的"次优方案"的迭代和升级。

（四）智能时代的法律智能与工程机制

1.人机混合机制的法律智能

通过时下有限的社会现象所能看到的和人类有限的认知所能设想的，在"智"和"能"相区分的认识上，人类社会相对理想和完美的智能司法工作机制应当是这样的，即人类设定的"智"能够得到高效高质能力的实现。在现实的司法工作所存在的问题、现有的司法技术能力构成以及司法工作未来的发展趋势所构成的这个"三维"的坐标系上，如前所述，时下研发的司法智能机制应当尽量从时下这种人类的社会任务区分和工作分工

---

① 在一定场景中和社会行动的结构中，都存在整体的智能和部分的智能的结构，比如一个法院、一个政府都有自己整体的"智"，如审判和执法的相关认知思维就是它们整体的"智"，但是这种"智"，在当下以及以往的人类社会是通过具体的人的"智"和"能"来实现的。

的智能机制和模式中走出来，以改变当下这种整个法律工作"智"的实现上的低效、低质①，尤其是价值严重异化的现象和问题。可以说，当下社会智能的内在发展规律指明了法律和司法智能的发展方向和工作原则，现实的工作领域中所存在的一系列问题也确定了面向未来努力的起点和目的，现有的法律和司法领域中的技术和发展趋势提供了相关智能研发的具体路径和手段。也就是说，在司法等法律工作领域，在新的技术成果和未来发展趋势所形成的条件下，智能法律研发工作要找到以机器智能为特征，以人机混合的智能为状态的一种新的"智"和"能"的组合形式，在机器和人之间实现智能上的扬长避短，这种新的智能形式要超越以往不同的人类智能机制和形式，超越和摒弃因为人类智能的不足而形成的人为的任务区分和社会分工，打破和超越这些分工所造成的智能效率和效果实现的障碍，形成一种全新的关于法律工作和任务完成的智能机制。

2. 智能时代的法律工程

下面设想一项技术能力存在的情况下，那么以此为基础的智能的司法工作和活动的场景应该是怎样的，这样的一种智能会产生怎样的现实。仅就司法智能而言，在现实的司法智能的功能和价值上，真正的司法智能应当是随着技术的发展，尽可能化约了所有人类工具理性意义上的"能"的工作任务和非核心智能的法律思维上的分工②，而直接朝向核心司法智能思维任务的实现。也就是说，所要研究开发的真正的司法智能应该是以打破现有或者在此以前的技术基础上的社会分工和任务架构，主要不再或者

---

① 实际上，人工智能技术使整体的社会行为模式和结构关系机制都在改变，由于新的信息技术和机制在其他社会生产生活领域的广泛应用，由此产生的大量的、不同信息形式和机制中的案件和纠纷越来越多，单凭原有的技术能力和机制支撑的司法工作模式肯定是无法应对的，因此除了权力寻租和自利性质的异化以外，能力不及的异化也会因此更加显著。

② 这里说的核心是三段论的推理思维，非核心是指为了完成三个要素的构造衍生出来的其他枝节任务所需要的思维。

仅仅是赋能于这些任务完成的能力，而是争取直接实现核心案件纠纷解决的大前提的法律的确定、事实的形成以及结论的做出和变现。进而言之，根据以上"三维坐标系"所框定的现有司法智能技术的研发对象，如果不是以直接的司法判案核心的"智"的思维任务的智能实现为目标的法律智能技术研发，那么这样所要研究的法律智能的真实性和未来的价值都是值得商榷的。概括而言，时下需要研究的法律的智能机制应当是以核心的庭审法律业务的智能化为根本出发点、总体原则和总体框架，在此基础上，根据技术研发的程度和效果，对现有技术基础上的、以人类个体和群体智能为基础而设定的立案、执行等宏观和微观上的分工任务进行相应的调整、改变或者减除，从而逐步形成新的司法工作智能机制和工程。

二、法律智能技术工程搭建模式：主干性核心通用技术的必要性

（一）法律智能技术工程搭建

法律是社会秩序的工程，这个工程是通过技术来实现一定的价值目标和任务，人工智能的法律就是通过智能技术手段实现的法律秩序工程。搭建是工程建设的基本行为模式，智能法律工程的建设即是通过智能技术在微观和宏观的两个层面搭建来实现的。为什么微观的法律人工智能技术机制以及智能法律工程整体宏观结构要采用搭建的模式，具体说来，这一方面是由于法律工程的建设是一个逐步演化变迁而不是突变的过程，另一方面也是由搭建模式本身的属性特点决定的。

1.法律工程"边拆边建"的智能化过程

首先，就具体的社会智能法律变迁过程来看，智能技术应当是逐步进入社会的法律运作机制中，代替或者解放人的行为和劳动，而不是一下全部或者完全替代人的工作和行为。这个过程一定是与人的行为混合伴生进行的，那种想通过技术一下子排除并代替人的行为和工作的现象是不可能

发生的，当然，也是人类不可能让它发生的。人类一定是在合理利用技术优势的基础上逐步释放"主权"的空间给智能技术或者智能体的。在这种理念的支配和主导下，智能技术的使用和搭建是人类的法律社会工程对智能技术引入和使用的一种审慎的策略和尝试性实践。

如此，那么什么是智能法律工程的搭建？作为一种社会行为模式，智能法律工程的搭建一定是仿照现有法律体系和机制，但又是要进行必要的改变或者颠覆它的行动和过程，它的理念和逻辑是，只有仿照现在社会法律机制的样子进行，才使其具有现实的合理性和可接受性。合理性体现在观念的认识上，可接受性体现在现实价值功能的实现上。同时，其只有改变现有机制和体系，才能充分利用智能技术的优势和效能，才能解决现有体系和机制上的价值和功能上的缺陷和不足。因此，智能法律技术的搭建在空间上一定是有整体有部分有结构，在时间上一定是一个渐进的过程。在理念和思路上则是根据具体的任务和目标的需要，根据不同的工具功能和作用，进行不同的工具配合使用的创新。整个过程在整体上表现为边建边拆的、渐进式的、继承和发展的变迁过程。

2. 技术工程搭建样图与通用能力

由此，智能法律工程技术搭建首先一定要有搭建图纸或者样图。这个样图既要保证拟搭建的整个工程相对于既有法律系统和机制的现实和理性上的可接受性，也要保证其与既有的法律系统和机制相比较下的效率和效果能力上的不同。这种合理性和能力既要体现在系统和机制的部分构成上，也要体现在系统和机制整体上。所以，这个样图一定要考虑既有的现实的立法、司法、执法、用法以及相关附属组织和行为的合理结构和行为工作关系，也要考虑这些组织和行为需要具备的独特的和通用的行为模式和行为能力。

就独特的行为模式和行为能力而言，时下正在进行的或者已有的智能法律实践已经形成了较为充分的展现，其有效保障和强化了现有法律系统和机制正常功能的发挥和实现，如前所述，其除了缺乏整体结构上的融通和整体性的关联设计以外，在未来的智能法律系统的搭建上也不会有形式上太大的不同，这里不再赘述。而对于未来整体智能法律工程的搭建，关键是要找到整个系统中主体的通用的行为模式和能力。

这种通用的行为模式和相关能力，指的是从整体法律工作任务的最终实现上，一定要找到既有法律机制共通存在的根本问题，以及对解决这些现实问题和未来正常发展运行同样有效的通用能力。工程组织结构功能界定着各个组织环节上的主体的行为模式和行为能力，同时后者又在发展过程中不断地改变着这些组织和结构的关联关系。渐进过程中的法律智能技术的研发，在保证法律的根本的终极目标高效高质地能够得到实现的情况下，要使智能技术赋能于整个系统中最小行为单位或者原子级主体的通用的行为模式和行为能力，从而在保证既有智能行为模式和能力的合理性和可接受的前提下，改变既有的主体行为组织关系、机制以至于不同层级上的行为能力和行为模式本身。因此，技术的研发既要基于现实的功能要求而外在地模仿和附着于既有法律系统机制的前提下，同时又要形成一个内在的整体的结构设计，主要搭建思维和搭建机制，由此，在既能保障既有和时下正在运行的系统机制的功能实现的同时，又能在实现整个系统功能的通用能力上进行发展创新，如此，便能够找到智能法律系统工程大门的关键钥匙，实现法律工程系统在运行中进行智能化的建设和改造。

（二）核心通用智能技术的必要性

以上任务实现的理念若是体现在技术研发和应用层面上，法律智能技术的搭建则体现出开放性和创新性，即一定要创新使用既有的人工智能相关技术和方法；一定基于时下所谓主流的或者主要的人工智能技术和方法的前提下，面对错综复杂的现实任务；一定要在基本的智能理念和目标的指导下，打开思维的视域，目及除了主流技术以外的所有技术，以解决具体现实的任务为导向，将既有的所有技术看作一个巨大的工具包，不拘一格地采用各种技术，开放性地进行智能法律技术创新搭建。

可以说，这种开放是创新的条件，这种创新一方面体现为既有工具因为场景上的不适应性，由此而相应作出的调整和改变；另一方面也体现为面对具体任务进行新的工具选择，或者基于不同工具的不同功能进行新的工具组合和结合模式，实现工具应用上的创新。这些创新也是以上所说的智能法律技术工程搭建理念自有之意和价值所在。当然，这种创新还会体现在，在可接受的合理性上，如果搭建能够充分发挥运用智能技术的超强能力，或者能够使智能技术的优势能力得以充分展现，比如数据技术的超强算力，如此就出现了上文所说的对既有做法和行为模式进行改变的可能。比如说，在智能技术与法律业务对接的过程中，基于传统的法律工作分工的"正当性"和机制惯性运行，计算技术往往不得不在分工部门之间进行单独独立的工程设计和运用，实际上如此局限了计算技术的信息传输和计算认知的能力，这就是所说的技术在应用过程中对任务的"迁就"和相应作出改变的现象；而在未来，在这种强大的信息传输和计算认知能力的现实效果的推动下，就会出现任务对技术能力的"屈服"和必要的无法拒绝的接受，这种接受的心理演化出来的行为便是发现了曾有的设计和架构显得有些多余或者没有必要，于是就简化结构关联关系，撤掉相关的组织和结构设施，形成了整个智能法律工程边建边拆的搭建过程和现象。①

而最为重要的是，这种开放性创新一定是基于一个主体性任务和任务实现能力所构成的工程构造主线、结构主轴和龙骨，在更大的整体工程上

---

① 在一次调研活动中，访问方提供了一个很好的通过工程搭建和技术路径调整解决问题的案例。国际上一家著名的洗衣机生产企业的工程受困于洗衣机一个部件的螺丝生锈污染衣服的问题，想了很多办法、经历了很长时间都没有解决这个问题，后来改变了技术实现路径和工程结构理念后，发现装有螺丝的部件是没有必要的，最后是通过拆掉这个部件解决了问题。

具备一个整体架构下的核心的通用能力和通用技术，以此将其他零散的、角色性的、工具性的技术和能力整合起来以实现主体任务和目标。

（三）智能法律问答与逻辑推理技术：核心通用的智能法律技术

综上所述，当下智能法律技术和法律工程搭建的各种任务中，最关键和重要的便是能够开发出核心通用的法律智能技术，以此形成通用的法律智能能力，既能运行现实的法律工程机制和任务功能，又能在未来不断实现法律工程的智能建设和升级。综合前文关于法律的工程属性构成、法律的思维机制以及法律工程的局部和整体的智能构成，本书认为，法律咨询场景下的智能法律问答与逻辑推理活动，体现的就是智能法律工程系统搭建所要完成的核心任务、所需要的核心能力，相关技术体现的便是整个社会法律工程智能化的核心通用技术。

接下来，本书的目标就是以现实社会生活中的法律咨询工作或者活动为基本的研究场景和探索空间，以实现法律咨询工作任务的人类行为、相关事物、主体之间、客体之间、主客体关系以及设定的价值所构成的基本活动范式为样图，以信息、数字、数据、智能以及所有现存的相关技术为条件，以从信息化到数字化再到智能化为基本发展进路，研究探索搭建智能法律技术、工程和系统的核心通用技术，即智能法律问答中的逻辑推理技术的基本问题、基本理念、基本路径以及基本方法。

第十四章　问答咨询场景下的法律智能核心通用技术的基本理念

本章的行文思路为，首先来分析为什么要在问答咨询的场景下探讨法律智能的核心通用技术以及问答咨询场景是如何能体现核心通用的法律智能技术的；以此为基础，进而分析法律智能核心共通问题的机理、内容构成以及症结所在，同时确定接下来的智能法律技术搭建的基本原则、任务和方向。

第一节　法律问答咨询场景与核心通用的智能法律技术

智能法律问答咨询场景体现了未来智能法律活动典型的、基本的、综合的法律智能应用工作和活动场景，展现出了核心法律智能技术的赋能对象、相关的基本问题以及通用法律智能的存在形式、工作机制。

一、法律问答咨询是智能法律的核心任务

（一）微观的法律问答活动层面

法律问答咨询活动是法律工作或者活动中最为常见的一种行为，通常表现为非专业的人向法律专业人士就某方面的案件或者法律的问题进行询问，专业人士根据自己的法律知识、理解和判断进行案件和问题分析，并给出解决问题的相关判断的结论。法律问答咨询活动是

整个法律运行中典型的、普遍存在的工作或者活动。从具体的职业划分来说，表面看来，法律问答咨询活动只是律师或者其他法律服务工作的一种常见的工作，但是，如果从认知和行为的关系维度来看，它则是关于用法律规则、知识等来分析问题、解决问题普遍存在的一种行为或者活动。简单抽象地说，无论是立法者、法官、检察官、行政执法官员、律师等法律服务工作者，还是法律研究者以及普通非专业人士，只要是人运用法律来分析和解决问题，实际上实施的就是法律问答咨询的活动。显然，从技术上的信息输入和输出的角度来说，这与谁来解决问题、解决哪类职业的业务问题、帮助谁解决问题，都没有实质性的关系。

（二）宏观的法律运行层面

当然，以上是从微观的角度来看的，如果从整个法律生成和运行的角度来看，实际上整个社会的法律运行在宏观上也同样是用法律来分析问题和解决问题的一个大的复杂的系统性的咨询工作。设想一下，在整个社会生活中，关于法律的问题如果任何人、随时随地地提出问题并能够获得解决的结论，显而易见，到目前为止的整个法律社会工程绝大多数构成和工作都会是多余的设计和存在。或者反过来说，如前所述，实际上，到目前为止的很多法律的社会分工、职业划分以及运作机制的安排都是为了如何实现法律问题的咨询或者解答，法律也是通过这样的一些问题的设定和解决来规范社会主体的行为和关系、建构整个社会秩序的，这也就是法律作为一种社会工程的策略和机制。如此可以说，法律咨询工作是整个社会法律工作的横道边、纵到底、贯穿整个业务流程、触及不同场景空间的具有原子意义的任务、技术场景和技术模式结构。

二、法律问答咨询对核心通用的法律智能技术研发的意义

显而易见，在核心通用智能法律技术的发掘以及整个法律智能技术搭建的工作中，在法律问答咨询活动以上的原子属性和泛在特征，毫无疑问使其具有了显著独特的研究价值。可以说，法律问答咨询活动可以作为整个智能法律活动基础的行为模式以及基本的行为内容、行为关系和行为空间，能够揭示整个智能法律工程搭建的基本任务和核心通用技术，并揭示这种技术研发的基本问题、基础理念、机制、原则、目标、内容、方向，以及分析问题与解决问题的方案和路径。

（一）揭示了智能法律行为空间关系的基本样态

如上所述，在法律问答咨询活动的场景下，在未来法律世界的主体活动构成上，在主客体间以及从作为生产力的智能到人机、人人混合的生产关系上，智能系统或者智能体将会是法律工作的主要生产工具，而与以往社会不同的是，作为生产工具的智能体或者智能机器将会和人在很大程度上成为未来法律工作的相似的社会"行为主体"，它们也将围绕着整个社会法律秩序的运行相互间形成多重多样的社会生产或者工作关系。因此，在未来的社会法律工作场景中，无论是在具体的某一项工作上还是整体工作上，既不是传统的完全由人独立单一操作的工作局面，也不会存在人失去这个社会的主体地位而完全由智能机器掌控的局面，而应当是人逐步把一定的工作交由智能机器相对独立自动自主地运行，形成人机多"主体"的混合的社会"行为"和社会关系的状态。这种新的生产力和生产关系所形成的未来法律工作的"物质基础"或者"经济基础"，是多主体、多行为、多层规则下的生产关系，其既要符合传统中的法律工程的基本工作架构、机制和运行规律，又要随着技术的发展和应用而超越和发展这些方面。

（二）逻辑三段论为基础的通用法律工作模式和机制

1. 概述

在人机混合作为主体和工具的未来法律社会中，在立法、执法、用法和司法或者法律的制定、生成与运行的维度上，智能法律工作的核心和主体任务仍然是法律问答咨询工作所展现的，即通过法律的规则、知识来分析、判断和解决相关的法律上的案件或者相关社会问题。那么，这个任务的核心的实现方式是什么呢？就是以法律为大前提、以案件或者问题的事实为小前提，以法定的因果关联关系为构成要素和链接形成逻辑推理并作出结论的一整套工作系统和工作机制。在人类几千年的法律运行发展史中，可以说在不同的历史发展阶段，立法、执法、司法、用法等运行法律的组织机构构成以及它们之间的任务分工和相互关系会因为现实中的技术手段和文化制度等因素有所不同，但是，无论在这些具体的工作的内部任务上，还是在它们之间的分工与配合的整体任务实现上，无论个人的工作还是组织的工作，整个法律工作或者行为所要解决的无一不关乎或者说都是围绕着这个逻辑推理以及这个系统中的大前提、小前提以及因果关联关系上的问题的解决。

2. 立法、司法、执法、守法上的基本情况

对于立法工作而言，总结前文所述，在具体的工作目标上，实际上是要确定和发展整个社会的法律规范、规则和制度，从这个逻辑结构和机制来看，其实要确定这个逻辑推理的大前提，但是，对于具体的工作而言，这个所要确定的大前提的法律规范、规则和制度的确定，实际上是在一定的社会事实基础上，基于一定的价值规范，也可以说是既有的规则和制度进行的逻辑推理而得出的结论，这样的逻辑结构和推理也是立法工作的机制和方式。对于执法工作而言，其是政府或者有执法权的公共管理机构的社会法律行为，在具体的工作目标上，是要结合一定的事实情况，对于已经确定的法律规范和制度在具体的社会行为和关系上

实施和运行，对于符合法律规定的情况，执法工作就要对相关的现实行为或者事实给予法定的支持，相反则不予支持或者要求承担一定的责任，显而易见这个核心的任务也是要将法律和事实结合进行逻辑推理得出相关的结论。社会用法和守法行为也是要采用同样的法律结合事实的逻辑推理工作机制和方式，对于社会活动中的主体而言，行为不逾矩以及应用法律实现自己的行为价值、保护自己的利益既是整个社会正常秩序得以实现的基础，同时也是在社会生活中保护自己降低行为成本和风险，实现正常个人社会生活的基本条件和根本保障。可以说法律是通过对于社会主体的行为上的指导、评价、预见、教育、强制等作用，而这些作用发挥的基础就是社会主体在自身的行为活动中能够将法律规范和制度与行为所涉及的具体的事实进行逻辑上的判断，进而在价值判断和行为的取舍之中实现法律的运用和遵守。法院的司法工作是社会法律纠纷的解决机制，相对于立法、执法、用法以及法律服务等各种法律活动和法律工作而言，在整个法律运行工程上，在法律规则的运用、事实的确认以及从所形成的大小前提出发进行的法律逻辑推理层面上，司法活动是对以上这些工作和活动的相关环节的正当性、合理性的最终社会审理，从而形成相关推理工作和结论的正当性的权威性社会确认，从而实现各种推理上的纷争，完成在整个法律运行机制上实现法律推理工作的终结和闭环，而毫无疑问，整个司法工作本身同样就是一个完整的相关事实和法律基础上的法律推理过程。

3.社会法律运行规则引擎

以上分析的是比较完整的、具有典型代表性的法律工作分工和领域中的法律推理机制的相关情况，而如果把整个社会的生产生活的运行看作是规则的制定和规则的执行或运行的一个宏大的场景和状态的话，其他的许多公共管理机构、公共社会组织、社会和市场领域的主体行为，比如与法律表面上都紧密相关的侦查工作、监察工作、法律服务工作以及公司企业和公民个人的社会行为等，只要涉及法律和规则的层面，这些行为和关系直接或间接、部分或者整体上进行的都是这种推理工作或者与此紧密相关。因此，可以概括地说，整个社会的法律活动、行为和工作，无论是微观还是宏观，无论是整体和局部，无论是在价值层面还是在技术层面，都是围绕着或者身处于这一循环往复不停止的法律逻辑推理机制之中，这一推理机制就像一个巨大的引擎，以法律规则为内容驱动着整个社会的运行，法律工作的完成和成功就意味着这个逻辑推理的完成和成功。

（三）智能法律推理是法律智能的核心通用技术

1. 共通的行为范式

综上，法律咨询的场景展现的是法律问答的活动，这"问"与"答"包含着需求与供给、迷茫与解惑、恐惧与安全、无助与权威、无理与合理、不公与公正等多重矛盾和张力，驱动着所有社会行为在法律秩序中失范和就范，穿透所有法律的职业和行为主体，体现的则是所有法律工作绕不开的核心、本质和关键内容。共通的内容和问题必定要有共通的解决和运行的范式，否则就无法形成相对公认、共认的结论和答案，形成不了法律所要追求的核心价值——秩序。这个共同的解决问题和运行的范式就是三段论基础上的法律逻辑推理机制，同时也是一种社会秩序运行层面的法律信息和价值的沟通互动机制。

2. 核心通用的智能法律技术

如此，可以说，逻辑推理是理性社会的运行机制，这个法律逻辑推理机制定会是与法律同在，与人类社会同在。只要这个社会还是人类主导和具有主权的社会，只要有人类的问与答的活动与关系，即便是广泛存在着法律人工智能体来辅助性取代人类的工作，在人类之间、人类和社会事物之间、人类和机器之间、机器和社会事物之间、物与物之间，作为三层法则的综合体的法律的这个逻辑推理机制依然同样是未来社会必须依赖凭借的核心的、通用的法律运行机制。因此，面向未来的人工智能社会，法律人工智能所要解决的主体的普遍通在的问题仍然是如何进行法律问答，人工智能所要实现的法律的通用智能便是智能法律逻辑推理的机制，智能法律推理就是法律人工智能的核心通用技术。

第二节 问答场景下的法律智能、行为模式与机制

相对于智能法律工程的搭建而言，法律问答咨询场景在整个智能法律活动的基础性社会物质空间中，揭示了什么是技术上的核心的、通用的法律智能，揭示了整个智能法律工程这一上层建筑搭建的基本任务和行为模式，以及如何分析和认定智能法律搭建和发展过程中的问题以及确定问题解决方案。

智能法律推理技术代表了未来社会法律人工智能核心通用技术。如前所述，智能法律技术的研发和应用不是单纯的科学技术活动，实际上是一种广泛而深刻的人类社会行为和社会行动，实现这种技术的智能搭建不应是简单的现有的几种经典的智能技术在这个领域中的简单泛化和复制。智能法律技术的搭建是一定物质生产力和生产方式的发展进步，一定要从既有的作为物质基础的社会法律咨询工作的场景开始，一定要从既有的法律咨询工作生态环境和工作体系中获得建设的思路和方案，并超越既有的工作体系和思路。由此，有必要结合人工智能技术多种能力上的可能和搭建目标，深入剖析法律问答咨询工作的行为模式、内在要素构成和相关机理，以此为基础，确定包括智能法律推理技术在内的智能法律技术搭建的基本原则、基础原理、基本理念和基本方式。

一、问答场景下的法律智能和行为概述

首先，要确认一下，在一个纯粹的人类的法律咨询工作场景中，什么才算是真正的智能，人工智能在这个场景中要充当什么样的角色，承担什么样的角色和功能。在人类的法律咨询的场景下，主要展现的是专业法律人士向非专业的普通人士就相关的案件或者问题进行分析和给出答案或者结论的活动。整个过程通常表现为后者提出问题而前者回答问题的过程，这个过程往往是多轮的或者循环往复的。那么，在未来的智能法律问答咨询的场景下，人工智能法律系统主要是代替或者辅助性替代专业法律人士的角色，承担专业法律人士的功能向普通人士解答问题。那么在这个场景下，什么算是真正的智能呢？根据这个场景活动的相关要求和标准，概括地说，真正的智能就应当像人类的专业人士一样，能够给提出问题者做出人类一样的行为模式的回答以及取得相同的效果。①

如前所述，仿生于人类的行为模式是法律人工智能技术搭建的重要策略和方案，如此其才能够从既有的社会工作的结构和功能中获得价值存在和定位，从而保证自身的合理性和有效性，保证其与既有的社会运行空间进行有效的衔接，保证自身被接受从而进入人类社会进行工作。那么，如此情况和要求下，这种人类的行为模式具有本质性的规定和构成要素有哪些呢？在本书看来，这个行为模式主要体现为三个方面：一是符合人类主体性的价值定位和价值观念；二是符合人类理性的认知和判断；三是符合人类法律咨询工作相对合理、科学和习惯的社会工作关系结构设定和行为方式，效率和效果兼顾。下文对此将作详细分析。

---

① 相关的逻辑和效果类似于图灵测试。参见李德毅主编：《人工智能导论》，中国科学技术出版社 2018 年版，第 5—6 页。

二、法律智能中的人类主体性价值定位和价值观念

对于符合人类的主体性价值定位和价值观念而言，具体来说，第一，当然指的是智能咨询系统本身在这个活动场景中的功能是向非专业人士或者问题的提出者，提供关于解决相关问题的专业性法律意见或者法律结论，这在整个咨询活动场景的主体关系结构和功能中，界定了智能系统本身应该具有的能力和应该完成的任务。第二，符合人类的主体性，意指智能咨询系统是在人类所主导的社会生活中从事法律工作，是替代本来是有人进行的法律咨询，而不是代替人在法律社会生活中的主体地位本身。在与人类的整个关系上，智能法律系统是辅助人类进行法律的运行，而不是主导人类的法律相关工作或者在人类的社会生活中失控或者把握不清。由此，在前两点的基础上，第三，在认知的知识基础上，智能法律咨询系统在从事具体的法律咨询工作中，相关事情的处理一定要符合人类的价值考量、价值要求和价值准则，当遇到价值相关问题时，也一定要遵守符合人类的处理原则和方式。

三、法律智能中的人类理性的认知判断机制和模式

对于符合人类的理性的认知和判断而言，指的是在效果上，智能法律系统对相关问题进行的分析和判断与人类提供的咨询一样具有说服力和可信赖性。具体来说包括两个方面：一是指进行分析判断所依据的知识基础与人类进行理性认识所依据的知识完全一致；二是分析判断所采用的方式和机制与人类行为模式也是完全一致，符合人类的理性思维模式。综合来说，将二者放到一处结合起来，从功能和结果上来讲，就是智能系统要有一个跟人完全相似的进行思考、分析和给出结论的法律大脑，前者所指就是大脑的认知功能，存贮着与人类对相关问题进行认知完全或者基本相同

的法律规则的知识、具有法律属性的事实的知识以及法律规则与事实之间的关联关系的知识，同时，这个智能大脑还要拥有一个与人类法律人完全相同的进行分析和判断的理性的逻辑推理机制，如前所述，这个机制是以规则构成的大前提、事实构成的小前提以及它们之间的逻辑关联关系进行驱动运行的。

四、法律智能中的科学合理的工作关系结构和行为机制

(一) 结构性的工作

具体说来，在人类的智能法律咨询工作场景中，虽然是提供咨询的主体专业人士提供法律专业意见，但是在整个场景的工作活动中，其实际上并不只是主体专业人士，单独自身一个"人"的工作，这是一个结构性的工作，在主体上，至少是咨询者和被咨询者之间相互配合的信息上的交互的问答工作。而若从深层的理性角度来分析看待，在整个工作中或者工作目标实现上，二者无主次之分，两者有着不同的、独特的、相互不可取代的分工和工作功能，缺一不可。即便完全从智能咨询提供者的角度出发来看待这个工作，以上所涉及的这些工作内容和机制也是其完成这些工作必不可少的基础和条件，这些都是智能法律咨询系统搭建无法回避的问题，深刻分析、理解和认识这些功能、关系和机制对于智能法律系统的搭建有着重要的意义。

(二) 参与交互式的工作

法律的工作、法律适用的工作或者说法律咨询工作，并不是单独一个或者几个人所主导的规则的建立和法条单方面的适用工作，就整个社会和法律生成运行的机制而言，并不是有人立法而有人只是单独地适用法律和遵守法律，实际上，无论在什么社会以及采取什么样的形式，都是所有的社会主体共同参与法律规则的制定，也同样是共同参与法律规则的执行和

实施，以具体的法律咨询工作场景为分析空间，也并不只是专业咨询人士单方面拿着法条单向地分析判断问题并给出结论的过程，无论是事实和法律的内容，都是咨询者与被咨询者共同参与和相互交流确认完成的。综合而言，包括法律咨询在内的法律的生成和运行是一种主体参与和交互的社会活动和行为，而不是单方面的规则的确定和使用的行为。

（三）交互式机制的目标和功能

这种交互的主要目标从根底上来说是寻找出解决问题或者案件争议的结论，并要使其获得案件或者社会共识和认同，从功能和手段上来说就是要获得认识、分析和判断的基础信息，与法律咨询活动相关所指的就是案件或者问题相关的事实和法律，而交互机制所要采用的方法方式则是主体之间相互的提问和回答。所以，可以说，法律工作或者智能法律咨询工作，如果没有交互机制的设计和实施，无论从过程有效和结果认同上，都不可能实现其真正的工作目标和工作效果。

在微观之处，这种交互机制主要的功能实际上是实现法律与事实的互译或者互相认证，在这里也就展现出了通过法律对案件和问题进行分析判断的工作的实质就是实现法律和事实两种语言体系的互译。可以说，法律是拟定的制度化的事实，具体案件和问题中的事实则是有待认定的法律上的相关规定，而具体案件或者法律的相关问题得到了清楚的认识或者解决，实际上就是一个案件中的法律和事实相互符合和印证了，从而便得出了问题或者案件纠纷的结论。

（四）交互机制的运作模式

而需要看清楚或者明确的是，这里所说的法律和事实的相互翻译和认证并不是专业咨询者自身独立完成的，如前所述，虽然专业咨询者是整个结构关系中最为重要的角色，但是这里的任务并不是他个体能够独立完成的。可以概括地说，这里核心的工作主要有两个方面：一是法律上的分析、认定和结论的给出，二是事实、问题和诉求的提出。通常的理解认为，前者主要是由专业的法律咨询者来承担的，而后者主要是由当事人或者寻求咨询的主体来承担的，这样的分担实际上不是人为的或者随意的分工，其中体现的是能与不能、科学与不科学的考量。显而易见，关于问题与案件的事实和诉讼只能由寻求咨询的主体来提出，因为如果由专业法律工作者提出是不可能的，也是不科学的，当然，当事人或者客户在专业律师的合理帮助或者辅助下，经过科学机制下的指引提出事实和诉求是存在的，但是，主体上这仍然是当事人或者客户的行为，而不是专业人员的行为。同理，专业性的法律认识、分析和结论的给出，在这个结构性的场景空间中，肯定是提供咨询的法律专业人士的职责和任务，也不应当让当事人和客户做出，就如患者去医院就医看病，对患者所患的病应当由医生而不是患者做出，当然，患者有必要给医生提供相关症状的事实以及希望达到的效果以辅助医生做出判断，法律问题和案件的当事人如上也应当辅助律师等专业人士，提供相关的事实和诉求。

因此，在提供专业的法律咨询以解决相关法律问题的空间任务中，一定要设计科学、合理、有效的机制，在考虑保证法律上的分析和结论给出的同时，也要保证作为前提条件的需求方事实和诉求的有效提出。显而易见，在具体问题或者案件中的事实和法律的关系上，二者实际上是一体两面，在整体的系统的法律咨询工作任务中，问题和诉求的提出就是对法律的分析、梳理和确定结论的激活和指引，法律的分析和梳理也就是解决问题和实现诉求。在法律发展的历程中，经过理论的探索和实践的检验，这个科学、合理、有效的机制就是存在于两个咨询主体间的问答交互模式。当然，在以法律专业工作和任务实现为主导的法律咨询工作空间中，主导运行操作这样的交互问答机制是专业法律工作人员或者咨询意见提供者重要的考量、任务、功能和职责。

第三节　智能法律系统搭建的基本原则、
理念和机制要求

以上通过对智能法律咨询活动主要任务构成、主体行为方式和行为关系模式、整个工作的运行机制以及相关工作所需要达到的效果和标准的梳理和分析，我们可以得出结论，未来的人工智能法律咨询系统或者这个通用核心的法律智能技术的搭建需要遵循如下原则、理念和机制构成要求。

一、辅助基础上的可知、可控与可信赖原则

（一）辅助而非替代的人机关系基础

首先，如前所述，辅助地位和完成特定任务的价值定位决定智能咨询法律系统是一个在社会法律咨询空间和场景中替代专业人士进行法律案件分析和问题解答的系统，这种替代在根本上、整体上是辅助人类进行法律工作，其所要解决的是人类的问题，遵循的是人类所掌控的价值规则和价值体系，虽然智能系统的应用在社会生活中对人类社会的行为和观念、价值都会发生不同速度和程度上的改变，但是整个系统的设计和应用的起点和终点都在人类的价值需求中，相对机器的工作人类不能丧失选择和控制的权利和能力。

（二）可知、可控与可信赖原则 [1]

在这个原则下，智能系统的设计和技术使用过程和效果一定是可知、

---

[1]　这里的可知可控与可信赖不仅要符合技术上的标准和原则，还要符合法律专业的标准和原则要求。参见杨华主编：《人工智能法治应用》，上海人民出版社 2021 年版，第 96—106 页。

可控、可信赖的。所谓的"可知",意指智能系统本身的行为的依据、过程、方式选择和结果都是人类所熟知的或者认同的;所谓的"可控",意指系统的行为的发生、过程和所产生的效果都是按照人类允许的方向和状态发生的;所谓的"可信赖",意指系统能够安全稳定地实现人类的目标、目的和价值。显而易见,在智能法律工作中,可知、可控和可信赖是不可割裂的,只有"可知"才能或者才算是"可控",人类社会只有可以控制和自由使用,才算是对系统真正的"可知",如此系统才能获得人类的信赖。

(三)可知、可控与可信赖原则的知识基础与逻辑过程要求

在这个脉络下,首先,可知、可控要求系统进行认知的知识基础和构成一定是人类所认同和信赖的,或者说所用的知识以及事实经验一定是人类的知识和事实经验认识,不应当是所谓的完全是属于机器自己的而人类不可知的理解和认知,如此,系统的搭建一定在其中构建人类的知识和经验构成的信息基础和储备;其次,可知可控还要求整个系统的思维过程以及思维到行动的过程应当是透明的、清晰可见的以及符合人类认知和认同的,这就是要求智能算法不能是随意的、任意的黑盒状态,如此就是要求系统构建一个与人类思维运行机制相同的逻辑推理机制,如此能够通过类似于人的大脑式的思维活动将法律的知识和经验的事实链接互动,把思维推理的结果外化为行为,驱动相关行为并与外在的行为世界互动起来。按照现实社会生活中的法律咨询工作场景的理解,这个系统即是以法律规则的大前提、案件或者问题事实的小前提以及二者之间的因果关联关系为基础构成,能够推导出结论并能够给出结论的智能系统。

二、实施人机分工基础上的交互问答融合机制

(一) 交互机制的结构功能

以上是符合人类的主体要求以及符合人类的理性认知和判断要求下，智能系统搭建的基本原则和主要内容构成，那么，与法律智能体的工作环境紧密相关的工作关系结构和行为范式又会提出怎样的要求呢？本书认为，可以概括地做出这样的解释，如果说符合人类的理性认知和判断要求体现的是法律咨询提供主体内在的大脑的思维活动和思维机制，那么符合人类的社会法律咨询工作的工作关系结构设定和行为范式体现的是主体在整个工作结构关系中的外部生态系统环境和条件形成的智能体的活动特点和方式。如果说前者体现的是心灵和大脑，后者则体现的是信息传输的耳、眼、鼻、口以及支撑行动的四肢和身体等。与智能技术系统搭建紧密相关的就是，智能体如何在这样的工作场景中与外界事物和行为进行社会关系建立、社会行为互动，如何获取任务和完成任务，以及在这种咨询场景的行为结构关系中获得内部大脑进行认知、分析和推理判断的有效的素材和内容，使推理判断具备信息基础。

(二) 功能实现方式

如此，如前所述，智能法律体的外在工作空间是一个混合智能体和合作的智能行为的场景。在这个场景中，智能体不可能包打天下，在这个体系化的、结构化的工作中，智能与相关的人类行为进行分工合作、互动交流或者一定任务上依靠人类来解决问题。因此，智能法律工作系统混合的主体和行为的外部生态系统和环境条件产生的合作理念要求智能系统的搭建一定是人机融合的机制和规则设计，一定要具备与外界主体和行为进行交互的功能。作为智能法律咨询的主体，这种交互的能力主要体现在信息的相互传输上，比如通过视觉、语言、感知等技术和能力实现与外界的互

动，获得问题、诉求、案件的事实、主体的意见等多种信息。具体到现有可实现的技术上，表现在智能的外在行为能力上，这个法律智能系统对外在的当事人和客户一定能够进行提问和回答。

这种问和答是对整个咨询工作场景中的活动进行的激活开始、过程驱动以及收尾结束，如前所述，这种问答的内容一定是以人类认知的专业知识和经验为基础的，目的、过程和方向上一定是要解决现实的问题和纠纷的，功能上是通过这种问答才能一方面获得案件和问题的事实和诉求，另一方面使智能体内泛在的法律知识和经验根据具体案件和问题的情况被激活并关联起来，如此才能够形成最终的关于案件和法律问题的推理并做出解决问题或者纠纷的相关结论。因此，可以说，无论在行为的外在方式和风格上，还是在行为所承载的角色和功能上，智能法律咨询系统就应该像真正的人类专业人士一样，在这个咨询的空间中合理、有效、恰当地与包括当事人和客户在内的外界进行不断的问答以及各种形式的交流互动以求问题的解决，在人类既定的习惯性感觉和理性的认识中自觉地融入现实环境和场景之中。因此，可以说，不能问答交互的智能系统不能算是真正的法律智能系统。

除此之外，在整个法律咨询空间的活动中，作为一种工作模式，这种推理问答活动的延伸或者整个空间任务的完成，可以体现为关于整个案件或者问题的咨询意见报告，通常说来，咨询的结果或者答案都不是单一的，另外，按照人类的工作模式和规范，结论往往是以意见的形式体现出来的。因此，智能法律咨询系统技术的搭建也有必要考虑系统性的、综合性的意见报告自动生成技术的研发。

三、广开视野，扬长避短，积极创新搭建理念

（一）促进人类思维和行为范式的智能化

需要补充说明的是，以上智能法律咨询系统研发所要遵循的原则和具

备的构成部分从根本上或者主要是来自其属于人类的辅助性工具、可知可控的状态以及与人伴生的模式的基本定位,简单概括地说,无论是考虑其有效发挥功能的科学性,还是考虑其符合人类现实需要的功能性,以及符合人类的观念和行为习惯的认知上来说,其实际上就是结合整个法律咨询以及法律运行的环境系统,从里到外仿照专业法律人士制造的智能法律仿生系统,是人类法律工作的核心思维和行为范式的智能化,是对人类行为的技术模仿、技术复制和技术实现。这种仿生的价值和必要性前文已经有详细说明,这里不再赘述,可以说,即便随着智能技术的发展进步,在更远的未来也许不再是这样的理念和构造的系统,但是在现在的技术水平和发展节点上,这样的起点或者开始当然是科学合理的。

(二)解放思想,充分发挥技术的强大能力

但是需要注意的是,这种人类本位或者主体性的考虑和价值定位的研发设计,不能忽略或者排除掉要充分发挥人工智能技术强大的技术能力的考虑和追求。实际上,如前所述,充分发挥和利用人工智能最先进的技术和极大优势,克服和解决人类在法律领域中的不足和问题,这才是进行人工智能法律智能系统或者通用法律智能技术研发的根本目标、目的和动力,也是整个智能法律社会工程的核心价值功能体现。因此,人工智能法律技术的研发要极大地解放思想,主要体现在两个方面:

一是在可知、可控、透明、可信赖的前提下,要充分发挥数字、算法和算力上的极大优势和能力。如前所述,能够在整个工作结构原子级的要素上最大化地进行赋能,扬智能技术之长,避既有人力之短,消除掉既有工作工程系统中已经成为人为的、不必要的一些行为组织和设施安排,在保证法律工作可接受的质量的前提下,尽量提高产出的效率和效能,消除掉既有的职业异化和价值耗减,在技术超强的赋能于基础要素的基础上,实现整个法律系统和上层建筑关于组织机构和关系设定的重新安排和调整，实现一种机制和制度的改革性、颠覆性的转化和创新发展。

　　二是创新技术应用和搭建。如果要实现技术的极大赋能和应用，就要在具体法律价值和任务的目标得以实现的前提下，以基本的法律智能实现的理念和路径为基础，在技术的研发和应用上广开视野，不拘一格地采用和尝试各种既有技术和新的理念进行技术搭建。如前所述，要以法律的工作和社会运行为任务导向，在计算机技术、信息技术、互联网技术以及人工智能技术的现实技术构成中寻找技术要素和技术搭建理念，可以在时下的数字化、信息化和智能化的发展脉络、阶段划分和技术区分上整合技术资源和发展趋势判断，在历史、现状和未来的时间维度上，解放思维，形成技术方案和技术策略，灵活选择使用技术进行智能法律工程的搭建。

第十五章 智能法律问答咨询系统的 任务、能力和技术构成

第一节 智能法律问答咨询系统研发应用状况概览

一、智能法律问答咨询系统的现有技术实践

自人工智能技术开始触及法律领域的工作任务的解决开始，无论是在观念的想象上，还是在具体的理论研究和实践上，已经开始尝试通过智能技术制作智能系统以完成专业律师或者其他法律人士从事的智能法律咨询工作。语言是法律存在、表达、沟通和运行的基本形式和天然载体。如前所述，新一代人工智能技术中，自然语言处理、机器学习等是法律智能研发中的主要技术手段和工具，它们与法律分析判案、法律咨询服务相结合是人工智能法律相结合进行法律智能的研发和应用的重要体现。当前，NLP技术在法律领域应用的方面非常广泛，常见的方面举例来说主要有法律案件分类、类案匹配、案件纠纷结论预测等，智能法律咨询技术的研发和实践也主要是基于自然语言和机器学习等技术，在不同的技术和任务实现的理解上进行不同理念和路径的研发探索和实践应用。

例如，有一种模式的法律问答咨询系统，即"一种基于决策树的任务导向型自动对话方法"[①]，能够接受用户在线法律咨询，实现与用户的多轮

---

① 参见专利文献：华侨大学 . 一种基于决策树的任务导向型自动对话方法：中国，CN110532363 A，2019-12-03。

对话，能够返回精准的法律咨询结论。其技术方案为：将法律咨询的结论离散化为分类类别，把与结论相关的当事人的信息离散化为基本属性；接收当事人咨询的问题，通过分类算法抽取基本属性对应的属性值，结论对应的类别值；将收集的实际案例作为训练样本，建立基于决策树的法律咨询分类预测模型；接受新的当事人的咨询，根据所建立的决策树实现咨询对话的过程，并返回当事人咨询的结论。在多轮对话层面，这个技术对于用户使用自然语言输入的法律咨询问题，能够进行多轮的问话并通过界面进行展现。

还有另外一种模式的法律问答系统，即"基于法律知识图谱的推理式精准智能问答方法"[①]，其技术方案为：知识图谱模块以法律领域数据作为输入，对所输入的法律领域数据先进行预处理，在对其法律知识进行抽取，通过对抽取法律知识进行知识关联与知识校验，进而得到知识图谱；智能问答模块能够以用户提出的法律相关问题描述作为输入，通过基于所述知识图谱推理和基于多轮问答的引导式提问，得到用户法律问题，并最终给出答案；多轮会话管理模块，用来协调用户与机器的对话过程，实现用户与机器之间的多轮交互沟通。

再有一种代表性的技术模式下的问答系统，即"基于事件链的多轮问答方法与装置"[②]，包括根据法律知识数据，确定待处理事件链对应的事件路径和待处理事件链中事件核心要素对应的重要度排序，其中待处理事件链为用户获取法律意图的咨询信息；根据重要度排序，在交互过程中，分布发送事件路径中事件对应的问答信息至客户端，以便客户端根据问答信息进行反馈；根据客户端对于问答信息的反馈信息，不断优化事件路径；

[①]　参见专利文献：天津汇智星源信息技术有限公司.基于法律知识图谱的推理式精准智能问答方法：中国，CN110377715 A，2019-10-25。

[②]　参见专利文献：南京擎盾信息科技有限公司.基于事件链的多轮问答方法与装置：中国，CN112463941 A，2021-03-09。

根据优化后的事件路径调整对应的问答信息至客户端，直至根据客户端的反馈信息确定待处理事件链对应的法律意图。

二、相关技术的具体功能状况和技术问题

可以说现有的技术研发和系统应用过程中，相关技术的创新搭建的确是为智能法律咨询系统搭建开辟了技术思路，并彰显出一定的任务应用上的效果或者可能，但是，无论在技术上，还是在法律专业任务目标的实现上，仍然有很多问题亟待探讨和解决。

就第一种系统模式而言，在交互层面仅提供了多轮对话的对话框交互方式，而没有提供抽取具有法律属性的事实、补充具有法律属性的事实的交互方式。这种技术特征导致的功能却显示，现有技术对用户使用自然语言提出的法律咨询问题，采用了简单的分类算法将其区分为单一的法律问题类型，而未考虑用户的单个问题可能涉及几个相关联的法律问题，比如在离婚案件中，用户的咨询可能同时涉及能否离婚、抚养权争夺、婚姻财产分割等多个相互关联的问题，此时系统操作中仅将其归入分类算法判断出的最有可能的问题，忽略了一个咨询问题背后有多个法律问题的情况。而真实的人类法律咨询场景中，这种情况是需要为用户提供抽取具有法律属性的事实、补充具有法律属性的事实的界面让用户进一步确认、补充信息，才得以更恰当地理解用户的咨询需求。另外，这种系统基于决策树实现法律咨询，但构建决策树的人工成本相对很高，而且基于决策树的法律咨询过程按照固定的层次结构从树的根节点逐级向下进行，不符合真实咨询场景的灵活性。

第二种系统模式在现实中也是比较常见的，但是其多轮问答的技术实现方式与多轮问答模块构建在功能实现上的能力相对有限。其知识图谱以三元组方式构建，三元组的知识图谱以实体之间的关系进行联系和推导，

不具有方向性，而法律推理的三段论式逻辑是从大前提到小前提再到结论，具有单向性，二者相悖。因此此类技术模式中的多轮问答没有明确法律咨询的起点和终点，问答轮次和过程不可控，与真实法律场景中的法律咨询过程有很大差距。多轮问答技术所依据的知识图谱构建和功能并非基于一阶逻辑实现，不符合法律三段论的推理过程，不能与真实的法律咨询过程相符合。

第三种系统模式虽然是以核心要素重要度排序的方式，提供了法律咨询多轮问答和交互的灵活性，但交互内容和过程推进所运用的核心要素并非严格按照我国法律条文规定来解析，而是根据专家知识和大数据案例，使用概率图模型来确定哪些要素属于用户咨询的法律问题中涉及的核心要素。比如对于酒驾，其核心要素为：酒精浓度、车速、是否无证驾驶、是否引起交通事故。对法律进行要素式的理解和基于法条解析的理解的区分在于，前者的要素不仅仅包括法律行为能够成立的法律要件，还包括了很多裁量行政处罚、量刑的事实，而这些具有法律属性的事实并非判定某法律行为是否成立的必要要件，这样的系统如果仍对其进行提问，可能会造成法律咨询整个交互过程过于冗杂，缺乏方向性，交互的内容杂乱并缺乏专业知识构成和结构，由此可能会干扰法律咨询工作中分析判断的核心目的。

三、综述：问题与出路

通过以上的介绍和分析可以看出，虽然制作这类智能法律咨询系统动机和目标多样，但是，到目前为止，可以肯定的是，无论在理论研究还是现实应用上，尚没有取得具有很强合理性的研究成果和可应用的现实效果。究其根本原因，简单概括地说，相对于这个场景下的根本功能实现，无论是对于作为法律制度的大前提的构建，对于事实提取和认定的小前提的形成，还是对整个案件和问题进行分析和判断的逻辑推理过程和机制，以及对其与整个工作空间中其他主体和环境进行交互合作的方式和方案来说，在基本的构成要素实现问题解决效果上，现实中实验和应用的多数智能咨询产品的运行依然采用让用户即非法律专业人员进行法律问题选择或者概括式、格式化的一问一答的服务形式，无法做到专业应用上的精细和深度协同。其中一个重要的因素是囿于人机交互方式的瓶颈，即交互能力不足以及人的参与方式和功能的不合理性，导致单纯依靠司法数据库和机器学习算法的咨询系统得出结论的过程缺乏透明度，不符合专业合理性，由此所支撑的所谓智能法律问答咨询的模式至今仍然存在法律信息提取准确率低，法律关系判断不清，结论判断做得简单草率，无法得出专业性的结论以致结论无法直接应用，也包括服务提供方式不适于法律基础水平不高的非专业人士进行理解等诸多问题。

综上，总之在智能法律问答咨询领域，受到技术条件和思维理念的制约，法律与人工智能的结合尚处于发展的表层。可以说，这些技术的应用和系统的研发也并不一定都是考虑搭建通用的或者核心的法律智能技术，以从智能化的功能要求和标准上来实现法律工作根本的、核心的任务。当然，这些技术系统都没有形成能够真正地解决问题或者达到人类社会可信赖的解决问题的合理性的状态，在此基础上的现实中的产品往往都还是处于试验和体验的状态，尚不能交付于社会生产生活中进行工作和使用。如前所述，这些技术以及现实功能实现的相关问题的解决，在技术理念、方向和实现路径上，有必要着眼于支撑法律推理判断功能实现的通用核心的智能法律技术研究，本书拟在以上相关的具体问题方面进行尝试探讨，并通过通用核心的法律智能技术的研发和搭建形成解决问题的现实可行性方案，具体细节情况下文会结合局部的技术方案设计进行详细说明。

第二节　智能法律问答咨询系统的技术任务、能力和机制解析

本书所探讨和搭建的智能法律咨询系统以通用法律智能技术方案为基础，由工作任务、需要的能力和实现技术构成。任务的实现是能力建设的根本目标，能力建设是技术选择和搭建的目标和导向，任务是基础，是出发点和终点，能力是中枢、关键和根本保障，技术机制是方法、手段和策略。因此，在整体的智能法律咨询运行系统中，这些技术任务、能力会根据各自的内容、性质和特点按照一定的策略机制交融到一起。

一、技术目标任务

以法律问答和咨询业务的完成为导向和目标，法律问答咨询的核心法律工作主要由四大项任务构成。其一是作为逻辑推理条件之一的法律规范的建设，需要将整个与问题和案件纠纷解决相关的法律规范、准法律规范等具有法律规范作用的规范规则通过技术手段整合关联到一起，以供问题的分析和解决具有逻辑推理的大前提条件和知识基础。其二是作为逻辑推理条件之一的问题和案件的事实和证据的提出、呈现和形成。在整个咨询或者法律工作的核心任务中，案件事实的形成与法律规范的掌握同等重要，甚至在具体的案件事务工作中，事实和证据是决定案件和问题命运的关键要素。对于整个案件和问题的解决来说，事实情节、证据等和法律的关系就像一个人的两条腿，只有交互前行才能达到目的地；也可以将二者比作照相技术中底板上的影子和相纸成像的关系，影子相当于事实，成像相当于被激活的法律。其三是大小前提、事实和法

律间的交流沟通和相互确认以及结论的判定，用法律专业的说法来表达就是法律研究以及法律判断的工作，需要确定案由、法律问题以及可能的解决方案等。如果按照上文的例子说，这个任务和功能是要使两条腿能够动起来，决定行走的速度和效率，确定脚步的方向和目的地；这个任务是从底板到相纸成像的过程和机制，决定最终能够呈现什么样的像。因此，这个任务是法律咨询或者整个法律工作的核心任务和关键构成部分，相当于整个工作和机制的中枢，通过一个逻辑推理的机制和过程链接着事实、法律以及问题和案件的结论。其四是智能法律咨询工作的收尾任务，也是整个问题和案件的解决结论、方案的整合和社会呈现工作。按照专业的话语认识来看，就是关于结论的报告或者相关法律文书的形成工作。通常说来，核心的法律研究和推理工作结束后，问题的相关结论既已形成和作出，但是法律咨询作为一种社会工作，按照工作模式的惯例，在社会行为空间中需要以一种习惯的文书形式来形成工作成果以完成工作并与其他工作进行沟通和对接。

二、主要技术能力

（一）基本构成

以上的任务对其得以实现和完成的相关能力提出了需求，相对应和相关联的这些能力在不同层次上有很多，类似于专业的法律人士的能力的呈现，与相关的任务相对应，概括说来可以总结为如下几种能力：其一是法律规则知识的建设和学习能力。现实社会生活中，作为工作基础的法律规则的知识是不断发展变化的，专业人士是通过不断的学习获得这方面能力的持续和增强，那么作为智能系统也应当具备这样的能力和方式应对动态和发展的变化。其二是事实的发掘和形成能力。如前所述，现实的法律咨询工作机制中，事实的发掘和形成是通过专业人士与当事人或者客户的合作完成的，一方面是当事人的客观非法律属性上的陈述和主张，另一方面是专业人士的法律性质上的法律认知上的翻译和界定，形成法律上的而非一般意义或者状态下的事实，即具有法律属性的事实。其三是理解、分析与推理能力。这个能力是完成整个工作的核心任务，即在大小前提基础上的，基于法定的和经验上尝试性的当然性的因果关系，进行法律和事实间的交互研究从而得出问题和案件答案结论的核心能力，也是这项工作的最根本的能力。其四是结论的生成和外化表达能力。这个能力主要是要完成案件的结论整合和社会呈现任务所需要的报告自动生成能力。

（二）衍生和伴生能力

需要说明的是，以上这些任务可以说是单独的局部的任务所需要的和对应的能力，而实际上，整个系统的运行还需要一些衍生、伴生或者贯穿整个系统的能力，或者说从另外一个角度说，很多任务也是符合能力的体现，并不是单一能力能够驾驭的。这些情况是普遍存在的，比如信息交互能力，对于整个系统的从开始到结束的运行，尤其是事实的发掘和形式以及推理互动也是关键的能力需要；再比如整体的程序性运行能力，就是一个贯穿始终的保障整个活动能够运行的重要能力。

三、技术策略和机制

（一）技术搭配与组合理念

当然，如果从产生能力并能够实现任务的方式方法，即技术的层级来看，虽然不同的能力和任务会涉及主要的、根本的基础技术支撑，但实际上，不同的任务和能力往往更是丰富的技术工具箱中不同的工具选择、搭配和组合，形成不同的技术和工具使用方法、策略和机制，有时还会根据任务和能力的需要而相应地改造工具和技术，或者进行新的技术研发和工作制造，这就是技术的搭建和创新。在这个技术包中，具体来说，主要包括基本的运行程序技术、作为基础的知识图谱技术、重要的事实抽取和问题要素形成技术、作为关键核心的交互问答与推理解决问题技术，以及作为补充的报告生成技术。

（二）技术构成与相互关系

可以说，相对于法律规则的建设与学习任务和能力的实现的主要是知识图谱技术，相对于事实的发掘和形成的任务和能力的实现的主要是事实抽取和问题要素形成技术、交互问答技术和逻辑推理技术以及知识图谱技术，相对于理解分析问题和推理得出问题的结论的任务和能力的主要是逻辑推理引擎技术，而实际上，作为法律咨询或者法律工作的核心通用技术，在最广义上说，其运行涵盖牵涉到了以上所有技术，除此之外还包括收尾工作和任务的问题和结论的报告的自动生成技术，以及涉及整个系统运行的程序性技术。而就报告自动生成的任务和能力来说，除了其基本的报告生成算法技术之外，也同样涉及知识图谱技术的关联和使用。

而在这些复杂交错的技术当中，实际上有三种主体性技术架构了这个智能法律运行或者智能法律推理核心技术，即知识图谱技术、逻辑推理技术以及事实交互问答技术。三项技术你中有我、我中有你，互为基础、互为条件、互做规定。从知识图谱的技术角度看，逻辑推理是知识图谱的内部本质性运行法则，而交互问答则是知识图谱的实际任务实现与外在操作机制和行为方式；从逻辑推理的角度看，知识图谱以及结合交互问答所形成的事实是推理的知识和思维的基础，交互问答是逻辑推理思维的外在行为机制和实现方式；而从交互问答的角度看，知识图谱是对其静态的事物关系等基础内容的规定，而逻辑推理则是对其动态的运行机理和操作机制的规定。可以说，三者分别涵盖的是规范、理性和参与共享，同时规定着社会法律制度最根本的价值目标内容和技术能力方向，应当是法律人工智能技术搭建理论上的根本考量和以及现实成效上的基本衡量的准则。可以参见图 15-1 来理解。

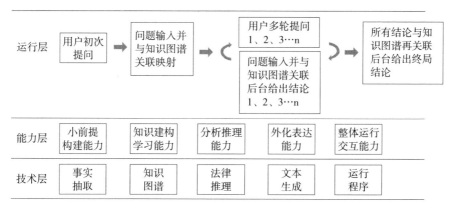

图 15-1　技术、能力、任务、机制综合示意图

第三节　智能法律问答咨询系统的整体框架结构

一、概况

　　结合以上的任务、能力和技术方案，本书提出以下智能法律咨询或者智能法律通用技术方案，即是以法律知识为核心，以法律大数据和自然语言等智能技术为基础，构建法律分析和推理智能，将法律语义解析、专业知识图谱与深度学习进行深入结合，形成一套解析、推理和判断法律案件的多轮交互问答方法，以此为智能法律咨询提供一种创新性的服务思路和操作范式。具体来说，主要包括系统交互技术、事实抽取

技术、逻辑智能推理引擎技术、知识图谱构建技术以及动态法律报告生成技术。

完整技术方案与具体交互流程如图 15-2 所示：

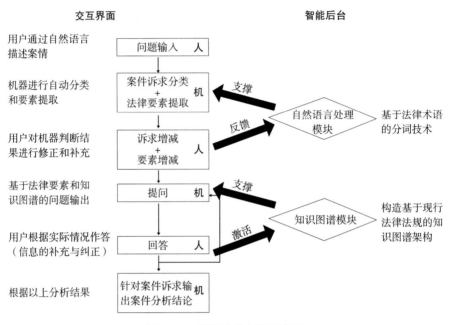

图 15-2　完整技术方案示意图

二、具体实施环节与方式

用户咨询分为交互界面和后台模块支撑两个部分。

第一步：用户在对话框中对咨询案件做描述。

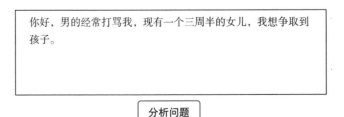

第二步：通过基于事实抽取算法自然语言处理模块的支撑，对第一步用户描述事实进行法律要素提取和诉求分类。

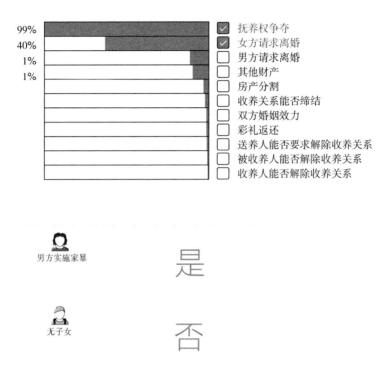

第三步：用户可以根据机器分析结果进行案由筛选和要素的增补修订。

第四步：以案由和要素为基础信息，以合取范式形式构建的知识图谱为指引进行封闭式提问。

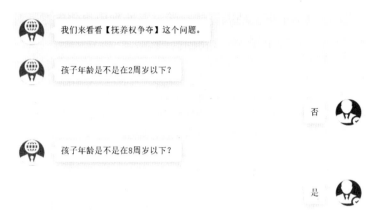

第五步：基于用户的回答，不断激活知识图谱，进行知识性引导。使得每个推导的步骤都有知识图谱作为依据，进行有解释性的推导过程。

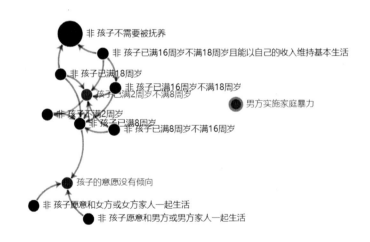

第六步：根据图谱引导和用户事实确认，以最短路径算法为基础进行问题引导。给出案件判断结果，按诉求动态输出法律咨询报告。

法律咨询报告　　　　　　　　　　　　　　　×

抚养权争夺　　**女方请求离婚**

感谢您对我们的信任和支持，基于您向我们提供的信息，系统生成如下法律建议：
因此法院会判决由女方抚养小孩。

🔗 **相关规定**

《中华人民共和国民法典》

第一千零八十四条：父母与子女间的关系，不因父母离婚而消除。离婚后，子女无论由父或者母直接抚养，仍是父母双方的子女。

离婚后，父母对于子女仍有抚养、教育、保护的权利和义务。

离婚后，不满两周岁的子女，以由母亲直接抚养为原则。已满两周岁的子女，父母双方对抚养问题协议不成的，由人民法院根据双方的具体情况，按照最有利于未成年子女的原则判决。子女已满八周岁的，应当尊重其真实意愿。

三、技术模块构成

（一）整体构成

从整体上，本系统提出一种法律问答咨询操作方案，整个过程符合人类法律工作的基本习惯和方式，活动过程和工作结果体现了较高的专业程度，该方案的内容构成如下：

其一是原始咨询问题获取模块，用于接收用户输入的原始咨询问题；其二是问题分类模块，具体用于对所述原始咨询问题进行分句处理，获得原子句集合，然后将所述原子句集合输入至预先训练好的具有法律属性的事实抽取模型，抽取出原始咨询问题中的具有法律属性的事实，接着按照用户咨询问题的类别，将抽取出的具有法律属性的事实与用户咨询问题相对应，获得每个用户咨询问题对应的具有法律属性的事实；其三是具有法律属性的事实补充模块，用于接收用户对每个用户咨询问题补充的具有法律属性的事实；其四是咨询结果获得模块，用于对每个用户咨询问题，基于该用户咨询问题的所有具有法律属性的事实，动态激活法律知识图谱，进行与用户的多轮提问与回答，获得该用户咨询问题的咨询结果；其五是报告生成模块，用于根据每个用户咨询问题的咨询结果及对应的具有法律属性的事实，生成法律咨询报告。

（二）知识图谱技术

本系统实施一种独特的法律知识图谱构建和运行方案，用以构建出表达复杂法律逻辑关系的知识图谱，可应用到实际的法律咨询场景中，该方案的内容构成如下：

其一是法律知识获取模块，用于获取本次待构建的法律知识图谱领域涉及的法律知识；其二是分句模块，用于对所述法律知识中的每个句子进行分句处理，获得原子句集合；其三是原子句拆解模块，用于将每个原子句拆解为逻辑关系句式，所述逻辑关系句式包括多个逻辑关系字段的值；其四是表格创建模块，用于创建结论表以及每个逻辑关系字段对应的逻辑关系表，其中，每个逻辑关系表用于存储一个原子句拆解成的逻辑关系句式中的一个逻辑关系字段的值；其五是逻辑关系表填写模块，用于将每个原子句拆解成的逻辑关系句式中的每个逻辑关系字段的值填入对应的逻辑关系表；其六是结论表填写模块，用于基于多个逻辑关系表中的逻辑关系字段的值，查询原子句集合，获得多个逻辑关系句式对应的结论，将所述结论填入结论表中；其七是原子句转换模块，用于将多个逻辑关系表和结论表中存储的原子句转换为 CNF 合取范式的原子句；其八是知识图谱构建模块，用于基于 CNF 合取范式的原子句构建法律知识图谱。

特别说明的是：所述逻辑关系字段包括实体字段、属性字段和取值字段；所述逻辑关系表包括实体字段表、属性字段表和取值字段表；逻辑关系表填写模块具体用于对每个原子句拆解成的逻辑关系句式中的每个逻辑关系字段的值，查找该逻辑关系字段对应的逻辑关系表；若该逻辑关系字段的值在对应的逻辑关系表中存在同义词，使用该同义词替换该逻辑关系字段的值，否则，将该逻辑关系字段的值填入对应的逻辑关系表中。

（三）事实抽取与问题分类技术

本系统研发提出一种基于法律咨询问题的具有法律属性的事实抽取方法，用以基于法律咨询问题进行具有法律属性的事实抽取，准确率高，该方案的内容构成如下：

其一是原始咨询问题获取模块，用于获取用户的原始咨询问题；其二是分句处理模块，用于对所述原始咨询问题进行分句处理，获得原子句集合；其三是具有法律属性的事实抽取模块，用于将所述原子句集合输入至预先训练好的具有法律属性的事实抽取模型，抽取出原始咨询问题中的具有法律属性的事实。在上述过程中，提出了采用具有法律属性的事实抽取模型进行具有法律属性的事实抽取，其中，具有法律属性的事实抽取模块包括二阶段 BERT 预训练模型和解码模型，相比于不经过预训练模型的具有法律属性的事实抽取过程，本技术方案提出的方法抽取的具有法律属性的事实准确度更高。

（四）咨询问答交互逻辑推理引擎

本系统研发提出一种法律咨询问答方案，用以解决用户咨询复杂法律问题的需求，避免提问的遍历，减少交互次数，该方案的内容具体包括：其一是数据获取模块，用于获取用户咨询问题以及预设的多个可能的咨询结果，其中，每个可能的咨询结果对应多个触发条件，所述触发条件包括已知条件；其二是已知条件分析模块，用于分析出用户咨询问题中的已知条件，并添加至触发条件集合；其三是咨询结果确定模块，用于重复执行如下步骤，直至触发条件集合中的多个已知条件，使得能够从多个可能的咨询结果中确定一个咨询结果。需要重复执行的步骤即是：基于用户咨询问题中的已知条件，以及法律知识图谱，采用加权期望最短路径方法，确定对用户的提问；获得用户根据所述提问输入的回答；分析出所述回答中的已知条件，并添加至触发条件集合。

（五）法律咨询报告生成方法及装置

本系统研发提出一种法律咨询报告生成装置，用以基于用户咨询问题动态地生成法律咨询报告，报告生成效率高，且生成的法律咨询报告更流畅，该方案的内容构成如下：

其一是咨询结果获得模块，用于获取基于用户咨询问题生成的多条咨询结果及对应的触发条件，所述咨询结果及对应的触发条件为采用逻辑关系句式表示的原子句，所述逻辑关系句式包括多个逻辑关系字段的值；其二是子句获得模块，用于将多个原子句拆解后的逻辑关系句式输入至法律咨询报告生成模型中，获得输出的多个子句，所述法律咨询报告生成模型是以采用逻辑关系句式表示的历史文本数据为输入、以子句为输出进行模型训练获得的；其三是报告生成模块，用于基于多个子句，获得法律咨询报告。

四、系统整体的技术效果评价

以上智能法律问答咨询技术的搭建，整体上的技术理念和路径是构建以法律、事实和结论为构成要素和结构的三段论式的逻辑推理判断系统，以此准确地完成法律上的相关问题的解决。这种解决的有效性主要体现在法律知识的有效性、事实和相关问题的解析和定位的准确性、结论得出过程的逻辑符合性、结论本身的相对合理性和正确性以及结论输出等相关辅助性工作的用户良好的体验性。下面，本书将具体分析一下这些效果或者有效性的具体体现。

（一）法律知识的有效性

法律知识的有效性主要基于本系统独特设计的法律知识图谱的生成方法。这种方法主体的功能是能够将现实工作中用于分析问题和做出逻辑推理判断进而解决问题的法律规范、法律条文等各种形式和内容构成的法律规则知识图谱化，这种图谱化体现在这些规范和条文中的法律的相关规定的内容关系，由点到线到面到体到系等，通过技术实现符合人类对其构建和认知的逻辑化，构建一个所谓的智能法律大脑的知识内容、体系、结构和运行机制。如此，一方面，智能系统就具备了类人的大脑中的法律规则知识，在任何一个事实性问题知识上的点被激活后，都会相应地引起整个知识系统合理的关联性反应，进而与相关事实问题进行匹配关联，在推理等技术机制上进行问题的分析和判断，后文将对此进行详述；另一方面，这样的图谱化的法律知识体系和运行机制的构建，为系统在应用过程中不断获得和补充基于内容上关联的关系（法律关系）标注形成的训练数据，并对整个数据中的内容知识进行学习、补充、完善和强化，使机器对语料的学习建构了基础的模式（建模），从而使整个系统的智能大脑随着应用而不断地进行知识的完善、更新和迭代。如此，便为整个系统构建了一个可信、可用、可以不断升级和学习的智能法律大脑知识体系与知识运行和学习机制。

（二）事实问题确定的准确性

事实问题确定的准确性指的是系统对于用户或者问题提出者提出的事实信息能够准确地获得其中的法律上的或者具有法律属性特征的事实构成，并能够对这些事实所指向的问题进行有效分析和准确归类，这就是通常所说的事实抽取与问题分类技术。具体来说，本系统一是为了实现数据集标注的内部一致性，创建了法律要素和极性注释的一般性规则，所有标注要素均来自当前现行的法律条款，不同于普通数据集的要素标注是相互独立的，法律数据集的要素间存在法律逻辑关系；二是提出了案件分类功能，由此提升了用户咨询的易用性，进而无须客户自己判断案件的情况，即可自动进行问题引导；三是对通常使用的算法修改后，所用算法与标准的 Seq2seq 模型实现效果比较，更多地用到了该问题的特性与先验知识，在小数据上有更好的泛化效果。在人类的法律问答咨询的工作场景中，一个关键的工作基础就是要找到和锁定咨询的问题对象，如此才能找到解决问题的方向和办法，才能对症下药。如此，通过以上的相关技术设计，系统就能相应地实现对所输入的问题信息较为精准的法律问题的定位，进而为与上文所说的知识图谱中的法律知识进行关联并驱动这样的法律大脑中知识的运行工作奠定了重要的基础。

（三）结论形成的科学性、合理性和高效性

1. 科学合理性

结论得出的符合逻辑性、相对合理性与正确性是指系统进行问题的分析并得出问题的答案和结论的过程符合人类的法律推理逻辑活动的知识内容基础条件、形式和过程机制，进而由此保障了问题的答案在整个知识认知上的合理性和正确性。具体而言，这个技术实现的方案是基于上下文关联的咨询问答交互逻辑引擎设计和运行。关于这个推理活动的知识内容基础条件，就是上文所阐述的知识图谱构建的法律大脑知识资源以及事实抽取和分类技术确定的事实问题。这个交互推理引擎对于知识图谱所构建的大脑模块及事实和问题分类模块的关联运用，可以说一方面使得这个交互推理机制具备了坚实可靠的知识内容基础条件，二者的关联映射使得推理所得出的问题的结论性答案具有了知识上的正确性；另一方面这样的关联关系的运用也使引擎机制本身具有的形式和过程具备了人类法律工作推理活动标准的逻辑机制，由此使得问题的解决具有了人类法律逻辑的基础，进而保障了问题的答案形成过程在整个知识认知思维上的合理性。

2. 交互机制

还有一个重要的方面所展现的是，在整个推理引擎的运行机制上，以上的法律大脑和事实抽取相互关联的运行机制实质就是通过客户和机器系统之间的交互来实现的，因此这个引擎的运行模式就是一个两个"主体"间的交互活动过程。具体过程是，当客户端输入事实信息后，系统就通过事实的抽取、问题的分析和归类以及与法律大脑中的知识图谱的关联映射而激活了知识图谱，知识图谱被激活后，根据解决问题要件性知识被激活的完整程度或者作出结论或者反问客户问题要求客户进行补充，即通过不断地激活图谱精准地反问问题，实现问题和事实的精准的补充，通过多轮的交互直到问题的答案的基础性知识全部、完整或者不能够完整补充，最后以此相关的问题的知识被构建的状态得出相应的结论。

3.高效性

实际上，在这个过程中，基于系统中智能技术和工具的运用，所设计的算法一方面在每次问题交互回答后，会根据图谱中的知识体系的完成和关联情况将路径进行重新调整、动态更新，同时通过最短路径算法，根据问题答案的充要条件等因素，避免问题的遍历，减少交互次数，可以直接得出问题的答案，由此体现出机器超过人类的以算力为基础的智能。[①] 如此，使系统本身在具备了类人智能智慧层面的结论的准确合理性的同时，又获得了超过人类智能的、以算力能力为基础的超级智能能力，这样的法律问答咨询系统的智能能力由此在一定的程度上就显现出超过人类的与此相关的工作上的效率能力。

（四）结论输出良好的用户体验性

结论输出良好的用户体验性指的是系统智能化程度的外在体现，即在整个法律问答咨询过程中，系统能够做出符合人类体验标准的对于问题的不断的智能化的反应和最终的结论输出，包括输出结论的"行为"模式和

[①]　当然，不能否定咨询过程中问题遍历的人类法律咨询行为社会心理按摩的作用。

"行为"内容等方面。本系统在技术上通过基于事实抽取算法和知识图谱的法律咨询报告生成方案，在咨询过程中，不断加工并在活动结束后自动生成咨询的结论性报告，来实现符合当下人类所习惯和能够接受的智能工作体验。具体来说，在结论的"行为"内容方面，法律咨询结果是基于用户问题，在大量法律知识的基础上，通过不断与用户进行交互，包括多轮提问和回答最后形成的，其中，法律知识包括法律、法规和司法解释等。以专业的法律知识为基础，以法律知识图谱为实现机制，使得问题结论的形成准确合理。将多个原子句拆解后的逻辑关系句式输入至法律咨询报告生成模型中，获得输出的多个子句，所述法律咨询报告生成模型是以采用逻辑关系句式表示的历史文本数据为输入，以子句为输出进行模型训练获得的，如此使报告问题解决结论的准确性、合理性以及报告形成的效率同时提高。在结论的"行为"模式方面，基于多个子句，获得法律咨询报告，保证了报告结论所涵盖的内容具有了充分性、完整性、丰富性，能够在报告结论和后续社会行为指向间建立合理的关联和链接，同时使报告的展现形式具有了现实合理性，使表达更加清楚，更加符合当下现实中的社会法律工作习惯。

（五）综述：可知、可控、可信赖和可应用的法律智能系统

从总体上，以上所介绍和说明的智能法律问答咨询系统在整体上形成了"一体两翼一尾"的技术方案："一体"指的是法律逻辑推理引擎模块，构成了整个系统的核心运行运转机制和主体工程；"两翼"分别是法律等行为规范知识图谱模块及事实抽取和问题分类模块，二者构成了整个系统的基础机制和辅助性工程，通过推理引擎模块实现任务上的关联并合作发挥功能；"一尾"指的是结论性的输出和报告生成模块，构成了整个系统的效应机制和成果化的工程，同样与推理引擎相连接，联动发挥相关的功能。在这样的一个基本构造上，整个系统通过各个模块功能的关联发挥，

形成了一个效应上人类可知、可控、可信赖和可应用的法律智能系统，这样的效应主要基于以下几个方面：

一是系统的认知学习能力。认知学习能力是系统的基础能力，这个能力的可接受或者被认可的程度是决定系统工作是否有效的重要方面之一，如前所述，这指的就是系统能否对问题进行人类标准意义上的认知，并能够通过不断的学习来实现和保障这种认知。这种认知学习实现的关键是认知的知识构成和知识关联运行形式，而本系统通过现有法律规则和相关知识的知识图谱化以及事实问题的逻辑分类，提升甚至改变了对法律语言的理解能力。法律语言是有别于日常用语的自然语言，在立法、司法和法律科学阐释中具备特有的习惯用语、句型和使用风格，具备严谨逻辑性、固定结构性等特征。本系统针对法律文本的语言解析、语义理解能力进行了大幅度的改进和提升，使系统能够真正掌握或者依据现有法律法规的内容构成以及内容知识上的逻辑关系进行事实问题的确认和分析，由此可以说其具备了法律工作人类标准意义上的认知和学习能力。

二是推理判断能力。推理判断能力是系统的重要能力，如果说认知能力体现的是分析问题和判断问题的规则基础和知识依据，那么推理判断能力体现的则是这些知识和问题结合的过程是否符合人类智能工作的样态和标准。因此，其无疑也是决定系统能否被现实的人类工作所接受的重要能力之一，而且从广义上来说，以上所说的认知学习能力也是推理判断能力的构成部分。推理判断能力最重要的工作基础就是法律推理逻辑关系的构建。法律逻辑的形成不是基于词汇的表层含义，而是对客观世界中的行为或状态抽象形成的一种定义，每个法律关系及其相关规则后面都隐藏着不同的法律要件。基于三段论式的法律问题分析和判断推演需要演绎、归纳、辩证等逻辑分析推理方法的综合应用。没有法律逻辑关系的构建，法律分析、判断活动以及结论的输出就不能得到准确的实施。本系统对法律知识进行了专业系统的逻辑化梳理和知识结构建设，即法律知识图谱建设，并对事实的获取以及法律与事实结合从而进行逻辑分析推理判断做出了专业性的设计，避免仅单纯依靠大量数据训练得到的评价规则和事实，而无法反映法律关系的内涵并得出可解释、可信赖的结论问题。

三是交互沟通能力，即提问与回答的能力。以提问和回答的模式形成的交互能力是以上两种能力得以实现的根本保障，是整个系统得以运行的行为机制和外化模式。模拟真实的法律咨询流程以及律师与客户的互动问答方式。多轮问询通过客户开放式的问题描述，动态激活法律知识图谱，通过系统锁定案件诉求和涉及的法律要素，再由系统提出的封闭式问题通过客户的回答对知识图谱引导下的法律要素相关的问题进行确认。由此一方面，这样的交互式的推理引擎的设计模式是符合人机混合的智能发展理念的，从整个运行的机制模式上能够使问答咨询的主体之间进行互动交流，如此才能够更好地进行信息的传输、事实的呈现、规则的理解、问题的确定和答案的给出，无论在理性和感性上使整个工作过程具有现实社会工作的科学性和合理性，全面形成了对案件的专业性的推理和理解能力，而避免了当前法律文本的智能解析无法建立这种功能关联，案件结果分析考虑因素不全面，推送内容缺乏相关性、细粒度和准确性，咨询者对输出结果接受程度较低等问题。另一方面，在法律规则和事实方面，在人机混合行为状态下充分发挥了机器和人各自信息和知识上的能力优势。[①] 这个机制以及相关的过程能够充分人机混合智能的机制和模式效应，能够在混合智能结构关系中优化机器和人之间进行智慧和能力的扬长避短、优势发挥和"责任"的正向分担，从而实现相关问题的科学合理的答案输出。

综上，以上三种能力构成了智能法律问答咨询系统研发上的关键性的突破能力，三种能力相结合生成了系统的综合能力，相对于整个智能行

---

① 如前所述，法律工作问题的答案是社会行为互动的相对性结果，不只是绝对真理的结果。

为和智能成果，形成了系统不同于以往类似研发技术的可解释性、可信赖性、可控性与可应用性。可以说，其无论是在智能法律技术的学术研究和实验研发方面，还是在具体的技术转化落地社会应用方面，相对于既有的智能法律问答系统，都具有本质属性和功能上的差异和发展。因此，根据前文的关联分析，相关的能力突破和效果实现必将为通用法律智能的形成，以及在更大和更全面的法律工作、法律工程空间中发挥效能，创造基础性、关键性的条件。

第十六章　法律通用智能技术的宏观应用

第一节　智能法律工程建设宏观线路图

前文分析阐述智能法律问答咨询系统中法律核心通用的智能技术的体现，接下来，本书以法律核心通用的智能技术为基本技术方式和能力方案，分析探索在宏观的法律应用场景中，这种法律核心通用的智能技术是如何发挥作用的。所谓的宏观应用，指的就是技术在整个宏观法律生成和运行工程上的运用。

一、智能法律工程综述

（一）什么是智能法律工程

法律等社会规范是社会行为、关系发生和建设的基础，是整个社会运行的基本条件。智能法律工程建设旨在以社会生产生活为物质基础，以社会主体行为选择、关系构建以及价值利益取舍为基本考量，以社会法律规范、法律性政策以及其他法律规范性文件制定和运行为基本着眼点、目标和对象，从立法、用法、执法到司法的全方位、全流程，研发和打造法律和相关规范的生成和运行的人工智能机制、系统和平台。

（二）智能法律工程的目的、价值和效果

智能法律工程建设是智能社会治理的重点工作和关键环节。总体来

说，智能化的法律和社会规范生成和运行的工作预期实现如下的目的、价值和效果：一是能够平面化、即时性、高效地进行法律信息和知识的分享和交流，在运行形式上，提高社会公众对于法律治理工作的参与程度，增强法律的民主公开性，从而更好地实现法律治理的效果；二是在知识和信息资源的分享以及法律运行的操作环节上，能够促进法律生成和运行的公开透明，在实质上能够强化立法的价值正当性、司法和执法的公平公正性以及法律服务工作价值和成本的合理性，消减既有社会分工和职业区分造成的职业价值异化，促进法律本质性价值的实现；三是能够减少法律工作成本，降低人力消耗，解决当前立法工作知识资源不足、司法和执法工作案多人少以及公共法律服务资源不足等问题，能够从整体上降低从立法、用法、执法到司法以及法律服务等各种职业间和工作分块间的社会成本耗损，提升工作效率，从而从成本降低和资源供给上保障法律的普遍福利性和社会公正；四是能够在智能新技术应用所形成的新的社会生产生活方式基础上，将法律的运行融通嵌入政治、经济、文化等社会全领域，基于法律生成和运行的智能化所带来的社会治理效应，整体上构建智能社会运行和治理的规范和机制，在国家与社会治理的维度上，为智能化的人类社会治理提供新能力、创设新模式、构建新制度。

（三）建设思路

本章的主要内容是法律通用智能技术下的智能法律工程搭建。建设的基本理念即以法律通用智能技术为基础，结合立法到用法各个法律工作领域的现实具体情况，以技术的应用为主要进路，主要来探讨智能法律技术在不同的发展阶段，在不同的法律工作领域和法律工程领域环节上，如何发挥功效以实现整个智能法律工程的局部和整体的架构。

在具体的建设思路上，首先选择从具体领域实验开始，构建分领域基础性独立智能系统，然后由点到线，合块成面，搭建整体智能系统，打通模拟运行，基于有效成果逐步泛化到全领域进行嵌入融合应用并实现逐步迭代。第一阶段的主要内容和具体任务是完成智能立法、智能用法、智能执法、智能司法等法律生成与运行环节的独立智能化工作，称之为1.0阶段。第二阶段是到法律生成后的法律适用三个环节的通过智能技术的打通一体化整合阶段，建成一体智能化法律适用系统，然后，形成法律制定、执法、用法以及司法的一体联动智能化运行系统，完成法律生成与运行的一体智能化工作，在立法、用法、执法、司法之间实现智能互动循环与演化升级迭代，称之为2.0阶段。第三阶段是形成社会行为和关系与法律规则的智能化一体融合，在智能规则引擎的基础上，形成社会法律智能体，或者说是法律规则与社会智能体的有机一体融合，称之为3.0阶段。

二、智能法律工程一体结构图

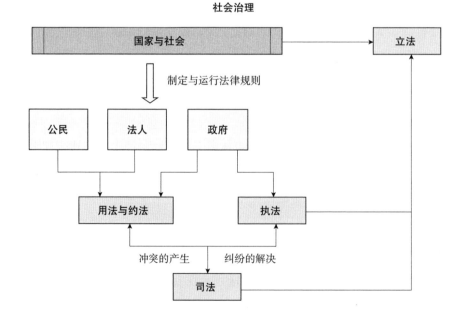

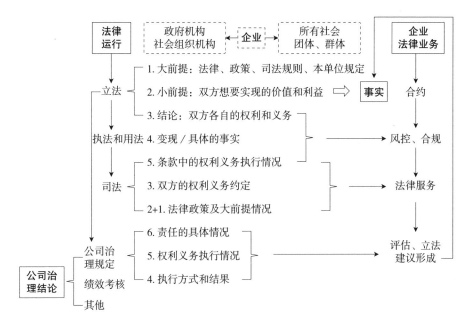

图 16-1 智能法律工程一体结构图

（一）维度与层面

一个层面是整个国家的立法、执法和司法工作的独立活动；另一个层面是企业组织、社会团体、组织机构、个人等所有社会主体的社会生产和社会活动运行过程中的用法活动；再一个层面是在以上两个层面的各个主体相互之间的法律等社会规则的制定和运行以及再制定完善和再运行的循环机制。

（二）基本环节和基本状态

从整个社会法律治理的完整大空间来看，相关的工作环节和基本的状态包括：一是"国家与社会"的法律等社会规范的确立、形成，作为基本社会行为和社会关系存在和运行的依据。二是公民、企业组织法人、非企业组织法人、社会组织机构用法。在这里用法包括主体间的立约和订立协议合同的行为，其是用法的一种形式。当然，用法也包括一定范围和意义上组织内部规则的制定或者"准立法"行为和活动、政府执法部门的执法行为和活动。三是在以上的用法和执法的过程中，相关主体的行为和关系会产生冲突和纠纷，司法机关在这种情况下解决纠纷和冲突的行为和活动。四是在以上用法、执法和司法层面上对于法律等各种规则的运用和运行过程中所发生的对于既有规则的偏离、变通、灵活性的应用方案回应以及反馈到立法和规则生成层面的工作和活动，实现对既有法律规范等规则的调整和修订。

（三）关联机制

1. 立法立约环节

以三段论作为基本的逻辑思维结构和现实的运行机制，从立法和立约的层面上来看，首先，以既有社会中有效运行的法律法规和其他所有的规范1作为大前提，包括法律、政策、伦理规范、司法规则、执法规则、本单位内部的规则制度以及民俗、习惯等等；以双方或者多方的社会群体想要通过新立的规则进而实现的价值和利益所要解决相关的一些问题的现实状况①2为小前提，即作为事实的现实中的利益、价值，包括和体现为以上大前提中所描述和假定的事实内容在现实中或者变现所显现出来的法律关系中的主体的能力、条件以及客体的具体形式内容以及关系的构成内容的现实状况或者状态，比如，张三抢钱杀了路人李四，王五与赵六吵架，生气情急之中王五拿起石头砸死了同事赵六，这些危害后果极其严重，等等；以这两个大小前提相关联得出的结论作为新生的法律条文或者法律规范内容3，由此规定的是新的法律关系主体之间权利和义务的内容，比如，国家要处死李四和赵六等。

---

① 杀人犯罪会导致群体力量减弱国家必须要进行制止，杀人的人要得到报应或者相当量的对待，现实社会需要稳定的秩序，而现实社会中杀人现象越来越多，社会混乱紧张无法有序生产生活等。

2.执法用法环节

以上是立法的环节，接下来到了执法和用法以及执行和履约的环节，即在新生规则 3 已经出现的情况下，结合既有的其他相关规则 1，将 3 和 1 作为大前提，当相应的具体的事实情况出现后，比如马七借给刘八巨款，刘八到期不还还谩骂和殴打马七，马七在和刘八对打过程中将刘八打死的情况 4，或者非打死人的情况，比如交通执法，公民或者组织之间依法用法的情况，将 4 作为小前提。据此，公安、检察等"执法机关"以及辩护律师的用法分别对马七的行为和后果做出了认定并采取了相关的措施 5，公安机关、检察机关的拘留、逮捕以及相关的侦查和公诉行为，辩护律师和个人的辩护方案确定等等，或者说出现的与此案不相关的行政机关的执法情况，公民组织间依法用法进行社会活动的情况，都属于 5，5 就是结论。

3.司法环节

接下来到了司法的情况或者环节，在 5 的基础上，或者说将 5 作为小前提，将 3 和 1 作为大前提，相互关联就会得出结论 6，即执法、用法的结果上的判断，形成法律上主体的权利与义务运行情况的对与错以及主体的责任情况。比如说，在以上 4 的情况下，公安以及检察机关没有采取相应的行政处罚和起诉活动，如免于起诉，而刘八的近亲属向法院提起了自诉，人民法院做出了马七无罪的判决 6。

法律运行后主体、客体、权利义务的内容构成等实然状态的法律关系的形成，即结合 4 具体的现实中的条件情况、5 根据这些现实中的条件对 3 和 1 的履行执行情况，以及 6 法律上对 5 的终局判定的情况，实际上形成的是对出发点上 3 个 1 制度性规定的关系的现实存在和映射版，比如说，形成的是"杀人者死，但是如果杀人是基于正当的、相当的利益的保护则免于死刑"。可以说，如果 6 已经生效并得到法权上的认可，实际上，这个过程已经完成了立法评估、建议和新法 3 生成或者更新完善的过程，已经完成了从 4、5、6 到结合 2 和 1 生成完善 3 的循环过程。而如果根据 1 和 2 变现的价值和利益，6 的内容不是免于死刑，而是死刑，那么这种判决结果，就会在与 5 执法和用法认定的价值和利益等诸多方面的价值和利益认定形成冲突的情况下，也是通过 4、5、6 的结合，最终会形成具有社会评估性的立法舆论、意见、建议而最终会构成 2，即新的想要实现的价值和利益，然后再结合 1 形成新的法律或者规范制定的过程。

4. 企业与社会组织法务

以上机制和模式在企业组织法务工作中是这样体现的应用，立法阶段相对应于企业组织的合约、规章制度制定以及合同等方面的合规审查和合规工作，执法和用法阶段对应的就是企业组织中的执行和履行约定以及企业组织的风控、内控阶段，司法阶段对应的则是企业组织的法律或者法务工作阶段，涉及诉与非诉的问题解决。当然，这些划分也并不是界限严格区分的，企业组织的法务、合规、风控、内控也是交叉重叠的，只不过是在内容和方式上各有侧重。另外，这种模式和循环既可以应用于整个社会或企业组织的宏观业务关联活动中，也可以应用于社会或者企业组织的某一个工作线条上，比如说，从企业组织管理的场景和角度来说，如果想要对某个方面业务成果的绩效进行评定，实际上将 4、5、6 可以作为企业组织业务运行的一种结果和事实，然后结合大前提 1 和 3 即公司治理的规定，就可以得出相应的公司治理的结论。

5. 法律通用智能技术在法律工程上的价值效用

智能法律逻辑推理引擎在国家法律机构层面的法律生成和运行，以及社会主体用法层面的核心技术作用，即是其在现实问题和任务的驱动下，如何在立法、用法、执法、司法以及社会主体用法层面环环相扣的机制中，实现信息共享、知识共用、任务关联、价值互动。

具体说来，就是常识性信息、知识在互联网模式的生成和运行下，随着信息和知识的增多，既有技术对它们进行消化和处理的能力显现得不足，会导致知识信息的泛滥和人的不安和焦虑。而随着专业性处理知识的推理引擎的运用，如此可以进一步并真正实现信息共享、知识普惠，促进全员有能力参与决策和执行，发挥人的更多的动力与积极性，有效实现法律等规范在同一工作机制和平台行为和关系上的运行与关联，易于立法、司法、用法、执法等职业工作群体相互间的沟通和理解。如此，除了会形成既有互联网模式下的即时性、平面化、公开、透明等效应外，还有助于形成社会"公断"。智能法律推理技术由此能够极大地辅助人类提升法律规则的现实效用，其具体、准确、灵活、效率高，进而极大地提升相关的职业能力，降低工作成本，增加成果产出，降低行为风险，更加能够有效避免既有的部门造成的部门利益和职业异化，强化和优化法律的治理能力和效果。

第二节　智能法律工程 1.0 阶段

按照现有的信息技术、数字技术的发展理念、进路和现状，机器智能体所代表的智能化的时代到来前，本书认为，类似于人类史前时代的存在和划分，可以划分出一个机器智能前的时代，就是这个数字信息技术的时代，相对于法律智能的实现，这个时代为法律智能的实现奠定了数字法律新基建的基础和保障条件，促生了法律智能以及智能体的萌芽。如前所述，面向未来的人工智能技术的研发走过了或者说正在经历着信息化和数字化的时代，在这个过程中的法律规则与制度的数字化，法律数据基础工程建设和运行构成了法律数字新基建的主要内容。通过规则和知识的数字化、规则和制度运行的数据化，在信息通路的基础上，利用智能数据技术对法律数据进行深入分析和挖掘，充分发挥数据价值，通过数据建模和机器学习，形成各种通用的法律工作服务基础能力，改变现有法律系统工作流程中大量重复性人力投入的工作环节和模式，促进立法、司法、执法、法律服务等整个法律知识生产与适用的数字化转型和发展，提升工作效率和质量。而在此基础上的法律工作的智能化，是在规范与制度的数字化和代码化基础上的工作关系和任务实现的算法化，构建全面、完善的一体化法律运行知识服务支撑体系和能力平台，进而按照业务需求对基础能力进行封装，形成立法、司法、执法、用法各法律工作领域和工程环节相对独立的智能化工作能力和工作系统。

一、智能立法技术研发

（一）法律工作任务

研发工作以现实的社会立法工作任务基础，对接实际的立法和具有立法功能和意义的准立法相关工作，立法工作包括具有法定立法职权的国家机关和机构制定法律、法规、规章的相关职权活动，准立法工作本书指的是各种社会组织、企事业单位等法人机构内部制定管理和运行规范的相关活动以及社会用法领域中缔约立约的活动。研发工作以现有相关工作的内容构成和业务流程为基本的工程内容和工程架构的出发点，以赋能提高相关工作的效率和效果为根本目标，实现规范性"立法"文件、法律性政策的起草以及相关文件的合法性工作的智能化，为各种立法和规范性文件制定工作的智能化探索路径和打造模式。

（二）具体技术任务

按照现有的立法工作的工程模式和内容构成，研发智能"立法"意见信息调查征集技术和系统，即时有效获得公众以及其他相关群体的"立法"意见，促进公众积极参与"立法"和法律性文件的制定活动；研发法律规范与法律性文件制定的智能"立法"研究技术和系统；研发法律规范与法律性文件制定的智能"立法"评估和审查技术和系统；研发法律规范与法律性文件智能制定和起草生成技术和系统；研究立法工作任务和环节的相互关联以及整体智能化运行操作技术和系统。

（三）技术实现方案

在法律通用智能技术，即智能法律推理引擎的技术基础上，结合自然语言和无监督、有监督的机器学习新技术，基于海量的法律法规和事实行为模式的数据以及相关知识，以人机混合智能模式的形成为理念，实现大数据——小任务和小数据——大任务的技术结合，研发智能立法技术和构建智能立法工程方案，研发智能立法法律大脑知识图谱技术；研发智能立法的事实问题解析与事实抽取技术；研发智能立法逻辑推理引擎技术；研发智能法律条文和法律规范文本的起草生成技术，形成智能立法的相关通用技术方案，并最终将以上各个相对独立区分的系统整合为一体化系统和智能工作机制。

二、智能用法技术研发

（一）法律工作任务

根据前文所述用法的活动场景、活动内容和活动种类构成，现实社会中社会用法活动主要有两个方面的构成：一是自然人一般社会主体的法律问答咨询和判断活动，二是包括企事业单位在内的法人组织运用法律的综合活动。法人组织用法活动的内容比较复杂和综合，本书将在后文进行专门的分析阐述，这里主要是研发自然人用法的法律判断活动的技术方案。现实中自然人社会主体的用法活动需要提供的工作支撑和服务有很多，比如法律援助、法律咨询、法律调解等很多任务和内容，而这其中最重要的或者核心的工作任务就是公共法律服务中的法律问答咨询服务。研发活动要基于现实中社会用法主体活动能力上的需求，结合法律援助、法律调解、法律咨询、法律法规检索查询等活动，研发搭建并配置智能公共法律服务的法律问答咨询系统，为公众提供准确、便利的智能法律咨询和相关法律服务工作，解决公共法律服务资源不足的问题。

（二）具体技术任务

具体工作层面的技术任务主要体现为结合实际具体情况，对婚姻家庭、劳动用工、民间借贷、房屋租赁、消费者权益保护，以及刑事法律和行政法律中常用的、热门领域的相关的知识运用和问题解决系统分别进行研发和能力实现，然后实现信息和知识以及相关的数据打通，最终形成相对完整的包含多种领域的智能用法的相关技术方案和通用的智能法律问题咨询系统。

（三）技术实现方案

具体技术上要涉及既有相关法律、法规、政策等法律规范性文件的数字化、代码化技术研发；法律知识的知识图谱化技术研发；法律业务或者案件法律事实解析与事实抽取技术研发；法律知识与事实关联关系的算法化技术研发；智能法律判断逻辑推理引擎技术研发；智能法律咨询交互问题技术研发；智能法律咨询报告生成技术研发；智能法律问答咨询系统整体整合技术研发；等等。

三、智能执法技术研发

（一）法律工作任务

在具体的执法工作任务上实现对行政许可、行政强制、行政处罚、行政征收、行政给付、行政确认、行政裁决、行政奖励、行政监督检查等国家行政机关的行政执法工作进行信息化、数字化基础上的智能化赋能。当然，这种执法活动，从工作的实质性来说，还包括企事业组织单位中以及其他任何的群体社会行动中的各种规范性任务的执行、合同履约等工作，这些工作在规则的运用和实施的关系上，在技术工程上完全相同，都可以通过智能化，兼顾效率与公平，打造准确、及时、有效、合理的智能行政执法机制和执法模式，保障行政执法工作的合法、公开、透明与公正。

(二) 具体技术任务

在技术任务上，要在一个行为和业务边界相对清晰的活动和工作场景中，构建一个完成充分的信息流转和数据共享系统，能够实现活动和工作信息的快速及时流通，保证相关的行为事实数据和规则知识数据在整个系统的各个环节都能够充分共享。技术方案核心上要构建一个法律"执行"的推理引擎系统，能够在信息和数据流转共享的基础上，一方面对信息和数据的生成和流动进行有效的驱动，另一方面能够使相关的知识和信息发挥其应有的效能，实现现实工作中的行为、关系的构建和评价。方案还要在核心方案基础上构建辅助性的结论表达和输出系统，从而实现工作任务中的问题解决结论的输出。先期要结合当地具体情况，实施问题突出、业务量大、涉及面广的执法场景智能技术研发和搭建，搭建智能执法系统，然后推广落地应用。

(三) 技术实现方案

具体技术研发工作包括既有相关法律、法规、行政性法律规范性文件、政策的数字化、知识图谱化等执法大脑技术研发；智能执法系统的任务解析与事实抽取技术研发；智能执法系统的推理引擎技术研发；智能执法系统的人机交互技术研发；智能执法文书生成技术研发；等等。最终形成通用的智能执法的相关智能技术方案和多环节多任务的一体化智能执法系统。

四、智能司法技术研发

（一）法律工作任务

就现实的法律工作任务而言，司法裁判工作的核心业务属性实质上是一种在利益相关方以外，以第三方的身份，运用法律规范对现实的争议进行判定和解决的社会行为机制和方案，因此，智能司法对象性的法律工作任务除了主要包括人民法院的司法审判工作以外，还包括具有司法属性和功能的仲裁、调解、行政裁决等多种场景中的具有裁判属性的社会行为和工作活动。智能司法技术研发整体上要以现有的司法或者准司法的既有的工作任务和工程结构为基础，以赋能现有工作人员的行为、提高工作人员的行为效率、改善审判效果为根本的目标，构造实现打造一个更加公开、公正、及时、有效的智能化司法工作系统。

（二）具体技术任务

在具体操作上，先期可以打通不同工作的数字系统，避免数据孤岛问题，实现数据生成、数据标注、数据训练的统一循环利用，进而在信息化、数字化的技术和相关工作的系统的基础上，搭建和升级完善智慧司法系统，形成智慧化的信息、数据和知识的流动、交互、共享机制和能力，同时，结合民商事和刑事、行政领域，研发智能审判辅助和虚拟现实智能法庭技术和相关系统，最后形成统一联动的智能司法的相关技术方案，升级形成一体化智能司法判案技术和工作机制，全方位构建智能法院工作平台和智能司法审判系统。

（三）技术实现方案

整体技术研发涉及以既有相关法律、法规和司法相关规范性文件的数字化技术为基础，使用机器学习、自然语言处理以及具体的知识图谱技术，将现有司法数据、审判经验和法律知识代码化和算法化，进行司法审判大脑相关技术研发并实现智能应用。具体技术上涉及智能司法案件事实抽取和事实构建技术研发；智能司法判案推理引擎与交互技术研发；智能裁判文书生产技术研发；智能虚拟与现实智能法庭技术研发。最后，在以上基础上，借助机器学习、自然语言处理等技术的新发展，结合通用智能法律推理判断技术，进行以上相关技术的整合，构造并迭代训练统一的智能司法审判系统。

五、智能法务技术研发

（一）法律工作任务

广义上的企业社会组织的法务工作涉及内容非常丰富，业务种类繁多。从大的划分来说可以包括合同管理、企业合规、风险管理和控制、企业的依法治理、企业的法律业务等几个大的方面，这些方面具体还有多级细分，并且很多细分领域又错综复杂地交叉到一起。

智能法务技术研发是以法律知识与逻辑为根基，结合智能技术方式理念和方法能力，以智能法律通用技术和企业组织单位的核心法律业务的相融合为基础，工程搭建立足于企业组织业务运行全流程，开创性地将紧密关联的公司法务业务板块、公司合规和风控板块、公司的依法运行板块以及公司的法律治理板块进行智能化连接，在智能法务工作引擎的推动下将每一环节贯穿联动，实现内容构成、技术手段、业务结构关系等智能化、全流程运行的不断迭代升级。智能法务技术的研发致力于全景的、智能化的企业组织法务和法律治理的变革，是运用技术手段将法律等治理元素贯穿于企业组织运行的全流程的一次颠覆性创造，开创法律科技赋能企业组织运行的新模式。

（二）具体技术任务

建设从立约到履约的完整的企业社会组织单位的智能合同生成、履行以及监控系统，构建法人组织核心的智能化业务体系；建立人机混合的 AI 智能体 + 合规官组成的合规系统，进而以此为基础建立从市场、销售、采购、财务、公共关系到人力资源方方面面，从顶层到基层，融合于业务运行全流程的智能化合规风险控制系统，实现企业法人组织的智能化法律行为和关系的建设和运行；建设从企业各种业务的运行到企业全方面的依法治理系统，实现业务信息和数据的传输与整体方向性的价值判断的功能关联整合；在前述各项研发任务的基础上，对各项功能进行去场景化的通用技术研发，组建以"人单合一"为基础进行架构的企业组织法务智能化通用技术平台。

（三）技术实现方案

在基本理念上，实施从感知到认知到决策的技术研发理念和目标追求，实现由"数据驱动"到"数据 + 逻辑推理"双轮驱动的准确合理的认知模式的转变；实现由传统的知识图谱三元组模式升级为可知可信推理图谱模式；实现由一次性基于部分信息分析变为"人在回路"的交互式公开透明全信息推理状态。总之，工程搭建将不限于数字化工作，不只是对于数据的搬运与整合，而是运用通用的法律逻辑的思维框架和智能推理技术，技术层面采取单点突破至全景架构的策略，实现法律业务工作从局部数字化感知到智能化认知和推理判断的飞跃。

具体实现的研发内容包括研发合规性文本事实要素智能抽取技术，为企业组织定制化地开发合规性文本事实要素智能抽取模组；研发企业组织全流程推理图谱构建技术，构建以规范知识为基础的全流程业务的逻辑推理知识图谱；研发搭建合规性文本与合同自动生成与合规审查一体实现模组，实现智能"立法"与立约；研发搭建类型化文本与合同智能执行与审查一体实现模块群，实验智能运行、合规与风控；研发搭建合规业务单体人机协同智能模组，实现智能逻辑推理技术的人机交互共析应用，为"千人千面"的工作单体提供个性化的赋能和智能作业平台；研发搭建合规业务团队人机协同智能模组，实现全格式文本全流程迭代溯源联动技术，为"千人一面"的工作团队提供具象全息监测平台和实时调度指挥机制；研发搭建企业组织法务智能化通用技术平台，最终在人人和人单的关系维度上，实现企业规则、价值、功能、行为和关系整体智能化的有效融合和运行。

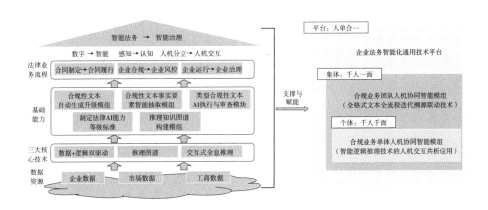

图 16-2　技术、能力、任务与效果综合说明图

第三节　智能法律工程 2.0 阶段

如前所说，法律智能化的核心思维和终极理念，不是某一个环节的智能化，比如智能立法、司法、执法和用法，也不是该环节内部的某个部分

智能化，这些智能化是发展的过程，而终极意义是整体的法律的智能化，即建造一个整体的智能法律工程，合理的逻辑是在整体的智能工程下再看具体原有的立法、司法、执法、守法智能化的状态，也就是说不排除法律智能化后，有些环节可能萎缩、不再存在或者完全是另外的一种情况了。智能法律工程 2.0 阶段，即是智能执法、用法、司法、立法系统性整合的过程。

一、用法与执法的融合

当整个法律工程的立法、司法、执法、用法都完成了体系内部的智能化工作以后，按照业务的关联关系与技术方案能力上的可操作性，以四大板块为核心的法律工程的各种业务会继续进行工程上的打通整合，去掉没有必要的工程环节设置，即工作任务分工和工作环节构造。首先，按照基本的法律业态构造和工作业务属性，应当是执法和用法的融合。如前所述，在整个法律运行机制和功能上，是通过法律规则的制定和运行来进行法律效能的发挥以实现社会的运行和管理秩序，如果说立法是确定一种行为规则，那么法律的运行则是行为规则的实施和实现，因此法律的运行是法律规则价值实现的基本方式，也是法律工程运行的主体功能性业务。

而对于法律规则的运行业务而言，可以分为常态化和非常态化两种情况。常态化运行的情况指的就是法律规则无争议正常适用的情况，所指的既包括前文所阐述的一般社会主体的用法守法状况，也包括政府管理机构代表国家的执法等法律实施适用的情况。对于非常态化运行的情况而言，就是当法律在执法和用法的过程中发生了适用法律的纠纷和冲突的情况以后，法院等司法机构为了解决纠纷冲突和化解矛盾，纠正适用法律的错误，以保证法律的正常运行和维持正常的社会秩序的情况。

毫无疑问，无论是在功能定位上还是在具体的业务量级上，常态化的情况构成了社会法律规则运行活动的主体，体现在其是社会生产生活中普遍的现象，扩展开来可以说，整个常态化的社会生产生活就是政府执法部门和一般社会主体的用法的活动构成，也可将执法主体直接参与的、一般社会主体的用法作为对法律规则的执行，也是一种执法。因此在这种意义上来说，用法和执法在整个法律工程上是一种天然的合作伴生、互为条件的功能生成机制，这种机制为二者的融合创造奠定了任务功能基础。

具体来说，这种伴生现象所展示的就是用法和执法实际上是一个工作或者一个任务互动的两个方面，也就是说对于一个具体的社会法律活动而言，其中的政府执法机构的执法同时就是一般社会主体的用法和守法，实际上就是一个合作的共同的社会行为，而守法和执法是各自不同角度的认知表达。如此说来，一个社会活动或者一个社会工作，在技术条件具备的情况下，完全可以甚至应当在二者之间建构一套统一的智能系统，同步实现二者在信息、认知、判断以及行动上的共享合作，由此使二者具备了通用的智能法律技术应用的任务和能力需求空间，因此，在未来，实际上架构在两种主体间的一个完整统一的智能法律判断系统就可以很好地实现这样的任务。如此，可以看出，无论是从现实的业务相关关系还是从技术发挥的可能条件来说，执法和用法的智能系统的融合是更容易实现的。

二、执法、用法与司法的融合

当然执法和用法的率先融合不只是一个现实的条件和能力上的问题，也是一个逻辑上的问题。在整个法律工程各个环节的结构关系和机制架构中，尤其是在法律适用的领域中，如上所述，一定是先有用法和执法上的纠纷和冲突，才会有司法上的功能性任务和工作安排；在工程机制的联动运行关系中，用法和执法是司法的动因和对象；在相关的工作业务相互关联的关系上，用法和执法是司法的业务基础，司法是用法和执法的业务功能实现保障。

当然，如前所述，这只是现有技术能力下的业务区分、任务分工和能力上的差异，而在整个核心的法律工作智慧上，用法、执法以及整个司法工作的核心智慧和相关任务都是相同的，不外乎根据三段论的逻辑结构，依据一个用法、执法的混合场景中的事实和法律对执法和用法的合法性、适当性等方面做出判断。因此，当用法和执法共生共享的智能执法系统建立和运行起来之后，在整个系统或者平台上，做出判断的事实和法律等相关信息以及信息要素之间的关联形式在执法和用法行为发生后是固化的、稳定不变的、公开透明的，而在这种状态下，如果用法和执法行为在这个伴生的活动中发生了纠纷和冲突，那么，在智能司法系统已经建立起来之后，完全可以实现司法系统与用法和执法系统进行对接，即将执法和用法上的事实信息和法律信息与智能司法系统进行对接，同时将执法和用法的结论输出与司法的结论机制相关联，如此就可以实现智能司法工作与智能执法和用法系统的整合和融合。

当这种整合实现后，实际上整个系统实现了三种传统社会分工机制中三个职业群体的功能：一是从一般社会主体用法端的个人自我实现的或者律师提供的法律服务功能，二是从行政执法端需要得以实现的行政执法官员的行政执法功能，三是从司法端需要的司法审理和法律适用纠偏的功能。所以，也可以说，依托于智能法律规则运用技术（用法技术）、智能法律规则执行适用技术（执法技术，与用法技术无差别）以及智能法律规则纠偏技术，实际上是实现了智能律师、智能执法官和智能法官合为一体的状态。

三、智能立法与法律适用实施的系统性整合

智能立法与法律适用实施的系统性整合即是法律生成和运行的智能化整合。随着通用法律智能技术的应用升级及其在立法、司法、执法、用法

等领域的深入应用，法律人工智能的发展进入了亟待突破瓶颈阶段，即构建通用于法律全场景的"法律大脑"以及智能化运行系统工程。在智能立法、用法、执法以及司法的基础上，可以搭建立法、用法、执法以及司法一体化技术工程，即一体化的智能法律运行系统，通过主体间权利和义务的重新划分与界定，实现规范和制度的智能纠错与纠偏，建设规范和制度的智能合理化机制，实现从立法、执法、司法再到立法的智能治理循环，实现法律生成和运行系统的智能一体化和法律的智能化发展变迁。

（一）立法与法律适用的关系

1.立法、用法、执法和司法的宏观与微观功能

如何看待立法与法律适用的关系，如何看待立法在整个法律工程上、在人的规则和行为机制上的维度的属性和关系，概括地说，立法中有用法的元素和考量，用法的过程中有立法的考量，或者说在用法中，任何一个主体，包括人与机构，行动前都自我进行了一次"立法"。在宏观工程上，立法是法律工程的一个环节，一个社会工程通过不断的立法才能够进行整体的行动，但是立法不是立法机关制定完规范之后就完全结束，而其他用法机构照搬，实际上这种立法的思维和行动一直在执法、司法、用法的各个环节内部的微观之处进行着效力发挥。无论在宏观上还是微观上，立法都是一个智能体的行动机制，这种机制不是照搬，其实任何一个整体的社会行动和个体的智能行动都在不断地进行着行为和行动上的动态、进行中的立法和用法。

因此一个智能体的行动一定不是照搬规则，而是运行着立法和用法的联动机制，也就是说，一个智能体的任何一个活动过程，在规则层面，我们都可以将其理解为一个运行立法和用法的机制。比如说，我要坐车去另外一个地方，我先要确定和计划一套规则，然后再执行这样的规则，而确定、规划和制定一套规则，就是用法中的"立法"机制。

2.智能立法与法律适用的技术关系

这里的法律适用涵盖用法、执法、司法领域的活动内容。规范和制度产生于矛盾、争议和纠纷，用法是立法的信息基础和动议先导。就立法和用法间的循环机制以及智能技术基础上的法律的适用与生成等变迁模式而言，在一定的智能法律适用的技术所形成的法律运行系统中，在普遍的社会主体进行这种系统的应用情况下，实质上新的规则的生成是社会主体对这项技术系统进行运用的结果，只不过这种结果是一种有待填充的、但是已经形成选项或者影子化的规范和法律。因此未来的立法和法律的生成和更新更显现出其实质上是法律适用的结果，或者是对法律适用系统中空白处的填充。因此，在智能用法技术实践下，未来的立法模式和技术选择跟现在可能完全不同，可能就是空缺的推理结构中的大小前提结论的完善、填补和搭建。

(二) 未来的立法以及法律生成和变更模式

在智能法律应用过程中，会形成不能适用现有的规范、法律和制度的社会矛盾和争议，随着这些争议的集中，就会出现较多的同类主体、客体事物、行为模式、事实情节以及权利义务责任关系的影子和所牵涉指向的价值规范，随着这些现象影子的激增，可能就会形成立法和新规制定的必要性。

在现有的技术系统应用上，这些不能应用的状态就会在现有的系统上形成问题或者一种空缺的存在现象，比如推理系统结构中大前提知识图谱上知识标书的不具备、不清楚或者功能缺失，结论上的不确定，比如是禁止还是允许、如何禁止和允许等，都是问题，这些技术系统上的问题或者所存在的空缺，实际上就是需要通过这个问题所牵涉的、关联的、类似的、既有的包括法律在内的各种价值规范结合具体的现实情况进行一种新的规则规范的确定来进行解决。这些相关的规则规范一定在主体、客体事物、行为模式、事实情节以及权利义务责任关系等方面与解决的问题所要形成的规则规范就有相似性和可类比性、参照性等，由此来进行技术系统上的规则的加工、转化或者填补，以此实现既有系统的完善或者建造新的法律规范独立系统和系统分支。

（三）法律适用和立法维度上的法律通用智能技术

法律适用技术反向推导出了主体、客体事物、行为模式、事实情节以及权利义务责任关系影子和所牵涉指向的价值规范，而当立法时机到来时，需要用新的技术对这些内容进行总结和提炼，也可以形成模板对规范文本以及相关的大前提和结论进行生成。因此，可以说立法技术实际上是用法智能技术的反向应用。

用法技术与立法技术的关联关系以及智能立法技术的实质包含如下几个方面：

其一，在智能用法的社会状态下，法律规则的局部、渐进式的演变和变迁将在既有的智能交互、推理以及法律规则知识图谱的调整中得到实现，因此，随着法律在应用中能够及时地得到修正、完善、补充和丰富，在这种情况下，可以说用法的技术就是立法的技术。

其二，随着法律的智能化应用，在时间、空间维度上，法律和规则将更加紧密及时地与人的行为和关系融合在一起。在这种状态下，法律和规则对于行为的规制、指引和条件性作用比以往将会得到增强，新生事物所导致的法律和规则的缺失状态将会亟须填补或者通过立法做出反应。这种状况下，立法的长周期性和一次性的大范围立法将不是常态，常态是一有新生事物形成社会问题就需要有规则和制度进行迅速的填补。在这种情况下，立法权力和行为将体现为大众化、平民化、基层化、局部化、灵活化、及时化、平面化，像现在和以前的那种更大范围、高级别和长周期的立法活动将会是这些零散及时的立法活动自然催生和形成的结果。

其三，在这种状况下，立法技术和主要的任务是在基层化的领域及时建造用法技术任务的大前提的知识图谱，描述清楚"法律事实"，包括行为、法律关系、权利义务和责任的内容以及相关的法律问题等，以及相关的逻辑推理所要呈现的最终结论，这也是立法技术的核心构成。也就是说，发展到未来的状况下，立法技术的核心不是去写文字和句子构成的法律规范文本，而是去写这些满足用法功能的图谱和算法。如果不能拿现在的条件确定未来的场景和相关的事情，而完全置身于有别于现在的未来的社会法律工作空间中，像现在这样动用极大的力量进行立法调研、形成草案、征求意见、专业论证等工作，将会弥散到既有法律运用及新生现象和问题出现，以及对这些问题进行规则化、规范化解决的过程中。也就是说，这些工作即便仍然是存在的，但是可能因为处在智能化的规范和行为的社会运作体系下，很多新规则的生成会成为自然酝酿出来的社会结论，而且这些工作通过其他一些辅助性的技术的运用就可以解决。比如，通过确定主体、客体、权利义务内容、行为模式、价值规范的系统结构和智能化积累的事实、问题和价值倾向，形成智能的生成系统。当然这些技术肯定是辅助性的，因为它们仍然是以构建用法系统所采用的技术为核心技术架构的。

其四，因此，在未来人人都是立法者的情况下，或者说人人都比较容易参与到立法工作中的情况下，一种可能是，新生问题的立法和规则首先在局部领域、很小的范围内，根据用法技术展现的系统架构就得到了建造；另外一种可能是，像现在存在的多层立法机构根据用法的系统及其架构，已经及时有效地积累形成了待立规则和规范的智能系统样式；当然还有一种可能，类似于第一种情况的延伸，立法被授权在具体局部领域了，上一位阶的立法机构只是掌握原则化、高层级的法律原则或者道德伦理价值规范了。立法可能更加行政化、社会组织化、行业化、合约化、自治化。

综上，根据以上的分析得出的结论是，智能法律技术的应用实质上将改变整个社会行为和规则的关系，改变整个法律运行和生成的机制、业态模式、职业功能、职业方式。也就是说，未来的立法工作和立法工作者不是现在这个模式和样子了。因此，在整体的社会法律运行和生成的业态结构中，在以用法为导向的法律事业中，综上就可以说，法律应用所凭借的智能核心技术就是智能法律通用技术。

四、一体联动智能法律系统技术研发

（一）整体研发任务和基本实现理念描述

1. 任务描述

在以上用法、执法、司法以及立法领域系统的局部架构和整体打通的基础上，通过其在整个社会领域的生产生活中融合运行，进而会形成整个社会空间的法律生成和运行的一体智能化循环联动与迭代升级，因此，在整体技术任务上，研发工作涉及一体化智能法律模拟系统研发、建设和运行，以及将其与整个现实社会生产生活系统融合运行。

2. 任务实现的技术理念

在具体技术实现上，在智能立法、用法、执法、司法的统一工程架构中，把所有的规范或者规则在这个四位一体结构中进行全流程铺设并和所有环节进行关联，保证规范规则在运行中的任何一种使用上的价值倾向在每个环节内部和整体上都能得到很好的反馈、评估，从而在一定的规则迭代法则的指引下，直接回馈给原规范规则并对原规范规则进行修改完善。即在整个法律的生成和运行体系上，在立法、执法、司法、用法等局部分块工作的内部模拟达成新旧规范的价值上的平衡，然后在法律生成到法律适用层面从新生规范反馈至原有规范，最终实现从原有规范到新生规范的迭代升级，从而实现整个法律规则与制度的迭代和发展。

3. 技术构成

具体技术上包括用法领域的既有规范到新的价值需求规范价值平衡

求解技术研发；执法领域既有规范到新的价值需求规范价值平衡求解技术研发；司法领域既有规范到新的价值需求规范价值平衡求解技术研发；立法、用法、司法、执法间的新旧规范之间的价值平衡求解和迭代发展技术研发；等等。

（二）技术路径：新旧规范的价值平衡与求解

1.技术算法实现路径 [①]

具体来说，在技术算法实现路径上，对于一体化智能法律系统的建设和运行来说，在基本认识上，从已经确定规范到新的价值需求间的价值平衡和求解的设计理念以及建设进路来看，在局部分块工作内部，立法、用法、执法、司法每个领域都有着自身相对独立并且已经确定的规范，同时也在自身的工作运行发展中进行新的价值选择和实现，然后通过具体的实践工作，不断实现二者的价值平衡并在规范层面上进行求解，从而演化迭代出局部领域中的新规范。而从整个法律的生成和运行体系来看，立法层面制定的规则相当于整个大法律工作体系中的已经确定的规范，而用法、执法、司法则在各自领域中结合本领域价值定位运行这个确定的规范的同时，不断进行新的价值需求下的选择和实现，从而直接和间接地回馈到立法层面确定的规范上，进而在立法、用法、执法以及司法的整个体系中实现适用的法律规范和确定的法律规范中的价值平衡，即不断实现适用的规范和既有规范之间的价值求解，获得新的规范，从而实现整个法律规则与制度的迭代和变迁。（见图 16-3、16-4）

---

① 这个认识受到了朱松纯教授关于社会规范（U 系统）和价值函数（V 系统）平衡理论的启发，参见朱松纯：《三读〈赤壁赋〉，并从人工智能的角度解读"心"与"理"的平衡》，新浪网（https://cj.sina.com.cn/articles/view/7006367380/1a19cae94001010v1d），最后访问时间：2023 年 2 月 2 日。

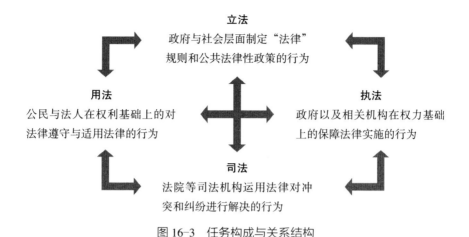

图 16-3　任务构成与关系结构

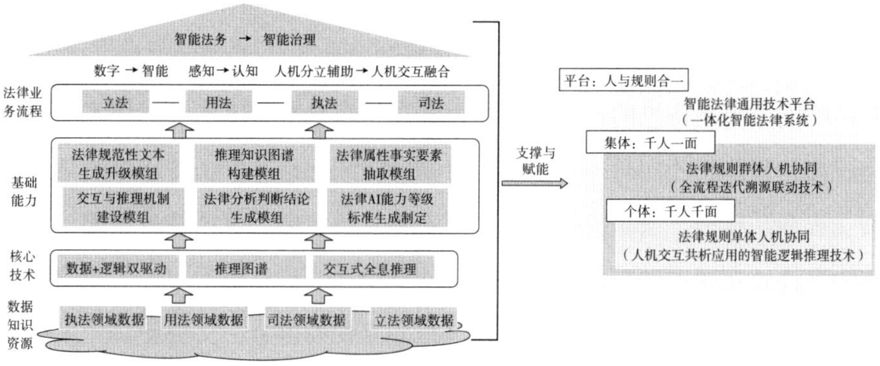

图 16-4　任务实现理念与技术路径

2. 工程运行模式

在工程运行模式上，在智能立法、用法、执法、司法的统一工程架构中，一种情况是，可以把所有的规范或者规则在这个四位一体结构中进行全流程铺设并进行所有环节相关联，保证规范规则在运行中的任何一种使用价值倾向都能在每个环节内部和整体得到很好的反馈、计算和总结，然后在一定的规则迭代法则，比如：选取多数意见，或者选取政府意见，或者选取上级机构意见，或者成本最低等规则的指引下，直接回馈给原规范并对原规范进行修改完善。

另外一种情况是，针对需要全新创设规范、规则和制度的领域，可以通过构建系统进行模拟，对某个领域的法律问题进行平行空间或者元宇宙意义上的虚拟创设，并在一定的既已确定的规范和新的价值需求选择上进行解决方案的选择和模拟推演，从而创设形成新的规则方案。但是，通常来说，由于这种虚拟空间中的推演仍然是基于既有规范和规则的，因此，除了在具体实现模式上，实际上则与上一种方案在基本理念和机制上没有实质上的差别。

第四节　智能法律工程 3.0 阶段

作为一项科学技术，在理论以及发展趋势上，人工智能对于万事万物的赋能应当是普惠的。无论是在现实还是在未来的发展中，在不同程度上，法律智能化的同时一定是万事万物的智能化。在整个事物智能化的发展过程和结构中，法律的智能化和其他事物的智能化应该是一体的，它们互为条件，互相推动，发展过程中也许节奏和道路有所不同，而大的发展趋势和最终的结果一定是智能法律与智能万物的整合。从智能法律工程的角度来看，本书认为，这就是智能法律工程的 3.0 阶段。

一、法律智能与万物智能的出现和整合

（一）智能法律职业和法律工作

从法律规则引擎的出现和应用，经历了用法、执法、司法以及立法的智能化，在经历了以上各个领域的法律活动的智能化的整合，最终到统一的法律生成和运行的智能法律系统的出现，可以说自人类的法律专业知识和法律职业诞生以来，法律智能化技术和运行系统实现了对其最深刻的工具意义上的辅助性替代和革命性的赋能作用。

在这个意义上，代表核心通用法律智能技术的法律规则推理引擎的应用，从局部到整体，从微观到宏观，使整个社会法律工程具有职业性质的法律工作和专业性的社会法律活动等主体行为实现机器智能化。如果从信息化、数字化再到智能化的进路和发展过程来看，守法和用法的智能化解决的是普通社会用法者相对的法律信息、知识上的能力和不足；执法、司法以及立法的智能化主要解决的是提升职业法律工作者的工作效率和改善工作效果；而立法、用法、执法和司法的智能化打通构建成为一个统一整合的智能化法律生成和运行系统，除了以上局部的功能和价值的实现以外，还能够消除立法、司法、执法、守法用法之间的事实和规范的信息和认知的差异，保证整个法律社会功能上的公正、公平、公开的发挥，消除既有的法律工程上的价值异化，优化法律的社会功效等等。

（二）职业的法律智能体与法律智能的出现①

但是，在这个程度上，这样的法律智能化还只能说是法律专业行为、法律工作、社会法律工程的智能化，还不能称之为彻底的法律智能化，或者说这一切并不意味着法律智能的完全出现。本书认为，彻底的法律智能化或者法律智能的完全出现，其外在形式上，应当与其他社会一般类人智能体的出现或者实现是同步的。这种一般类人的智能体应当不只是某个领域或者专业意义上独特的工具，应该具有较为普遍的综合的素质和功能。而当这种一般的社会智能体，也就是下文所说的智能万物出现以后，具有通用意义上的法律规则引擎与这些智能体相结合和整合，进而能够保证这些智能体以及智能万物都能适用法律规则进行正常的类

---

① 所体现的三层规则意义上的法律智能，是从问答系统到智能法律统一工程、法律智能体、智能法律芯片发展下的终极成果。

人"社会"行为和活动。在这种情况下，在认知上才可以说，真正的法律智能彻底实现了。

职业的法律智能体与法律智能在什么时候以及什么情况下才能出现呢？本书认为，在通用的法律规则引擎的作用下，当一个法律生成与法律适用的统一的智能系统出现后，这就意味着一个一般社会意义上的智能法律规则引擎和职业的法律智能体已经出现了，或者具备了职业法律智能体形成的基础性条件。因为一个统一的法律生成和运行的智能系统出现以后，就意味着在法律智能上，已经具备了一个完全整合好的、完整的法律智能行为模式和模型构造[1]，从现实行为意义上来说，在其他辅助条件具备和成熟的前提下，这样的系统完全可以全方位地辅助包括人类在内的智能体进行一般意义上的法律事务的处理[2]，而不是仅进行立法、司法、执法、守法等工作分工中的一种单独的专业性的工作。所以说，如果仅从理论上的功能、属性和效果来看，这样的系统也可以说就是一种职业法律智能体了，但是，结合现实社会中的需求满足来说，这样的系统只有具备现实中的具体可用的形式和条件后才能在现实中得以运用，才能成为现实中真正可以普遍应用的法律智能体。这种现实中的可用的形式和条件应该有很多，比如整体系统的大小空间体积、算力、操作系统，以及其他辅助性的条件和能力。以人类的思维和行动能力来作参照，可以说，只有相关的这些条件足以使法律智能系统达到类人的这种思维和行动的能力时，这个法律智能体才真的在现实中出现并落地了。

当然，在这个进路下，法律智能从系统变为一个独立法律职业智能体的出现落地仍然没有完成法律智能的最终落地。在现有的人类认知所能及的程度上，终极意义上的法律智能的外在形式一方面应该是一种无形的思

---

[1] 如前所述，完整意义上的智能法律机制应当同时具备立法、司法、执法、守法的四种功能或者能力，而不只是其中一部分。

[2] 比如说，当具备了脑机接口的情况下就可以辅助人进行活动。

维存在；另一方面，其应该融合于其他法律专业和功能以外的万物智能体当中。显而易见，实际上这两个方面体现的是系统后的法律智能最终落地完成的两个条件。所谓无形的思维存在，不是说这种智能思维不需要物理意义上的载体和相关的机制，而是说其不再太多地受到载体的物理形式的限制，而可以更加灵活地植入或者与万物智能体进行结合，用现在的形式来说，比如可以做成多样的独立的或者混合的芯片系统植入的智能体中；所谓万物的智能体的出现，这里表述的万物的智能体相当于法律工作以外的其他领域、专业和功能的智能体，而当法律智能引擎或者思维的芯片植入或者与其相结合后，其就可以成为一个具有法律专业能力的类人生命智能体。显然，法律智能在这种情况下才算实现了最终意义上的智能发展状态，即由一种工作和职业能力意义上的智能发展成为社会行为意义上的普遍智能。

（三）万物智能的出现和万物智能体的形成：以法律智能为条件

根据上文的阐述，法律智能终极形成的一个重要标志就是法律智能能够作为万物智能体通用的规则引擎、法律大脑、无形的法律思维等支持万物智能体实施有效的法律行为。如此，万物智能体的存在是法律智能终极形成的一个重要条件。当然，这种阐述是从成就法律智能的视角下展开的，而事实上，毋庸置疑的是，可以说，法律以外的任何智能体的真正形成并能够真正地成为类人一样的智能体进行某一领域和专业上的工作，在逻辑上，其一定也是要具备法律智能规则引擎所产生的能力，规则和自由是一体的，如果不能够很好地掌握规则和实施规则，一个类人的智能体就无法真正地进入人类的社会进行工作[①]，或者说人类是不能接受其自由地

[①]　其实反过来说也是一样的，法律智能体的开发同样也要借助于其他智能体既有的研发技术和成果。

在社会中进行工作的，否则人类社会将面临巨大的不可控的风险。由此，在这个意义上还可以说，只有真正的法律智能出现了，其他意义上的万物智能体才能出现。

现实的社会生产生活中，在人工智能研发和落地应用实践上，基于现实的社会需求，各种不同领域、不同种类的智能机器人、智能体正在研发落地过程中，可以说，在不同的功能和要求的程度上，已经有很多机器人和智能体落地进行实施"社会行为"，产生了良好的社会效益。但是，现实中这种效益也都是相对的，甚至可以说并不是那么"智能的"，因为它们在现有的技术条件和能力基础上，还只能在人的监控下从事一些智力相对简单的智能性质工作，相关的限制性因素很多，但无疑最大的问题还是它们还不能在人机混合的复杂环境中掌握和运用好"行为"法则。

比如说，对于当前正在研发的智能无人驾驶汽车这个智能体而言，现在的研发是通过各种技术手段对其进行智能工程上的搭建，研发的理念、路径和落地工程方式也多种多样。从现实的实践应用效果来看，可以说在一个相对封闭而不是人机混合的社会行为环境中，比如说矿山采矿等领域，智能体已经可以发挥非常好的效能，因为这种环境中的社会行为规则相对简单，而且在智能上不要智能体太多认知上的判断推理，只要通过技术上的信号感应或者智能地图导航驱动就能够发挥相关的功能和实现基本的任务。但是，在认知上一种基本的共识是，不管怎样，对于这种想在公开的社会空间进行物理性质行动的智能体，如果其本身不具备类似于进行法律工作的这种规则引擎，在像公路、街道这样复杂开放的公共社会空间中，其是寸步难行的。

（四）法律智能的出现对于万物智能体的价值可能

对物物、人物和人人之间的三层法则的认识和理解，在智能技术研发上，有助于实现从运行法律规则的智能法律咨询系统到人工智能体的行为规则运行系统，即智能行为规则引擎的演变和飞跃。从功能上看，智能法律问答咨询系统的功能实质上是对相关主体的行为合乎法律的情况进行分析判断，即什么样的行为事实，会涉及什么样的规则，并在相对应的法律规则的衡量下会有什么样的问题以及结果。这样的功能其实质不仅只是针对有问题的人的问题进行识别分析和回答，实际上，其同样针对或者符合社会行为对行为规则能够正常运行的需求，也就是说，常态化的社会行为实际上同样就是在考虑涉及什么样的事实，会涉及什么样的规则，以及会产生什么样的问题和后果，从而做出行为选择的状况。

从现实的社会职业和相关的人的行为关系场景来看，这种智能咨询系统相当于智能律师、执法官或者法官①，而常态化的社会行为运用规则运行的机制就相当于社会主体在守法行为上对于行为规则的遵守，只不过在未来社会，这种守法行为不应当只是生物之智能人，还应当包括即将大量出现的人工智能人，这是智能体进入未来社会的基础性的充分必要条件。随着智能技术未来在视觉、听觉、触觉等多方面的认知能力上的发展，由此，这种智能法律咨询系统便可以升级为未来社会智能体的行为法律规则运行系统。基于以上的阐述和分析，由于这种法律规则的运行与人物以及物物之间的规则的运行机制是同样的，或者这种法律规则运行本身就是包含着这三种层面上的规则运行，因此，这种法律规则运行的系统实际上就是未来社会智能体的行为规则系统，其远远超出和超越了法律咨询以及法律行为的领域，成为人工智能领域根本核心的技术对象。②

---

①　比如，对于专业律师来说，其实际上就相当于一个非专业的普通人的法律引擎。

②　实际上，从根本或者终极意义上来说，依据前文的分析，智能体所执行的也没有其他的任务，而其实就像人一样，无时无处不在法则上，智能体和人一样，只要行动就是在运行三层意义上的法则系统。

尝试做一个大胆的构想：如果能够研发出一个类似于云上的规则推理引擎系统，智能体可以通过自己的感知系统把接触到的声音、画面以及感觉到的各种信息上传到系统中，系统做出推理结论再返回给智能体进行结论上的执行，而且，有无数个智能体可以通过无线接口实现这样的云大脑引擎的链接和分享，那么这个世界上智能体就可以真的出现和运行了，当然，每个智能体也可以分装自己独立的智能法则引擎。

二、法则意义上的法律智能体与万物智能体研发的理念和路径

（一）阶段性智能研发及条件状况分析

通过以上的梳理分析可以看出，一方面得出的结论是法律智能终极实现要以其他万物智能体的生成和存在为条件，而另一方面得出的结论是万物智能体的效力的真正发挥又要以法律规则引擎这样通用的法律智能为基础和条件，否则法律智能无法真正实现，而其他智能体也无法真正彻底地智能化并发挥智能效力。如果从表面和形式逻辑上看，法律智能的生成与其他万物智能的生成是矛盾的，而现实中或者说在深层次的关联上，二者的关系实际上并不是矛盾的，而且是互为条件、互相成全的。没有形成冲突和矛盾的状态主要有这样两个方面的因素：一方面是两种智能形式的研发和生成都是一个逐步发展形成的过程，在这个过程中，在一种智能对另一种智能条件性的依赖的关系上，依赖方和被依赖方并不都是、也不要求都是终极意义和标准上的智能成就状态，而上面所说的互为条件的依赖指的是终极意义和标准上的智能状态；进而另一方面是，两种形式的智能体的研发成果的转化应用都是在有限的空间中，以及从有限的空间中开始扩展到更大的空间和更广阔的领域当中，或者说，这些智能都是在进行有限空间和有限程度的应用当中，因此并不是能力要求特别高的终极意义和标准上的智能行为和应用。因此，在以上的这些情况和状态下，两种智能都

是在有限的应用要求下，为各自的研发创造或者获取有限支撑条件来保证研发成功和转化应用效果。比如，法律智能很长时间只能在职业工作中应用，而其他智能同样也只能长期在有限的领域和条件下进行应用。

（二）三层法则意义上的智能体的研发原则

1. 智能体差异的实质

概括地说，以上所说的是，在现有的社会分工和专业领域划分下，在现有的客观实然的智能研发实践探索路径和模式下，这样发展下去，在未来，法律专业领域研究的智能体的智能终极实现要借助于其他专业和领域中的智能体对法律智能的应用，而其他智能体也需要法律智能引擎的支撑才能最终实现和发挥真正的智能效用。所以说，以上所说的法律和其他万物这两种智能体，是现实人工智能研发探索过程中，客观形成的两种或者多种智能体的研发形式，是社会分散自发研发的模式在不同的工作领域、不同的发展时间阶段，基于不同的专业功能目标，在不同研发思路情况下客观生成的不同的智能体。

因此，在深层意义上来说，法律智能体与其他万物智能体实际上不是两种或者多种终极意义上的通用智能体①，对此我们下文将具体阐述，而是终极意义上的"人工智能"在发展过程中运用的或者呈现的阶段性的不同的形式或者模式，这些模式最终会进行整合形成通用智能和一般智能体。如上所述，这主要是自发分散研发模式等规律性发展因素造成的，而实际上，在终极人工智能的构成上，也可以说，这些研发的形式、模式、智能系统或者智能体所展现的也不是不同人工智能类别，而是终极意义上的智能的不同方面，或者说因研发基于的领域功能追求和研发思路等因

---

① 参见［英］卡鲁姆·蔡斯《人工智能革命：超级智能时代的人类命运》，张尧然译，机械工业出版社 2017 年版，第6—7页。

素，其所侧重的、所能实现的终极意义上的智能的构成方面有所不同。

2. 智能体研发的三层法则的实现原则和机制

如前所述，本书认为，至今为止，所有智能知识的内容构成和研发的目标对象都是人类社会视域下的物物、人物以及人人之间的这三层法则，而现在所有人工智能的技术、系统以及智能体的开发无疑也都是指向这三层法则所形成的智能对象和智能内容，否则其就是对象错误，不可能形成真正意义上的类人智能。另外，还有一个重要的方面就是，现实中有的是以"人人法则"为进路和主要功能实现，比如法律智能的研发和实现，有的是以"物物法则"为进路和主要功能实现，有的以"人物法则"①为进路和主要功能实现。后两者在现实中的研发和实践是比较常见的，但是要看到的是，在任何一种智能体的研发呈现上，这三层法则的呈现一定是在这个智能体中综合一并的呈现，而不是仅呈现或者实现其中某一个或者两个法则，而且一定是统一有机的呈现。实际上，客观现实中无论采用什么样的路径、通过什么样的方式来实现什么样的功能智能体，不管是自发的还是自觉的、有意识的还是无意识的，无论哪种智能体都不能或者无法忽略这三层法则的综合实现，只不过有的处于显性状态或者呈现得明显些，有的处于隐性状态或者呈现得较弱些。因为如前所述，如果在这三个方面不能进行综合的体现，那么，研发的结果是无法呈现出智能的效果的。

(三) 三层法则上的智能研发进路

现实的生产生活中有很多种类的智能体的研发，也有很多的研发路径和功能目标。结合本书法律智能研发的探讨重点，本书行文上主要是以法律智能与其他万物智能为划分，探讨法律智能与其他万物智能在三层法则意义上的研发路径和过程上有哪些区分和不同。

---

① 这个法则实际上是"人人法则"和"人物法则"的桥接、过渡或者混合体。

1. 法律智能体

概括地说，法律智能体的研发是以"人人法则"为主要任务，以另外法则为缺省①的技术路径。就本书所搭建的法律智能技术来说，其研发是以人人之间的法则的生成和运行的智能实现为主要功能目标，以另外两层法则的内容作为一个基本的事实构成来考量的。举例来说明：

张三要用李四的杯子喝水。李四说如果你用我的杯子喝水，就要给我5元钱，张三表示同意。张三用了李四的杯子喝了水，但拒绝给李四5元钱，李四与张三产生了争议。请用智能法律系统来判断。

也就是说，在这个智能法律工程搭建以及运行的过程中，智能法律系统主要实现的法则就是："李四说如果你用我的杯子喝水，就要给我5元钱，张三表示同意。"整个工作的过程是，这个法则结合"张三用了李四的杯子喝了水，但拒绝给李四5元钱"这样的事实，判定"张三违约，应该给李四5元钱"。

显而易见，这个智能法律规则和系统的搭建主要实现的是"人人法则"，但是，实际上在这个规则实现的过程中，已经把"用杯子能喝水"的"物物法则"，"喝水能够满足李四的需求""用杯子喝水对李四有价值"这样的"人物法则"，作为一种缺省确认的、当然的有效规则进行了应用，或者说是以这样两层法则的正当有效为基础前提的。②也反过来说，如果不进行这样缺省模式的确认，如果这两层规则在现实中的状况与法律规则确定的内容是不相符的，比如，用杯子根本就无法喝水，水和杯子对人也

---

① 参见［美］斯图亚特·罗素、彼得·诺维格：《人工智能——一种现代的方法》(第3版)，殷建平、祝恩、刘越、陈跃新、王挺译，清华大学出版社2013年版，第379—391页。

② 而一个综合的智能体在能力上不能对当然性事实的确认缺省的，它需要一边实践这两种规则，一边对这样的规则构成的事实进行确认来实现"人人法则"。

没有用，那么，这样的人人之间的法律规则在根本上也就没有任何价值基础了，也没有必要做出这样的规则规定以及规则的运用了。另外，这个智能法律系统或者法律智能体本身并没有作为张三李四案件中的"当事人"，不需要对"用杯子喝水"这样的复合性法则进行实践，而只是作为局外的"智能法官"对这样的规则适用的现实进行确认和判断，因此，其本身可以不具有"用杯子喝水"这样的双重法则的认知和实践能力，而只要能够对这样的事实进行判断即可。

可见，在法律智能体的搭建设计过程中，主要实现的对象是"人人法则"，但是不等于没有顾忌和考量另外两种法则，而是把另外两种法则的内容作为一种事实情况来处理，技术上是通过人机交互或者其他技术形式确认来实现，如果通过前文的法律规范构成的工程结构来分析解释，物物和人物之间的法则就是存在于法律规范的行为模式的构成当中；如果用法律逻辑推理的工程结构来进行分析和解释，就是逻辑结构中小前提的构成和确认的部分。由此，可以作出的结论是，法律智能体的技术搭建是以"人人法则"为主要任务和实现目标，而以"物物法则"和"人物法则"为缺省的技术路径。

2. 其他万物智能体

概括地说，与法律智能体的研发恰恰相反，其他万物智能体的研发是以"物物法则"和"人物法则"为主要任务，以"人人法则"为缺省的技术路径。同样以上文相关的类似场景为例，如果我们设计的是一个用杯子给人提供打水服务的机器人，告诉这个机器人：我渴了，请帮我找点儿东西喝。那么在技术上，这个机器人一是要知道杯子可以盛水的"物物法则"，二是要知道人可以喝水或者需要喝水的"人物法则"。如果所设计的智能体不知道也无法运用这两种法则，那么不但不能说其具有了类人的智能，而且也根本是无法完成这样的智能任务的。那么，是不是在这样的技术搭建和智能体运行过程中没有考量"人人法则"呢？

　　实际上并不是这样的，事实上"人人法则"在这样的场景中，在技术的实现上也是处于一种缺省的正当状态，在进行技术搭建和运行的现实场景中，一方面在搭建的时候，把水是谁的、杯子是谁的、能不能用这个杯子、能不能喝这个水这样的问题当然都缺省为不是问题的状态，技术主要实现的是智能体能够遵循"物物法则"和"人物法则"，实现用杯子打水给人端过去的任务；另一方面在智能体的现实运用中，主要是把它的活动局限于相对单一的、简单的主体关系的社会环境当中，因此，在现实运行的"行为"中，就不会很深层次涉及人人关系规则的问题和相关的处理，由此是智能体的运行处在一个法律规则等社会规则相对稀缺和缺省的真实社会空间中。由此，同样可以看出，万物智能体的技术搭建是以"物物法则"和"人物法则"为主要任务和实现目标，而以"人人法则"为缺省的技术路径。

　　当前，在人工智能领域，在研究者自觉和不自觉地探索智能体的过程中，现实中的研发现象所揭示的基本也是如此。机器智能的实现方式实际上大概是通过物理信号等机制在实现智能体对物理规则的遵守，对于人与物之间的价值规则，也有开始探讨价值函数的设计和算法的实现，比如通过算法告诉智能体去打水解决口渴的问题，但很少有从三层法则的认识以及规则引擎的角度和进路上来考虑和突破的。而实际上，智能体在现实世界中行为不是割裂的，一个行为不只是对物物、人物以及人人之间法则的分割独立遵守，实际上是对三层法则复合体的统一遵守。比如说，机器人，去跟张三要一个杯子用，实际上这里已经很清楚地包含了物物、人物以及人人之间的法则。而对于"人人法则"，虽然严谨地说不能将其完全等同于法律，但实际上在技术层面或者技术实现的标准下，"法律"与这种法则是相同的，因此，完全可以考虑从法则架构的角度构建万物智能体的行为或者行动引擎。

三、智能法律规则引擎与智能万物的整合：通用智能的实现

（一）通用智能的法则整合的场景

1.场景例子

可以用具体的例子来说明未来通用的智能法则运行的场景，一个是正向运用规则的场景，一个是反向运用规则的场景：

（1）自然人李四说自己渴了，不知道该怎么办，让智能体王五想办法帮助解决问题。王五找到了水，看到张三的杯子在桌子上，于是问张三可否借用他的杯子来盛水，张三同意了，于是王五拿着张三的杯子打了水送给了李四。

（2）一辆智能汽车上路躲避行人的场景：首先要知道物与物（人），碰撞后的物理法则后果（人会受伤或者死亡），还要知道车撞伤或者撞死人（物）的价值法则后果（包括物质、精神等方面的价值损失），也要知道撞到人（物）的法律规则和后果（包括法律、道德等方面的处罚）。

2.法则结合状况

这是两个简单但相对比较综合的人机混合的社会行为场景。这里面一方面涉及人类智能体与机器智能体的主体关系，另一方面涉及智能体对三层法则的认知和运用。关于机器和人之间的主体关系不作为本书讨论的内容，本书主要讨论智能体在这个社会行为空间中对于三层法则的认知和运用。其一，从最基本的层面来看，对于这个机器智能体王五来说，它一定知道"人物法则"，即水可以解决人口渴的问题；其二，它一定知道"物物法则"，即用杯子可以来盛水以及可以端水送给人来用；其三，它一定知道"人人法则"，即如果要用别人的杯子，一定要征求杯子的所有者的同意，否则不能用这个杯子或者用了会有不利后果。显而易见，在这样的一个社会行为场景中，对于机器智能体王五来说，不管在未来机器智能体与人的主体关系怎样进行界定，但有一点是确定的，如果一个机器智能体

不具备以上三层法则的任何一个法则的认知和应用能力，实际上其是不可能在这个社会场景中游刃有余地进行工作的，因为在社会生活中，不能认知和适用规则，那一定是无法行为并建立社会关系的，否则就是寸步难行或者造成秩序一片混乱。

（二）通用智能的场景构造和法则机制分析

1.通用智能出现的现实可能性与标志性现象

如果说按照现在人工智能认知的理论来理解，以上的场景可以说就是一个通用人工智能应用的场景，王五是作为一个通用的机器智能体在社会场景中进行社会活动的。可以说，在未来的社会中，如果一个机器智能体在类似于这样的场景中具有了这样的能力，那么可以说这就标志着通用的机器智能体已经出现了。那么，这样的场景到底是一个什么样的场景，这样的能力到底是一个什么样的能力，它们的本质性的内在规定是怎样的呢？

首先在场景上，主要有这样的几个方面：一是场景中任务的多样性和复合性，比如说，王五执行任务过程中，不仅要想到水能解渴，还要去找水，还要用杯子盛水，还要跟张三商量借用杯子，然后打水，再把水送给李四，等等；二是这些任务的构成在三层法则上来说，每项法则在这个场景中都具有代表性的任务，比如说，王五不是仅仅去把杯子中已经盛好的水端来给李四用，而是自己想到水，然后找杯子去取水盛水，然后再端水给李四用，而且还能与杯子的主人张三商量借杯子来盛水。实际上是所有任务的以及相关的法则相结合综合运用来实现李四喝上水解渴的终极任务目标。

其次在能力上，由此，智能体运行实施的是代表三层法则运行的复合、整合的智能，或者说，这些各种各样的、多数量的智能要整合融合在一个智能体上，由这个智能体综合独立运行辅助完成。如例子中所显现的，这么多的任务完全要由王五一个机器智能体独立去实现，而不是每一个任务都需要李四专门再派一个机器智能体去做，比如，对于判断什么能够解渴用一个机器人，找水派一个机器人，盛水端水派一个机器人，借杯子再用一个机器人，然后再让智能体相互间进行系统关联与合作以完成任务。

综上，当一个智能体具有三层法则上的认知和运行上的统一能力，由此并能够统一独立完成体现三层法则的综合性的场景任务，那么这种情况下就可以说通用的智能体已经出现了。如果用人工智能科学的话语表达，这个综合的智能体相当于通用人工智能技术的产品，也就是说，这个智能体不是相对比较简单地作为一种单项的工具，仅能够辅助人类完成某一专业领域的工作，类似于前面所说的法律工作机器人或者职业智能体，而是一个具有综合素质和综合能力的一般意义上的"类人"智能体。这种通用的机器智能体出现的条件一定是包括法律在内的具有各种专业和职业工作能力的万物智能出现并已经成熟运行，然后通过技术搭建，将实现这些专项任务和专项工作的能力进一步整合到一个统一的机器智能体中，实现三层规则智能运行机制上的关联和融合，从而最终形成统一智能，完成这些综合性的智能任务。

2.通用智能出现的法则机制可能性和条件

（1）规则上的兼容性

三层法则是法律规则与万物融合的基础，三层法则的整合智能化才是真正的智能化。如上文所述，任何人工智能技术所要智能化的内容和对象不外乎人类社会事物相关的三层法则上的行为和关系的实现。法律智能体所实现的不仅是"人人法则"，因为"人人法则"是以"人物法则"和"物物法则"为基础的，或者说是这两种法则基础上的上层建筑，所以法律智能体所实现的任务以及相关工程模块的搭建实际上是包含三层法则运行的体系化的系统工程。

而同样如上文所述，法律智能体以外的其他万物智能系统和智能体智能化的内容和对象以及所运行的仍然是三层法则。一方面，"人人法则"在智能体阶段性的发展过程中可能是处于缺省的状态；另一方面，其所实施和运行的"物物法则"和"人物法则"恰恰是"人人法则"中的事实模式部分。由此，既然所有的智能体，无论是对于以上所说的终极意义上的独立的通用的智能体，还是对于阶段性发展中的法律智能体和其他万物智能体而言，无论是它们在技术上所构建的机制，还是它们所要实现的任务内容，都是要实施和运行这三层法则，那么，无论在内容还是在机制上，这就为法律智能体和其他万物智能体进行技术和内容的整合，从而形成一个统一、独立、通用的智能体，创造了属性兼容的基础和可能性。

而如果法律规则引擎、职业的法律智能体和万物智能体能够统一整合起来，也便意味着这种规则引擎实际上是具有三层法则综合实现的效用和价值，也便意味着一个综合通用的人工智能体已经出现了。因为一个真正的智能体一定是能够同时实现这三种法则的。当然，通过职业或者专业性的法律智能体的应用来解决法律领域的工作和行为活动是现实可行的，但是一个真正的综合的智能体的实现，法律智能体与万物整合的实现，需要其他综合智能技术的出现和成熟才有可能，比如，可能需要以视觉、听觉、嗅觉、感觉等多方面的智能技术的全方位实现为必要条件。而职业或者专业法律智能体的出现只能说是作为一般通用智能体生成的必备条件，即规则引擎已经具备了。

（2）逻辑机制上的共通共同性

另外，从以上所说的机制来看，理论上，职业法律智能体与其他万物智能体进行整合形成统一通用智能体，从根本上来说，是因为它们具有理性逻辑机制的基础，包括规则引擎的通用，根底上都是因为这个基础的存在。所说的理性逻辑机制基础，指的是任何智能体关键的智能构造就是认知推理判断机制。大千世界这样的关联因素、关联关系和关联法则在具体层面是枚不胜举的。但无论是法律智能体的认知推理引擎，还是其他万物智能体的认知推理构造，不管通过什么样的技术方法和技术路径去实现，其实都是基于并实现统一的逻辑推理模式，主体结构上就是三段论的逻辑推理认知模式。所有法则的运行都是基于三段论式的逻辑认知和推理形式完成的。因此，如果智能体不能够具有这种逻辑推理的能力，那么可以说其还不能算作具有智能。进一步可以说，智能系统实现的推理环节越多，显示的智能能力越强。显而易见，这种智能推理的工程结构便是由"既有知识"+"现实情况"+"关联推理"所形成的一体两翼结构。既有知识的形成需要学习和存储，现实情况需要输入和提炼，关联推理需要交互和分析加工。由此，这样的统一的认知机制为各种专业领域智能体的发展整合奠定了重要的智能机制模式基础。①

（3）智能整合助推法则信息知识公开发展

还有，基于以上同质属性上的兼容性，从智能体工程的搭建生成和成长的规律来看，专业领域智能体的整合也符合事物发展的基本规律。就法律智能体来说，其经历过的发展迭代整合过程是立法、司法、执法、守法的独立建设运行到发展成为统一的法律智能系统和法律智能体，这个过程

---

① 相对于人而言，遵循规律、法则的思维机制和方式就是推理。总体而言，在理念上，这种推理的基本结构都是由大前提、小前提以及相关结论所构成的演绎逻辑三段论，但是在具体运行和实施上，人物之间的行动推理与人人之间因物所形成的行动规则的推理相比而言，后者要复杂得多，前者在确定大前提、小前提以及结论上，考虑的情况和因素相对比较明确、稳定、客观，而后者则具有很大的弹性和相对性。

类人的人工智能体在未来社会的生成和运行既要执行物物之间的法则，也要能够执行人与物以及人与人之间的法则。纯粹的物与物之间的法则是没有价值认定和选择的，而人与物以及人与人之间的法则是有重要的价值基础的，物之间的运动是相互作用的自然力造成的，形成了它们之间关系的动力、因果关系和驱动因素，而人与物以及人与人之间相互作用的力除了自然力以外，还有利益、好坏、善恶等价值认定、选择以及因果关系驱动因素。

实际上是消除掉不同工作分工、专业和职业智能体之间的信息、认知以及价值上的偏差和差异，形成一个统一认知和判断的智能系统和智能体来完成相关任务。① 而这种消除偏差和差异的方式和路径实际上就是在越来越大的智能化的平台上，实现信息和知识的开放和共享。

既然所有的智能系统和平台都是在运行和实现这三层法则，那么，当法律智能已经在法律智能体上实现了充分的整合和发展，其他万物智能体在自身的领域中也得到了充分的能力上的实现，接下来就完全可能或者说就应当，在各个专业系统之间，通过智能的技术和能力继续实现这样的信息和知识的开放和共享，由此实现"人人法则"、"人物法则"以及"物物法则"在整个逻辑体系和机制中的共知共享，由此实现通用的智能体的智能机制。其实，这样的发展过程体现的就是前文所阐述的从"物物法则"、"人物法则"到"人人法则"不可阻挡的信息和知识公开的趋势和规律，揭示了统一智能的实现是法则信息知识公开的必要能力条件。

（三）法则意义上的通用智能的实现机制

法则意义上的通用智能的实现机制，指的是法律规则引擎如何与智能万物相融合并实现对通用智能体的构造。在以上阐述的基础上，本书接下来探讨、分析和描述一下，法律智能如何与其他万物智能进行结合，从而相融形成通用法律智能技术基础上的统一法律智能体，具体可以从微观的技术融合和宏观的社会运行两个方面展开说明。

1.无形的法律智能出现

对于整个法律智能来说，从法律智能逻辑推理引擎通用技术的产生和迭代开始，实际上已经形成了通用的规则推理判断的智能方案；到该项技术对用法、执法、司法以及立法活动和工作上的整合形成统一法律系统，

---

① 当然这种消除是阶段性的，不是一劳永逸和永远不再存在差异。

再到法律智能体的形成，实际上已经形成了一个完整的法律智能方案。对于法律智能化来说，这个智能方案一定是包含核心性的规则推理判断的功能，但是，如前所述，这种功能在这个统一的系统当中的作用发挥，又与其在人的辅助下或者人机混合工作状态下的工作机制有所不同。在这个统一系统中，由于具备了用法、执法、司法和立法的辅助能力①，因此这个系统完全就可以相对独立于人，进行以上所说的统一的综合智能法律工作了。因此，在这种意义上，从法律智能体生成开始，就意味着整体的、功能齐全的、能够生成和运行法律规则的、无形的智能法律思维的建立。如此，仅就法律工作而言，简单地说，这个智能系统或者智能体系一定是能够从事传统意义上的任何法律工作的，因此其已经成为一种"无形的"智能形式和智能存在，只要技术允许和条件成熟，其一定能够与其他专业的智能体结合相融，能够支撑任何一个智能体从事法律行为和法律活动。

2. 微观技术搭建与整合

通用法律智能微观技术搭建与整合机制，指的是技术的逻辑机制的整体构建和信息要素的打通共享。具体来说，在技术上如何实现包括法律智能体在内的万物智能体的融合和整合呢？本书认为，如前文所说，如果从三层法则的最广泛意义上来看，这三层法则不但有着共同的逻辑推理判断机制，而且在现实社会智能体综合的智能活动中，这三层法则所形成的内容信息相互建构着、担当着不同法则运行的逻辑构成大小前提构成要素。比如，就"人人法则"的逻辑推理判断来说，实际上，这个推理的小前提就是由另外两种法则运行所形成的事实和行为模式信息构成的；对于另外两种法则的运行和实施来说，其中也一定要以"人人法则"作为重要的前

---

① 这里是从思维能力而不是职业工作意义上来讲的，如前所述，这四项在传统的分工中是四项工作，而在一个统一的法律智能体中，它们都是一种独立的智能工作能力，也就是如前所述，智能法律工作的核心智能法律判断一定具备这四项辅助性的能力才能完成现实中的智能活动。

提。以上，概括地说，也就是三层法则运行下的信息内容构建着彼此的逻辑要素内容并结合成为整体的逻辑机制。

由此，可以得出这样的结论：在整个统一通用的智能体的实现过程中，法律规则所建构的事实的逻辑规则推理引擎所建构的不只是法律智能的逻辑推理机制，而应当是整个智能体三层法则上的推理机制或者三层法则通用的推理机制；而另外两种法则所建构的事实行为模式不只是这两种法则下的智能行为和智能活动，而应当也是"人人法则"规范中的行为模式以及整个智能体三层法则共同的智能行为和活动模式。因此，如果通过一定的技术手段打通了三层法则这种认知上的逻辑推理机制和事实行为模式的信息共享和共建模式，比如，依据现在的技术路径和模式，如果通过整合的芯片构造，形成三层法则体系上的智能规则引擎，那么这个法律智能体与万物智能体所融合形成的统一通用智能体就形成了。

3. 宏观社会运行发展线路

如前所述，对于整个人类社会中的智能体而言，只要是人类社会的智能体，其所运行的一定是这三个层面的法则，无论它处在哪个发展阶段；只要是人类智能体，其所运行法则一定会包含人人之间的"法律"[①] 规则，无论建构人人之间的行为和关系的法则是处于缺省的还是显性的状态。因此，在这个意义上，"法律"在人类社会中实际上是无处不在的，那么在人机智能体混合行为和关系的未来社会，包括法律在内的人人之间的法则的智能实现仍然是无处不在的。因此在宏观运行上，真正的未来智能社会，法律智能体一定与其他万物智能体进行融合形成通用的智能体在社会中运行，或者说包括法律智能在内的、以各种形式存在的万物智能一定会融合在一起，形成一个人机混合的万物智能行为和关系所构建的未来

---

① 这里的法律主要指的人人之间的法则，不只包含法律，还有其他，比如伦理规范、政策、风俗约定等。

社会。

如此，在未来社会，会发展形成一个法则与社会行为以及社会关系智能一体化整合运行的状态，即未来智能社会运行系统。如果以法律智能研发迭代为视角和进路来看待这个过程，在较近的未来社会，现在能看到的是多种职业和领域下的职业化、专业化的智能法律系统，比如执法、司法、立法、用法等系统。在通用法律规则智能技术迭代发展的情况下，这些分立的系统会关联演化成为一个独立的法律智能系统以及法律智能体。在这个渐进的过程中，会经历各种智能技术与社会发展相融合，比如，能够看到的是物联网、AI 智能体与人和其他社会主体，在个体、家庭、区域、城市以及社会、国家的不同尺度上的智能整合，在跨行业、跨部门、跨领域、跨学科间不同维度上的智能整合，进而在政治、经济、文化等全景式社会生活中，以 AI 智能体和人机混合行为为基础，智能规范制定的立法、规范裁决的司法、规范执行的执法、规范适用的用法和守法的机制以及方式将会获得逐步加深的探索和实践，有效实现社会运行和治理。

通过以上法律智能与其他万物智能体的生成与运行，实际上，在宏观的社会生产生活中，如此便实现了三层法则的生成以及运行在整个价值、行为和社会关系上的智能化整合。再经过一定的技术和社会生产生活的协同发展后，在三层法则意义的智能规则引擎的运行下，更多的社会生产生活中的独立的统一智能体和机器人将得以生成，或者说智能法则引擎将被普遍应用于各种智能体和智能机器人，而不是像现在和较近的未来，其仅仅被应用到具体法律工作的场景中。如此，像真正能够上路应用的智能汽车一样，更多的智能体在智能法则引擎支持和驱动下，在现实社会生活中能够进行"类人生活般"的存在和应用，人类社会中通用的智能体由此彻底生成和运行。

后 记

自 20 世纪 90 年代末至今，在北大法学院先是当学生，后来又做教师在法律诊所课程上指导学生从事法律援助已有 20 余年。在这段不长也不短的时光中，一方面亲身经历体验了中国法治事业繁荣大发展，作为一个法律人，以法律事业为空间和衡量判断体系，所看到的是，在整个法律事业的发展过程中，可以说我们在不断地通过法律的价值标准来发现、确定现实中的各种问题，同时也通过人为的追求和努力以法律解决了相关问题，由此构建和发展了我们的法律制度体系和社会治理运转机制，使立法、司法、执法、法律服务等工作日趋完善而更加符合社会的发展需要；另一方面，以上中国法律发展的这个阶段也正好是全球从计算机、互联网、大数据到人工智能技术大发展和广泛应用的阶段，从这个维度和视角来看，虽然毫无疑问，这个过程所展现出来的社会法治发展进步是整个国家和社会各种相关力量工作上努力推动和建设的成果，同时也深信，应当没人会否定这样的一个认知，即整个阶段中国社会法治的发展进步与这一系列科技成果在社会生活以及法律工作领域中的有效应用有着不可分割的重要关系。

这是一种怎样的关联关系呢？对此，本书主体内容已经有了较为详细的分析阐述，概括地说就是：科学技术是法律的基础和条件，人类社会任何一次技术大发展，都会不同程度地对法律等社会规则的生成和运行产生深刻的影响，以至促进变革。科学是什么，通俗地说，科学或者学科就是人类对于宇宙世界和人类社会的规则和现象的认知，包括自然、社会以至人文等方面，由此，以科学认知为基础的技术是人类基于科学规则形成的手段和方法，用以构建和运行人类社会，所以，在人类的应用实践下，这些技术实现了人类社会中的物与物、人与物以及人与人关系的构建和运行，即无论是在自然科学的角度、社会科学的角度还是人文学科的角度，可以说人类社会中的各种事和物都是在科学技术的研究应用基础上生成的，这种科学技术的应用实践即是对科学所认识或者"生成"的物与物、人与物以及人与人之间的规则的遵循、运行和应用。

由此，在技术与法律的关系上，一方面，从基础上来看，人类社会中技术的研发和应用在不断地认识和改变这个人所存在空间中的物与物、人与物以及人与人的关系，进而不断地"促生"和"呈现"新生的法律规则，包括我们当下所亟待确定和完善的数据规则、算法规则、智能体规则等，由此，技术存在和应用变成了法律规则存在的基础；同时在另一方面，一定时空下的社会生产生活中，法律作为系统的社会规则体系和社会治理工程机制，包括立法、司法、执法、守法，以及法学教育、法学研究等，也一定要以其所具有的技术能力、工具、方法和手段作为基本运行条件。因此，可以说，没有一定科学和技术基础上的人类社会存在，就不可能有这个社会的法律规则和制度；没有一定社会发展阶段的技术能力和技术机制，就不可能形成技术手段以构建技术工程来运行和操作同一时空中的这些法律规则和制度。

而人类社会科学技术是在不断地发展进步的，严格说来，一刻也未曾停留，由此可以说科学技术与人类社会的结合是有时空阶段和范围的，而作为科学发现和技术实践结果的社会法律规则，无论是在价值、形式和运行机制上也都应当是有着自身的时空界定的。由此，我们可不可以有理由提出这样的问题，我们正在研究和应用的更多的可能是工业革命时代甚至是这个时代以前的法律？我们也可能是在运用工业革命时代的技术来运行着现有的法律和制度？如果科学上以新规则超越或者替代旧规则，技术上以新技术替代旧技术是一个不可选择的规律和趋势，那么，基于最新的人工智能技术所形成的社会现实来发展和确定法律规则和制度，基于同样的人工智能技术方法和能力来构建社会法律工程机制以运行和实现法律功效，对法律事业来说，是否就是一次不可选择的发展、改革甚至是解放？答案毫无疑问是肯定的。当下所发展的法律的人工智能以及人工智能的法律，都是在一种不可逆转、不可拒绝的人类社会发展趋势上，在法律领域对人类最新的技术成果应用的积极回应。

这种回应的效果在现实发展中也得到了淋漓尽致的表达和展现，以上所谈到的我们所经历的 20 余年中国法治的发展和进步，除了既有法律价值指引下的人为社会实践和大力推动，实际上是与整个社会在法律运行的环境和条件中对互联网、大数据和人工智能技术广泛深入的运用不可分开的，无论是积极应用还是现实倒逼，无论是信息共享还是能力普惠，数字信息和人工智能技术在这 20 余年的法律发展和法治进步中担当了不可或缺的基础功能，甚至是关键的角色。因此，人类社会发展过程中科学技术与法律的结合既是客观世界不可忽略和回避的现实状态，又符合人类自身主观上的价值追求。如果把人也看作这个世界体系的构成部分，法律与人工智能技术的结合是人类视野下主客观相一致的自然社会演化的过程和状态，是人类应当发现其中的规律和规则以进行积极适应和发展的状态。

基于以上的理解和动因，本书尝试对人类社会法律的智能化进行了初步的认知和探索，研究重要的目标就是梳理、分析和总结人类社会发展过程中，科学技术相对于法律的生成和运行的基础性、条件性作用，阐释法律与技术结合的发展规律、必然趋势以及法律的技术工程属性，从而为当下的法律智能化以及法律智能工程的搭建构建理论基础和实践原则，进而在此基础上尝试探索法律智能技术和工程的研发和建设的发展路径和模式，并以对世界万物相互作用的关系法则的理解认知为基础，对以智能法律规则运行系统的建设为起点的人工智能体通用智能规则引擎系统的建设，进行了初步的理论分析和探索。

在总体篇章结构和内容上，本书除了《绪论》以外，共分为四篇十六章。

《绪论》的展开和撰写主要是认识时下法律与人工智能技术关联方式和关联关系，进而分析、认识和解决相关的问题。核心阐释了法律与人工智能的关联关系主要有两种构成，一种是人工智能相关的法律规则的制定，另一种是法律工作和行为的人工智能化。人工智能与法律的结合和发展除了要制定与人工智能相关的法律规则以规范治理人工智能技术的相关社会应用以外，同样重要的还要实现法律的智能化，从而通过人工智能技术和能力来制定和运行法律，而本书主要的研究对象是法律的智能化。

本书的第一篇为《人工智能基础上的法律生产关系》，具体共分为四章，分别阐述了作为法律生产力的人工智能、智能法律系统社会生产力上的现实效应、人工智能带来的法律生产力的改变以及人工智能带来的法律工作生产关系的改变。这些内容核心要阐述说明的是，虽然人工智能技术为法律社会工作和活动带来了强大的生产力，但是智能法律系统、智能法律工具以及法律智能体也只能作为人类法律工作和活动的辅助系统，在一定的条件下能够顶替工具意义上的人，但是不能代替价值和目的意义上的人。当下以及未来法律智能体所存在的社会法律工作场景，是由人机混合的工作关系以及以此为基础形成的人与人之间的法律生产关系构成的。认识法律工作和活动场景中法律智能的这些功能、地位以及人机关系和人与人之间的关系，对于法律人工智能的研发和工程搭建的理念、路径和方法等具有原则性的指导意义。

本书的第二篇为《技术与工程意义上的法律》，具体共分为五章，分别介绍说明了法律规则的工程属性、法律思维工程与运行机制、技术基础上的宏观法律工程的生成、技术发展与法则信息公开的关系机制、技术基础上的宏观法律工程的近现代发展。对于法律的智能化，基础和重要的是看清法律与智能技术的关联关系，从技术和工程意义上来认识和理解法律，由此为技术赋能法律创造基础条件和空间。因此，这部分内容核心介绍的是法律与技术的关系、法律的技术属性、法律技术工程构造、法律技术发展演化机制以及技术基础上的法律规则和工程发展演化历史过程，以此阐释了技术基础上的法律的本质属性就是各种层次规则上的信息公开、知识共享和能力共有，进而重点为法律的技术化、工程化以及人工智能化提出了社会发展需求，进行了必要的理论观念上的疏通，构建并奠定了法律智能化的认知基础。

本书的第三篇为《法律人工智能发展现状与任务功能》，具体分为两章，主要是以社会法律工程上的立法、司法、执法、守法、用法等构成环节为空间领域，考察梳理和总结法律智能技术发展的基本现实状况，在此基础上，进而重点分析阐释以上各种法律工作和社会法律活动中的核心任务和智慧构成，以此为智能法律技术的研发确定现实基础、基本工作对象和工作目标。

本书第四篇为《智能法律工程的技术、构造和未来发展》，具体分为五章，主要的行文目的是在以上法律人工智能技术和工程认知的基础上，尝试探索法律人工智能技术研发和工程搭建的基本理念、路径、方法以及微观和宏观方面的构造和发展。在具体内容上分析阐释了当下法律人工智能发展的基本问题，以相关问题的解决为动因，基于实践中的经验、理论和逻辑上的分析，进而提出了研发法律智能核心通用技术的现实需求和理论上的必要性，在法律问答咨询工作和活动的场景下具体分析提出法律智能核心通用技术的基本理念、原则和机制，并结合这个场景对探索和实验成功的法律智能核心通用技术进行概括性阐释和说明。最后在全书的结尾，本书系统地对法律通用智能技术在构建宏观的法律工程上的基本理念、基本线路以及智能法律工程在未来的发展趋势、发展模式、发展阶段进行分析思考，并对法律智能的出现并作为"规则性智能"赋能万物、与万物融合构成通用智能等状况进行了前瞻性的分析和阐释，以此回应和总结前文关于人工智能技术赋能法律的各种现实需求和理论上的认知。

对于以上这些内容构成和阐述思路，本书在行文表达上都尽力将其体现在本书的命名上，即《智能法律工程的法则原理与基本构造》。这里需要说明的一个重要的问题是，总体可以说，本书的内容着眼于法律智能化的理解，也是以法律事业的建设发展为目标对象，认知上也是以法学学科知识和思维为主体和出发点，既然如此，那么命名上为什么不叫作"法律原理"或者"法学原理"而叫作"法则原理"呢？

对此，可以出这样的说明，作为全书内容构成的基础、核心、主干和灵魂性的理论便是人类世界三种法则或者规则的认知和理解，即人类世界的各种事物之间的作用关系必须遵循的规则可以概括为三种，就是物与物、人与物以及人与人的作用关系规则，分别涉及自然科学、社会科学以及人文学科知识，也可以将这些规则统称为"法则"。相对于人类社会包括人在内的各种事物的相互作用和关系而言，或者说在人类的活动场景中并以人类的活动为中心来看，这三种规则之间的相互关系是，物与物的规则处于底层，是基础，人与物的规则处于中间层，人与人的规则处于顶层，处于上层的规则一定是遵守和体现着底层和下层的规则要求的。在这个内容构成上，法律规则是什么呢？法律规则既是这其中的人与人之间的最重要的规则，同时又必须遵守和体现着前两种规则的要求，在一定意义上，法律规则也可以说是三种规则或者说是整个人类社会法则的复合体。

三层法则的理论对于智能法律工程构建的阐述之所以是主干灵魂性的认识，是因为其说明了智能法律工程建设的事业属性、价值目的，以及工程搭建的任务、理念、路径、方法等。法律规则的公开、知识的共享和能力的共有或者普惠是新技术下法律工程智能化的核心价值和目的，但法律的公开不只是人类情感和价值上的一厢情愿，如书中所述，在事业属性上，其是人类为了生存和发展，对物与物、人与物的自然法则公开共享的必然规律的遵循，价值和目的就是适应这样不可改变的世界规律和社会发展演化的必然趋势，法律工程智能化的基本价值和功能就是要在智能技术条件下保障这些规则的公开、共享和普惠。因此，相对于法律规则来说，法则是一个更大的概念和范畴，包含着法律规则本身。法律工程的智能化的理解和认知是建立在对整个人类世界和社会的所有法则的理解和认知的基础上的，智能法律工程的社会基础也是以上全部法则的运行和功能实现，因此，无论如何，全书所要阐述的内容在名称上的概括界定一定应当是"法则原理"而不是"法律原理"或者"法学原理"。

由此，本书命名界定为"法则原理"而不是"法律原理"，恰恰能够说明智能法律工程的研发工作本身就不只是通常所认识和理解的法学学科本身的事情，其天然地是与科学技术以及人文领域紧密地关联在一起，因为如前所述，法律本身一方面产生于技术规则，另外本身就是反映和包含各种规则运行的系统的社会工程体系，这种工程天然地就是技术支撑和工作对象。基于此，在认知和态度上，研究工作应当使智能法律工程的研发能够自觉地使法学与技术、人文等学科相关联并交叉打通，由此说清楚各种多层事物规则的关系，说清楚法律与技术的一体关系，说清楚法律的科学属性和技术对象性，为技术助力法律工程化提供可能，使智能法律工程的建造根植于整个人类世界社会法则体系和机制中。由此，这样的研究路径的选择和行为实践，就能够使法律智能的研发和应用不是作为一种孤立的存在，而是能够与各个社会生产生活在整体上进行自然有机融合，能够与其他领域中的智能技术研发科学合理地建立关联和通道，从而在面向未来的发展上，更加深刻地意识到智能法律的研究不只是一个关于法律规则智能化的研究，而是关于和朝向以各种规则为基础的整个社会智能万物通用的规则引擎的研究，也是关于通用智能的基本理念和认知的研究，进而使法律工程智能化的研究能够融入通用智能的整体研究和发展过程，从而体现整个人工智能研发的科学规律和发展趋势。

综上，本书所阐述的法律人工智能研发理念既源自法学而又结合其他学科，因此本书的命名所体现的知识基础和学术思路既是法学的，但又是超越法学而融合人工智能等学科知识的视角和认知，总体来说，就是以法学学科知识和思维为主体和出发点，结合对于自然科学、人文学科以及人工智能技术的理解和掌握，打通技术与法律，尽量能够在技术和法律所构成的维度和视角下来理解法律规则，并在多种知识重叠、交汇和链接之处，来考虑和实现智能技术与法律的结合，进行智能法律工程的基本理念与基础知识构造，实现新知识生产和社会增效，从而助力法律智能化在法学和智能科学上的认知和实践。由此，本书的研究在学术上也算是法学与人工智能交叉学科基础上的一种努力，当然，对于这种理念和进路上的法律智能的研究还只是一种尝试和开始，相关的论述一定还有许多疏漏不足之处，有待深入思考和完善，也期望各界同仁多多批评指正，不吝赐教，而即便是能够引发些许问题思考或者作为批评的靶子，也希望这本书能够对法学、智能科学关于法律人工智能的思考、研究和人才的培养有所助益。

本书写作的启动和完成得益于诸多方面启发、鼓励、支持和帮助，这一切并不是我一个人努力的成果。首当感谢北京大学法学院、北京大学人工智能研究院、北京大学武汉人工智能研究院、北京大学法律人工智能实验室、国家智能社会治理实验综合基地（武汉东湖）为本书的研究写作搭建的平台和提供的资源。特别感谢北京大学人工智能研究院朱松纯院长、北京大学法学院郭雳院长的工作指导和支持；特别感谢北京大学法学院张守文老师、张平老师、赵晓海老师、路姜男老师、杜雪娇老师专业上的指导、工作上的鼓励和帮助；特别感谢我们实验室研发团队的闵可锐、姜聪、王益为、刘露、赵婧、阜辉、胡皓然等老师和学生在研究写作上带来的启发和帮助；特别感谢人民出版社，尤其是编审陆丽云老师的信任、期待以及宝贵建议和辛勤努力，帮助我出版了一本"为了人民的"书；特别感谢我的师父杨松泉和我的家人所给予的无形力量和无限关爱。

杨晓雷

2023 年春季于北京大学

责任编辑：陆丽云

封面设计：汪　莹

图书在版编目（CIP）数据

智能法律工程法则原理与基本构造 / 杨晓雷 著 . — 北京：人民出版社，
　　2023.3

ISBN 978－7－01－025611－5

I. ①智… 　II. ①杨… 　III. ①智能技术－应用－法学－研究

　　IV. ① D90 –39

中国国家版本馆 CIP 数据核字（2023）第 068311 号

智能法律工程法则原理与基本构造

ZHINENG FALÜ GONGCHENG FAZE YUANLI YU JIBEN GOUZAO

杨晓雷　著

人 民 出 版 社 出版发行

（100706　北京市东城区隆福寺街 99 号）

北京盛通印刷股份有限公司印刷　新华书店经销

2023 年 3 月第 1 版　2023 年 3 月北京第 1 次印刷

开本：710 毫米 ×1000 毫米 1/16　印张：25.5

字数：350 千字

ISBN 978－7－01－025611－5　定价：148.00 元

邮购地址 100706　北京市东城区隆福寺街 99 号

人民东方图书销售中心　电话（010）65250042　65289539